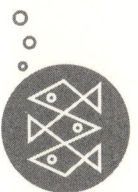

FÜR ALLE,
DIE BEIM VÖLKERBALL AUCH IMMER
ALS LETZTE GEWÄHLT WURDEN

ItsColeslaw

Wie ich Aufhörte, perfekt sein zu wollen

Ein Leitfaden zum Umgang mit peinlichen Situationen aller Art

FISCHER Taschenbuch

Originalausgabe

Erschienen bei FISCHER Kinder- und Jugendtaschenbuch
Frankfurt am Main, April 2017

© 2017 S. Fischer Verlag GmbH,
Hedderichstr. 114, D-60596 Frankfurt am Main

Satz: Dörlemann Satz, Lemförde
Druck und Bindung: CPI books GmbH, Leck
Printed in Germany
ISBN 978-3-7335-0380-2

Inhaltsverzeichnis

Prolog: Warum ein Buch ...

Hallo, mein Name ist Lisa Sophie. Auf meinem YouTube-Kanal ›ItsColeslaw‹ lade ich Videos hoch, in denen ich unter anderem regelmäßig über Geschichten aus meiner Schulzeit spreche. Oft geht es dabei um Probleme oder peinliche Situationen, mit denen ich mich als Teenager herumschlagen musste. Da ich damals oft das Gefühl hatte, mit diesen Dingen allein dazustehen, finde ich es heute sehr wichtig, über sie zu sprechen. Ich hoffe, dass ich somit vielleicht einigen Leuten, die sich ähnlich allein fühlen, zeigen kann, dass sie keineswegs »seltsam« sind, sondern dass viele andere Jugendliche mit den gleichen Themen zu kämpfen haben. Von meinen Zuschauern bekomme ich täglich Nachrichten, in denen sie mich fragen, ob ich ihnen vielleicht Tipps geben kann, wie sie am besten mit dieser oder jener Situation umgehen könnten. Lange habe ich auf jede dieser Nachrichten geantwortet, doch inzwischen sind es so viele geworden, dass ich das leider nicht mehr schaffe. Da ich aber trotzdem gern die Dinge weitergeben möchte, die ich aus dieser Zeit mitgenommen habe, habe ich beschlossen, dieses Buch hier zu schreiben. Ich bin zweiundzwanzig Jahre alt und weit davon entfernt, ein professioneller Coach zu sein, der genau weiß, wie man andere Leute im Leben weiterbringt. Daher stammen meine Tipps auch nur aus meiner persönlichen Erfahrung. Aber vielleicht gibt es ja den ein oder anderen Teil meiner Geschichte, mit dem ihr euch identifizieren könnt und der euch ein wenig weiterhilft. Das würde mich zumindest sehr freuen. In diesem Buch geht es um meine Teenager-Zeit, um die peinlichen Situationen, in die ich geraten bin, die Fehler, die ich gemacht habe, und was ich aus ihnen gelernt habe.

Bevor es losgeht, möchte ich euch gern noch kurz darauf hinweisen, dass die Namen, die im Buch vorkommen, nicht denen der real existierenden Personen entsprechen. Außerdem habe ich die Orte ein wenig verändert und teilweise mehrere Leute zu einem Buchcharakter zusammengefasst. Die Geschichte verändert sich dadurch nicht, aber mir war es wichtig, die echten Personen zu schützen. Außerdem wollte ich es euch gern ein wenig leichter machen, weil ihr euch so beim Lesen keine zu große Anzahl verschiedener Namen merken müsst.

Kapitel 1

Wie man den ersten Schultag überlebt: Die Freundschaftsanfragen einer Smalltalk-Kartoffel

WIE ALLES BEGANN

Ich wurde in einer Stadt in Bayern geboren, die eigentlich gar nicht mal so klein ist. Da sich aber fast meine gesamte Kindheit in nur einer einzigen Straße abspielte, fühlte es sich oft so an, als würde ich in Wahrheit in einem Dorf leben, das sich nur als Stadt verkleidet hatte. In »meiner« Straße lagen die Wohnung meiner Familie, ein Kindergarten, eine Grundschule und ein Gebäude, in dem ich fast so viel Zeit verbrachte wie zu Hause. Es war ein Kinder- und Jugendzentrum, und noch bevor ich laufen konnte, lernte ich dort die Freunde kennen, die in den nächsten fünfzehn Jahren eine Art zweite Familie für mich waren. Bevor ich mit elf auf die weiterführende Schule kam, wäre schüchtern garantiert kein Wort gewesen, mit dem man mich beschrieben hätte. Ich war offen, lachte gern und hatte immer eine große Gruppe an Freunden um mich herum. Im Kindergarten und in der Grundschule geriet ich nie in unangenehme Situationen. Jedenfalls abgesehen von dem einen Mal, als ich den liebevoll mit Wasserfarben gemalten Eisbären meiner Freundin Saskia als Schneeball mit Augen bezeichnete. Deswegen bekam sie einen dieser furchtbaren Heulkrämpfe, bei denen man irgendwann nur noch pfeifend nach Luft schnappt, weil einem sonst vor lauter Schluchzen der Sauerstoff ausgeht. Oder dem Mal, als ich mich geweigert habe, am Planschbeckentag Badeklamotten anzuziehen, worüber sich meine Freunde noch Jahre später lustig machten. Einige ihrer Eltern hatten nämlich Fotos davon gemacht, wie ich als einzig nacktes Kind trotzig neben den anderen stand und dabei aussah, wie eine vierjährige FKK-Aktivistin, die verbissen gegen die Badeanzug-Mafia kämpft. In der ersten Klasse gelang es mir dann, meine Lieblingslehrerin so stürmisch zu umarmen, dass sie den kompletten Inhalt ihrer Kaffeetasse über ihren Pulli schüttete. In der zweiten Klasse erzählte ich dem Freund meiner Cousine, dass ich ihn auch heiraten würde, falls sie ihn irgendwann nicht mehr haben wollte. Und in der dritten Klasse … Okay, okay. Machen wir uns nichts vor. Sogar in der Zeit, in der es mir selbst noch nicht so wirklich bewusst war, war ich wirklich gut darin, in unangenehme Situationen zu geraten. Es war, als wären sie wunderbar hell leuchtende Glühbirnen und ich eine besonders verstrahlte Motte, die wieder und wieder auf sie zutorkelte, egal wie oft sie davor schon mit dem Kopf voran gegen den Lampenschirm geknallt war. Zum Glück hatte ich damals noch den Bonus, ein Kind zu sein. Bei Kindern finden die meisten Leute das noch süß, und niemand verurteilt sie dafür, dass sie diese Dinge noch nicht so ganz auf die Kette kriegen. Blöd nur, dass man nicht für immer ein Kind bleiben kann.

Der Tag, an dem sich doch nicht alles änderte

Lange Zeit war ich überzeugt davon, dass sich mein Leben an meinem zwölften Geburtstag komplett auf den Kopf stellen würde. Wie ich darauf kam, kann ich heute nicht mehr so genau sagen. Aber ich war als Kind ein wahnsinniger Bücherwurm, und jedes Mal, wenn ich eine Geschichte las, in der ein Charakter zwölf Jahre alt war, fand ich das ganz schön beeindruckend. In meinen Augen war man mit zwölf schon fast erwachsen, und irgendwie war das gleichzeitig cool und gruselig. Denn ich war wie Peter Pan. Ich wollte für immer ein Kind bleiben. Als sich mein zwölfter Geburtstag dann allerdings trotz meines innigen Wunschs weigerte auszufallen, bekam ich es ein wenig mit der Angst zu tun. Einer der Gründe dafür war, dass meine Mutter immer wieder betonte, ich würde jetzt ein Teenager werden, und die sorglose Zeit als Kind sei damit endgültig vorbei. Meine letzten Wochen als Elfjährige verbrachte ich damit, ihr zu erklären, dass die Endung »teen« im Englischen ja erst bei dreizehn hinzukam und ich mit zwölf noch eindeutig fein raus war. Doch meine Mutter beeindruckte das leider nicht im Geringsten. Da der Tag der Wahrheit nun also unvermeidbar näher rückte, musste ich mich wohl oder übel mit meinem Schicksal abfinden. Ruhiger machte mich das nicht gerade, und als ich am Abend vor meinem zwölften Geburtstag im Bett lag, schwirrten in meinem Kopf tausend Fragen umher. Was würde wohl um Mitternacht passieren?

Würde mit einem Schlag meine Pubertät beginnen und dafür sorgen, dass ich am nächsten Morgen mit Brüsten aufwachte? Und würde ich meinen Lieblingsteddy aus meinem Bett verbannen müssen, weil ich nun zu alt für ihn war? Der Gedanke, den Teddy nachts nicht mehr im Arm halten zu dürfen, machte mich ziemlich traurig, denn ich hatte ihm ein paar Jahre zuvor mein Indianerehrenwort gegeben, dass wir für immer die allerbesten Freunde bleiben würden. Ob Indianerehrenwörter in der Welt der Erwachsenen wohl überhaupt noch gelten? Ich rollte mich im Bett hin und her und spürte ein nervöses Ziehen in meinem Bauch. Es wurde 22 Uhr, 23 Uhr, und dann, um Mitternacht, passierte … überhaupt nichts. Beziehungsweise, wenn etwas passierte, dann bekam ich es nicht mit. Ich war nämlich trotz meiner Aufregung tief und fest eingeschlafen. Als am nächsten Morgen mein Wecker klingelte, fühlte ich mich kein bisschen anders als am Abend zuvor. »Puh«, sagte ich zu meinem Teddy. »Ich glaube, wir haben noch mal Glück gehabt!« Vielleicht hatte mich das blöde Teenager-Ding ja übersehen, und ich würde doch für immer ein Kind bleiben. Auch wenn ich wusste, dass das nicht stimmen konnte, beschloss ich, es einfach trotzdem zu glauben. Mit einem breiten Grinsen im Gesicht stand ich auf und ging ins Wohnzimmer, um meine Geschenke auszupacken. In den Monaten danach stellte sich heraus, dass mich das blöde Teenager-Ding keineswegs übersehen hatte. Es hatte sich nur so langsam an mich herangeschlichen, dass ich es nicht gleich bemerkt hatte. Daher sitze ich heute hier, zehn Jahre später, mit Brüsten und einem ganzen Haufen nerviger Erwachsenenprobleme. Aber immerhin habe ich mein Indianerehrenwort gehalten, denn der Teddy hat bis heute einen Platz in meinem Schlafzimmer. Für manche Dinge wird man eben nie zu alt.

GANZ UNTEN IN DER NAHRUNGSKETTE

Ich konzentrierte mich damals so sehr auf meinen zwölften Geburtstag, dass ich ein viel wichtigeres Ereignis fast vergessen hätte: meinen ersten Tag an der neuen, weiterführenden Schule. Der stand bereits einige Wochen vorher auf dem Programm und war ein ganz schön abenteuerlicher Schritt hinaus in die große, weite Welt. In die neue Schule zu gehen bedeutete, meine Straße zu verlassen und jeden Morgen eine halbe Stunde lang mit der Straßenahn zu fahren, in der mich ältere Schüler, genervte Geschäftsleute und die dröhnenden »Türen freimachen!«-Durchsagen schlechtgelaunter Fahrer erwarteten. Ich hatte früher schon häufiger die Straßenbahn genommen, um mit meinen Eltern in die Innenstadt zu fahren. Jetzt allerdings stand ich zum ersten Mal allein an der Haltestelle und musste darum kämpfen, nicht nur mich, sondern auch meinen neuen Schulrucksack in das Fahrzeug zu quetschen. Das war gar kein so leichtes Unterfangen. Mein kleiner, mit flauschigen Hasen bestickter Ranzen aus der Grundschule hatte einem Exemplar weichen müssen, das so riesig war, dass meine Mitschüler es später als »Lisas fette Ziehharmonika« bezeichneten. Außerdem gehörte ich zu den Jüngsten, die morgens mit der Straßenbahn fuhren, und stand damit in der inoffiziellen Nahrungskette der öffentlichen Verkehrsmittel an unterster Stelle. Während ich diese Rolle akzeptierte und brav die nächste Bahn abwartete, als ich sah, dass in der ersten nichts mehr frei war, beobachte ich fasziniert einen Jungen, der nicht viel älter als ich zu sein schien. Er warf sich mit dem Rucksack voran in den vollgestopften Waggon, um sich dort noch einen Platz zu sichern. Das hätte ich mich nie getraut, denn ich wollte auf gar keinen Fall irgendjemandem im Weg herumstehen, und die Vorstellung, dass ich versehentlich einem seriösen Anzugmenschen auf die polierten Schuhe treten könnte, war mir wirklich unangenehm. Dass ich mit dieser Einstellung vermutlich nie zur Schule kommen würde, begriff ich recht schnell, denn die nächste Bahn war mindestens genauso voll. Nach einem schnellen Blick auf die Uhr atmete ich tief durch und ging dann auf eine der Türen zu, die sich bereits wieder schloss. Auch wenn ich beim Betreten der Bahn ganz sicher niemandem auf die Füße getrampelt war, hatte ich trotzdem das Gefühl, von bösen Blicken durchbohrt zu werden. Also sah ich schnell aus dem Fenster und gab mir Mühe, so zu tun, als sei ich unsichtbar. Hoffentlich würde das jetzt nicht jeden Morgen so ablaufen.

WILLKOMMEN IN DER MÄDCHENSCHULENHÖLLE

Die Straßenbahn hatte Verspätung, und als ich endlich in der neuen Schule ankam, wartete Alex schon auf mich. Sie gehörte nicht zu meinem Freundeskreis aus dem Jugendzentrum, war aber in meiner Grundschulklasse gewesen. Als gerade alle überlegt hatten, in welche weiterführende Schule sie gehen wollten, hatte Alex mir eines Tages in der Pause von dem Gymnasium erzählt, für das sie sich entschieden hatte. »Das ist voll toll«, hatte sie mir erklärt. »Weil man dort kein blödes Latein lernen muss.« Auch wenn ich damals noch nicht so genau gewusst hatte, was genau dieses »Latein« eigentlich sein sollte, klang es für mich wie etwas, das ich auf keinen Fall näher kennenlernen wollte. Ich meldete mich also ebenfalls dort an und ignorierte dabei geflissentlich die Tatsache, dass es sich bei der Schule um ein reines Mädchengymnasium handelte. Wer brauchte schließlich schon Jungs? Als ich dann einige Wochen später feststellte, dass keine meiner Freundinnen auf diese Schulen gehen würde, bereute ich meine Entscheidung zutiefst. Zwar würde ich nicht ganz allein sein, weil Alex ja da war und ich somit schon mal eine Mitschülerin aus meiner neuen Klasse kannte. Aber es war für mich etwas völlig Neues, niemanden aus meiner »zweiten Familie« an meiner Seite zu haben. Als ich an unserem ersten Tag in der Pausenhalle der neuen Schule auf Alex zuging, sah ich sofort an ihrem genervten Blick, dass irgendetwas nicht stimmte.

»Du bist zu spät, Lisa«, rief sie vorwurfsvoll, sobald ich in Hörweite war und deutete dann in Richtung einer Treppe. »Da oben ist unser neues Klassenzimmer, komm mit!« Als wir vor einer Tür mit der Aufschrift »5c« angekommen waren, wollte ich gerade meine Hand auf die Klinke legen, als mich jemand anrempelte. Wütend drehte ich den Kopf und wollte die Person fragen, ob sie denn nicht besser aufpassen könne. Doch dann sah ich, dass es ein älteres Mädchen war, und fühlte mich zum zweiten Mal an diesem Tag so, als befände ich mich am unteren Ende der Nahrungskette. Das Mädchen grinste mich schief an und beugte sich dann zu meinem Ohr hinunter. »Willkommen in der Mädchenschulenhölle«, zischte sie mir zu und lief dann weiter, ohne sich noch mal umzudrehen. Für einen Moment hatte ich das Gefühl, in der schlechten Verfilmung des dämlichen Internatsromans gefangen zu sein, den ich in der Woche zuvor gelesen hatte. Aber ehe ich näher darüber nachdenken konnte, was das Mädchen gesagt hatte, riss Alex bereits die Tür auf und schob mich ins Klassenzimmer. Der Unterricht hatte noch nicht begonnen, und alle redeten wild durcheinander. Niemand schien uns zu bemerken, und mir fiel mir ein Stein in der Größe des Mount Everest vom Herzen. Schon am ersten Tag zu spät dran zu sein und deswegen von allen angestarrt zu werden wäre mir wirklich peinlich gewesen. Als ich dann allerdings bemerkte, dass es im ganzen Raum keine zwei freien Plätze mehr nebeneinander gab, versetzte das meiner Euphorie einen kleinen Dämpfer. Wir würden uns also trennen müssen. Alex lief auf einen Platz ganz links in der ersten Reihe zu, während ich mich wohl oder übel, weit weg von ihr, rechts in die zweite Reihe setzen musste. Neben ein fremdes Mädchen. Dieses Mädchen sah zwar nett aus, aber irgendetwas ließ mich zögern. Sie lächelte mich freundlich an und sagte:»Hi«, doch als ich ihr antworten wollte, war es, als hätte sich meine Kehle plötzlich in eine Wüste verwandelt. Ich brachte kein vernünftiges Wort heraus, und so krächzte ich nur etwas Unverständliches und ließ mich dann auf den Stuhl neben ihr fallen. Bevor ich mich räuspern und es noch mal versuchen konnte, begrüßte uns bereits unser neuer Klassenlehrer. Er bat uns, unsere Namen auf ein Schild zu schreiben und es vor uns aufzustellen. So erfuhr ich, dass das Mädchen neben mir Hannah hieß. Während ich mit einem blauen Buntstift ein großes »L« auf mein eigenes Namensschild malte, dachte ich darüber nach, dass heute wirklich ein seltsamer Tag war. Zuerst hatte ich mich so unwohl gefühlt, als ich allein mit der Straßenbahn gefahren war, und nun das. Was war denn bloß los mit mir? In der Grundschule war ich doch nie so schüchtern gewesen. Ganz im Gegenteil, ich war sogar meist diejenige gewesen, die auf schüchterne Kinder zugegangen war, um sie zu ermutigen, mit meinen Freunden und mir zu spielen. Warum war das mit Hannah also plötzlich anders? Hatte ich vielleicht Angst davor, etwas Blödes zu sagen, oder davor, dass sie mich nicht mögen würde? Was hatte das Mädchen auf der Treppe noch mal gesagt? Dass das hier die Mädchenschulenhölle sei. Was, wenn das stimmte und Hannah mich bis zum Abi für eine eingebildete Zicke halten würde, die sich für zu cool hielt, um sie zu begrüßen? Ich war so in meine Gedanken vertieft, dass ich gar nicht mitbekam, dass mein neuer Klassenlehrer wieder zu reden begonnen hatte und nun die Anwesenheit überprüfte. Als er »Lisa Sophie« sagte, musste Alex mir mit einem »Sie sitzt da drüben« aus der Patsche helfen, weil ich sonst nicht reagiert hätte. Nun starrten mich tatsächlich alle an. Wow, was für ein toller Start.

Wie findet man eigentlich Freunde?

Meine neue Schüchternheit, die mich damals total überraschte, kann ich heute ganz gut verstehen. Es war überhaupt nicht seltsam, dass ich so reagierte, denn die ganze Situation war etwas komplett Neues für mich. Bevor ich aufs Gymnasium kam, hatte ich immer die gleichen Leute um mich herum gehabt. Die Kinder, mit denen ich schon in der Krabbelgruppe und im Kindergarten gewesen war, gingen später auch in die gleiche Grundschule wie ich. Das war eine ziemlich praktische Sache, denn so wusste ich immer ganz genau, wer meine Freunde waren und mit wem ich mich nicht so gut verstand. Über meine neuen Mitschülerinnen wusste ich gar nichts. Daher war ich, als ich das neue Klassenzimmer voller fremder Gesichter betreten hatte, auch so unsicher. Genau das Gleiche galt für die Straßenbahn. Es waren zwei ungewohnte Situationen, und ich wusste einfach noch nicht, wie ich mich darin am besten verhalten sollte.

Zwar hatte ich an meinem ersten Tag in der Grundschule auch nicht alle anderen Kinder gekannt. Aber es waren so viele meiner Freunde dort gewesen, dass es gar nicht nötig gewesen war, sofort aktiv auf neue Leute zuzugehen. Ich wusste ja ganz sicher, dass ich in der Pause nicht allein dastehen würde, sondern mit den Leuten, die ich schon kannte, Fangen spielen würde. Ganz genau so, wie wir das auch jeden Tag im Kindergarten getan hatten. Die ganze Situation war also viel entspannter. Es gab keinen Druck, und neue Freundschaften ergaben sich einfach im Laufe der Zeit, ohne dass ich mich groß darum hätte bemühen müssen. Auf dem Gymnasium hatte ich das Gefühl, diese Zeit nicht zu haben. Bereits in der ersten Pause beobachtete ich, wie sich einige meiner neuen Mitschülerinnen verabredeten, um nach der Schule etwas zusammen zu unternehmen. Das machte mich ein wenig unruhig, weil es mir das Gefühl gab, zu lange zu zögern und die Sache mit den neuen Freunden nicht schnell genug anzugehen. Was wäre denn, wenn sich in ein paar Tagen schon alle Freundesgruppen gefunden hatten und dann keiner mehr mit mir befreundet sein wollte? Natürlich verbrachte ich auch gern Zeit mit Alex und war froh, dass sie da war. Aber ich war es gewohnt, nicht nur eine Freundin, sondern einen großen Freundeskreis zu haben. Um den zu bekommen, würde ich mich wohl zusammenreißen und auf andere zugehen müsse. Ich könnte mich doch beispielsweise mit Hannah anfreunden. Klar, unsere erste »Unterhaltung« war nicht so toll gelaufen, aber vielleicht könnte ich es ja einfach noch einmal versuchen. Als ich mich auf dem Pausenhof nach ihr umsah, stellte ich dann allerdings fest, dass sie inmitten einer Gruppe anderer Mädchen stand. Auch wenn ich mich gern dazugestellt hätte, traute ich mich nicht so richtig und blieb lieber mit Alex am Rande des Geschehens stehen. Wir verbrachten unsere erste Pause also zu zweit und beobachteten die anderen nur. »Super Lisa«, dachte ich sarkastisch. »Genauso wirst du bestimmt neue Freunde finden.«

Der teuflische Smalltalk

Nach der Pause riss ich mich dann endlich zusammen und stellte mich Hannah vor. Als ich »Ich bin übrigens Lisa« sagte, spürte ich die Wüste in meinem Hals immer noch ein wenig. Aber je länger Hannah und ich sprachen, desto weniger krächzte meine Stimme, bis sie am Ende schließlich wieder ganz normal klang. Wir unterhielten uns über unsere alten Grundschulen, was wirklich ein gutes Gesprächsthema war. Aber irgendwann hatten wir alles gesagt, was es dazu zu sagen gab. Fieberhaft überlegte ich, was ich noch erzählen könnte. Ob es Hannah wohl interessieren würde, dass ich in der Pause früher am liebsten Fangen gespielt hatte? Oder war man, sobald man auf dem Gymnasium war, zu alt für solche Dinge, und wir sollten lieber über etwas anderes reden? Vielleicht über unsere Geschwister oder über unsere Hobbys? Ich hatte mich gerade für das zweite Thema entschieden, als unsere neue Deutschlehrerin zur Tür hereinkam. Sie bat uns, leise zu sein, und so hatten Hannah und ich den teuflischen Smalltalk fürs Erste besiegt. In den Wochen danach hatte ich häufig nicht so viel Glück und geriet regelmäßig in Situationen, in denen die Gespräche mit meinen neuen Mitschülern schon nach zwei oder drei Sätzen ins Stocken gerieten. Meist versuchte ich dann, die unangenehme Stille durch ein nervöses Lachen oder Husten zu durchbrechen, was leider nicht ganz so gut funktionierte. Da mich meine eigene Schüchternheit total nervte, fragte ich häufiger mal meine Eltern um Rat. Doch wenn ich ihnen erzählte, dass es mir schwerfiel, auf andere zuzugehen, bekam ich meist nur Dinge zu hören wie: »Ach, das ist doch gar nicht so schlimm! Bleib einfach ganz locker und entspannt, dann kann gar nichts schiefgehen!« Damit konnte ich leider herzlich wenig anfangen, denn *einfach* war das mit dem Entspanntbleiben absolut nicht. Ich hatte immer das Gefühl, so ungefähr die Smalltalk-Fähigkeiten einer Kartoffel zu besitzen. Diesen Gedanken hatte ich ständig im Hinterkopf, und es machte mich so nervös, dass ich es teilweise nicht einmal mehr schaffte, drei Wörter vernünftig aneinanderzureihen. Immer, wenn das passierte, verspürte ich das dringende Bedürfnis, sofort nach Timbuktu auszuwandern, und irgendwann störte mich das so sehr, dass ich beschloss, endlich mal etwas dagegen zu unternehmen. Dass man nicht einfach mit einem Fingerschnippen locker und entspannt wurde, wusste ich. Aber man konnte es doch bestimmt lernen, in Unterhaltungen ruhiger zu bleiben, oder?

Sul Sul (»Hallo« in Sims-Sprache)

Nachdem ich eine Weile lang darüber nachgedacht hatte, kam mir plötzlich eine Idee. Was wäre denn, wenn ich es einfach so machte wie die Figuren aus dem Computerspiel ›Die Sims‹? Die sprachen doch immer mit ihrem Spiegelbild, wenn sie eine Rede üben mussten, und denen schien das total zu helfen. Vielleicht funktionierte das ja auch bei echten Menschen, und ich konnte mich damit auf Gespräche vorbereiten. Ich beschloss, es zumindest mal auszuprobieren, aber als ich mich dann am Nachmittag vor den Spiegel stellte, kam ich mir ganz schön bescheuert vor. »Na, bist du öfter hier?«, fragte ich die zweite Lisa und grinste halbherzig. Doch dann versuchte ich es eine halbe Stunde lang ernsthaft und hatte danach das Gefühl, dass es vielleicht doch gar keine so blöde Idee gewesen war. In den nächsten Wochen »trainierte« ich regelmäßig. Dabei musste ich feststellen, dass man solche Übungen am besten nur dann machte, wenn man allein zu Hause war. Denn wenn meine Eltern (natürlich mal wieder ohne vorher anzuklopfen) genau dann durch die Tür spaziert kamen, wenn ich gerade Selbstgespräche führte, dann war das alles andere als cool. Zuerst erzählte ich dem Spiegel nur von meinem Tag, weil mir das weniger seltsam vorkam als eine Unterhaltung zu führen, bei der nur ich redete und keiner antwortete. Aber irgendwann gewöhnte ich mich an die ganze Situation und übte einige Sätze ein, mit denen ich in der Schule gern ein

Gespräch beginnen würde. Ich merkte, dass es half, wenn sie nicht ellenlang und verschachtelt waren, sondern möglichst kurz und einfach. Denn bei komplizierten Sätzen war es mir schon häufiger mal passiert, dass ich mich so sehr verhaspelt hatte, dass die andere Person überhaupt nicht mehr verstehen konnte, was ich eigentlich sagen wollte. Als ich ein paar Sätze gefunden hatte, die ich gut fand, wiederholte ich sie so oft, bis ich mich damit wirklich sicher fühlte. Es war wichtig, sie nicht nur stumm im Kopf aufzusagen, wenn ich vor dem Spiegel stand, sondern sie laut auszusprechen. Schließlich konnten meine Mitschülerinnen ja keine Gedanken lesen. Ich hatte festgestellt, dass ich meist viel schneller redete als sonst, wenn ich mit ihnen sprach. Einige Male war mein Gehirn auch mitten im Gespräch auf die grandiose Idee gekommen, dass jetzt doch der perfekte Moment für ein Blackout wäre. Dann vergaß ich, was ich gerade sagen wollte und stand mit verwirrtem Gesichtsausdruck in der Gegend herum, während die anderen mich fragend ansahen und sich vermutlich ziemlich darüber wunderten, dass ich meinen Satz nicht zu Ende sprach. Je öfter ich das, was ich sagen wollte, zuvor schon laut ausgesprochen hatte, desto leichter konnte ich diese Blackouts später verhindern. Durch das Training hatte ich es geschafft, mein Unterbewusstsein auf meine Seite zu ziehen, und es ließ mich die Sätze auch dann noch fehlerfrei sagen, wenn mein Gehirn vor lauter Nervosität ein wenig am Rad drehte.

Kekse retten Leben!

Es dauerte eine Weile, bis ich die Sätze gefunden hatte, die wirklich gut als Gesprächsanfang funktionierten. Ich hatte die Erfahrung gemacht, dass es keine so tolle Idee war, einfach nur auf jemanden zuzugehen, »Hi, ich bin Lisa« zu sagen und zu denken, dass sich das Gespräch schon irgendwie entwickeln würde. In den meisten Fällen entstand aus diesem Satz nämlich nicht direkt eine wundervolle Freundschaft. Zwar stellten sich meine Mitschülerinnen ebenfalls vor, warteten danach aber darauf, dass ich ihnen erzählte, warum genau ich sie angesprochen hatte. Wenn ich dann nichts auf Lager hatte, folgte eine sehr lange und unangenehme Stille. Das wollte ich natürlich auf jeden Fall vermeiden. Ich hatte mir fest vorgenommen, keine Smalltalk-Kartoffel mehr zu sein, und was mir dabei half, waren Kekse. Was nicht bedeutete, dass ich total viele davon aß, um mir Mut zu machen, oder sie meinen neuen Mitschülerinnen unter die Nase hielt, um sie so davon zu überzeugen, meine Freunde zu werden. Es hätte zwar gut sein können, dass auch das geklappt hätte. Aber eigentlich sah mein Keks-Plan ein klein wenig anders aus. Er begann damit, dass ich meine Mitschülerinnen fragte, ob sie wüssten, wo man im Schulgebäude Kekse kaufen könne. Sie sagten mir dann entweder, dass sie auch keine Ahnung hätten, oder sie beschrieben mir den Weg zum Süßigkeitenautomaten. Egal wie die Antwort ausfiel, bedankte ich mich, lächelte freundlich und hatte mein erstes Gespräch geschafft. Die nächste Unterhaltung würde dann schon viel leichter werden, das hatte ich bereits gelernt. Manchmal ergab sich aus meiner Keks-Frage auch noch eine längere Unterhaltung. Dabei sprachen wir natürlich nicht gleich über unsere dunkelsten Geheimnisse, sondern eher über die Frage, ob Schoko- oder Vanillekekse besser schmeckten. Aber es war immerhin ein Anfang. Natürlich konnte ich diese Taktik nicht auf Dauer anwenden, denn irgendwann hätte sich bestimmt herumgesprochen, dass ich dauernd über Kekse redete und irgendwie auch nach der zehnten Erklärung noch nicht verstanden zu haben schien, wo der Automat steht. Damit mich die Leute also nicht für total bekloppt hielten, wechselte ich irgendwann zu anderen Fragen. Beispielsweise erzählte ich, dass ich im Unterricht nicht genau zugehört hatte und daher nicht wusste, welche Hausaufgaben wir aufhatten. Ich fragte die anderen dann, ob sie es mir vielleicht sagen könnten, und das funktionierte wirklich gut. Ich kam mit allen möglichen Leuten darüber ins Gespräch, wie nervig Mathe doch war und dass ich auch keine Lust hatte, bis morgen den ganzen langen Text für den Englischunterricht zu übersetzen. Je mehr ich mich mit meinen neuen Mitschülerinnen unterhielt, desto sicherer wurde ich, und irgendwann hatte ich ein paar Leute gefunden, mit denen ich mich wirklich gut verstand. Das machte mich sehr glücklich. Später erfuhr ich dann, dass ich nicht die Einzige war, die sich anfangs so unsicher gefühlt hatte. Zwar hatte niemand außer mir mit einem Spiegel geredet, aber viele der anderen hatten sich auch wahnsinnig viele Gedanken darüber gemacht, was sie sagen sollten. Wir alle wollten unbedingt schnell neue Freunde finden. Schließlich wussten wir, dass wir einige Jahre zusammen verbringen würden, und da Schule ja ziemlich nervig sein kann, wollte jeder Leute an seiner Seite haben, mit denen man das alles gemeinsam durchstehen konnte. Mit manchen meiner späteren Schulfreundinnen verstand ich mich schon nach wenigen Tagen so gut, dass es sich anfühlte, als würden wir uns schon ewig kennen. Andere Freundschaften brauchten ein wenig mehr Zeit, um sich zu entwickeln, und es gab auch Leute, mit denen ich mich von Beginn an überhaupt nicht verstand. Aber das war okay, denn auch wenn ein Gespräch einmal nicht so gut lief, sah ich es als Training, denn jedes Mal, wenn ich auf jemanden zuging, wurde ich ein klein wenig sicherer und fühlte mich weniger unwohl.

Eine beste Freundin muss her

Als Kind war ich der festen Überzeugung, dass es ganz wichtig sei, eine beste Freundin oder einen besten Freund zu haben. Es könnte daran liegen, dass die Figuren in meinen Lieblingsserien immer zu zweit unterwegs waren. Bibi Blocksberg hatte Tina, Benjamin Blümchen hatte Otto, und Kim Possible hatte Ron Stoppable. Da ich Jungs zu dem Zeitpunkt noch für eklige, furzende Aliens hielt, kam für mich natürlich nur eine beste Freundin in Frage. Allerdings war es gar nicht so einfach, jemand Passenden zu finden, und so hatte ich immer eher eine Gruppe guter Freundinnen. Mal hatte ich mit der einen und mal mit der anderen mehr zu tun. Ich mochte sie alle sehr gern, aber eine richtige beste Freundin war nicht unter ihnen. Vielleicht lag das auch daran, dass ich ein wenig zu anspruchsvoll war. Aber in den Büchern und Serien sah es immer so aus, als dürfte diese beste Freundin eben nicht nur irgendein Mädchen sein, mit dem man sich ganz gut verstand. Nein, sie musste *die eine* sein, mit der man für den Rest seines Lebens befreundet sein würde. Schließlich sagte Kim Possible ja auch nicht nach zehn Folgen zu Ron: »Sorry, aber das mit deiner rutschenden Hose geht mir echt auf die Nerven. Ich suche mir einen neuen besten Freund.« Alex hatte schon eine beste Freundin, und meiner Ansicht nach war es gegen die Regeln, zwei davon zu haben. Zu meiner großen Freude fragte Hannah mich gleich in unserer ersten Schulwoche aus heiterem Himmel: »Hey, wollen wir Freundinnen sein?« Ich war davon total überrumpelt, denn ich war es nicht gewohnt, dass jemand das so direkt ansprach. Meine erste Reaktion war also vermutlich ein ungläubiges Starren. Aber ich fand Hannah ziemlich cool und freute mich daher sehr darüber, dass sie meine Freundin sein wollte. Ich fing mich also schnell wieder und antwortete mit einem begeisterten »Ja!«. Ich konnte es kaum fassen. Da machte ich mir tausend Gedanken darum, wie zur Hölle ich auf andere zugehen könnte, und Hannah klärte das einfach in einem simplen Satz. Die Smalltalk-Kartoffel war schwer beeindruckt. Hannah und ich verbrachten immer mehr Zeit miteinander, und da ich wusste, dass sie im Gegensatz zu Alex keine beste Freundin hatte, nahm ich irgendwann all meinen Mut zusammen und stellte ihr die alles entscheidende Frage. »Sag mal Hannah, sind wir eigentlich beste Freundinnen?« Ich sah sie dabei nicht an, denn ich hatte Angst vor ihrer Antwort, und mein Bauch fühlte sich an, als würden ein paar richtig große Steine darin hin- und herpoltern. Als Hannah »Na klar!« antwortete und lächelte, war es, als würden die Steine zu einem Berg Zuckerwatte werden, der nach und nach in sich zusammenfiel, bis nichts mehr von ihm übrig war. Ich war so glücklich, das zu hören. Früher war ich oft die Einzige ohne beste Freundin gewesen und hatte mich manchmal gefragt, ob mit mir vielleicht irgendetwas nicht stimmte. Aber jetzt fühlte ich mich so, als wäre ich ganz normal, so wie alle anderen auch. Hannah und ich waren ab diesem Tag wie Pech und Schwefel. Wir verbrachten jede freie Minute miteinander und das sowohl in der Schule als auch in unserer Freizeit. Wir gingen schwimmen, machten Ausflüge und nähten sogar zusammen Klamotten. Das war eine ziemlich verzwickte Sache, bei der Hannah sich viel geschickter anstellte als ich. Am Ende sahen ihre Sachen also richtig schön aus, während mein selbstgenähtes Top so unförmig war, dass ich es direkt ganz tief in meinem Kleiderschrank vergrub und mir schwor, es nie zu tragen. Trotzdem fühlte ich mich in dieser Zeit sehr gut. Ich hatte zwei Freundinnen an meiner neuen Schule, und eine davon war sogar die beste Freundin, die ich mir immer gewünscht hatte. Doch dieses Zuckerwattegefühl hielt leider nur ein paar Wochen an. Denn dann fand mein berühmt-berüchtigter zwölfter Geburtstag statt und veränderte alles.

MEINE BANDE UND ICH

Okay, ich gebe zu, dass das vielleicht ein wenig dramatischer klingt, als es tatsächlich war. Aber für mich war mein zwölfter Geburtstag wirklich ein sehr besonderes Ereignis. Zwar enttäuschte er mich ein wenig, was die großen, weltbewegenden Veränderungen anging. Aber zumindest wurde meine kleine Welt doch ein wenig mehr durcheinandergewirbelt, als ich gedacht hatte. Der Grund dafür war ein Buch von Cornelia Funke, das den Titel ›Die Wilden Hühner‹ trug. Darin ging es um Sprotte, ein Mädchen, das nicht nur seine beste Freundin Frieda hatte, sondern auch zusammen mit ihr und drei anderen Freundinnen in einer Bande war. Sobald ich das Buch fertig gelesen hatte, stand für mich fest, dass ich unbedingt auch eine solche Bande haben wollte. Es war ganz typisch für mich, eine Sache, die ich gelesen hatte, in mein eigenes Leben einzubauen. Ich lebte damals gefühlt nur zur Hälfte in der realen Welt und verbrachte viel zu viel Zeit mit Büchern. Hannah und Alex kannten das schon von mir, daher waren sie nicht sonderlich überrascht, als ich ihnen noch am selben Tag von meinem Plan, eine Bande zu gründen, erzählte. Die beiden fanden die Idee gut und halfen mir dabei, nach zwei weiteren Mitgliedern zu suchen.

Die ›Wilden Hühner‹ waren zu fünft, also mussten wir das natürlich auch sein. In unserer Klasse war mir schon länger ein Mädchen mit einer wilden, schwarzen Lockenmähne aufgefallen. Sie hieß Friederike und schien ziemlich lustig zu sein, denn wann immer sie sich mit Yvonne, dem blonden Mädchen, das neben ihr saß, unterhielt, konnte diese sich vor lauter Lachen gar nicht mehr einkriegen. Wir fanden, dass das ein gutes Argument war, um Friederike in unsere Bande aufzunehmen, und waren uns einig, dass auch Yvonne gern mitmachen könnte. In der Pause gingen Hannah, Alex und ich also zu ihnen und stellten ihnen eine hochoffizielle Banden-Beitritts-Anfrage. Die beiden schienen sich darüber zu freuen und nahmen sie sofort an. Nun waren wir also zu fünft. Wie bei jeder vernünftigen Bande bestand unsere erste Amtshandlung darin, uns einen geheimen Treffpunkt auf dem Pausenhof zu suchen. Dort sprachen wir fortan über unsere Bandengeheimnisse und schrieben in Geheimschrift in unser geheimes Bandenbuch. Es war alles so geheim, dass ich keine Ahnung mehr habe, was genau wir damals eigentlich taten. Aber wir hatten eine tolle Zeit. Im Gegensatz zu den ›Wilden Hühnern‹ lösten wir uns dann leider schon wenige Monate später wieder auf. Eventuell lag das daran, dass einfach keine Jungsbande auftauchen wollte, der wir Streiche spielen konnten. Kein Wunder, schließlich waren wir ja an einer Mädchenschule, und der Pausenhof der gemischten Schule von nebenan war durch eine hohe Mauer von unserem getrennt. Es war ein bisschen wie bei Romeo und Julia. Nur dass wir unsere Romeos nie zu Gesicht bekamen und bis heute nicht wissen, ob sie überhaupt existiert haben. Eine wirklich tragische Geschichte. Das Ganze war ohne Jungs irgendwie doch nicht so spannend, daher musste ich wohl oder übel akzeptieren, dass das Leben einfach kein Buch war. Vielleicht waren ja auch beste Freundinnen und Banden viel weniger wichtig, als ich bisher geglaubt hatte. Ich nahm mir vor, Freundschaften künftig einfach auf mich zukommen zu lassen und mir keinen so großen Stress mehr damit zu machen. Wichtig war doch eigentlich nur, dass man Leute hatte, die man mochte und auf die man sich verlassen konnte. Wie viele es waren und ob sie sich nun genauso verhielten wie die Charaktere in meinen Lieblingsbüchern, war doch eigentlich egal. Trotz dieser großartigen Erkenntnis las ich natürlich auch noch die anderen Teile der ›Wilden Hühner‹-Reihe. Dabei verknallte ich mich Hals über Kopf in Fred von den Pygmäen, dem es sogar gelang, meiner ersten großen Liebe, Fiete von den Pfefferkörnern, den ersten Platz auf der Liste meiner fiktionalen Freunde abzuluchsen. Das sollte schon was heißen! Trotzdem zeigt es, dass ich, was Jungs anging, anscheinend immer noch ein wenig an meinen Traumvorstellungen aus Büchern festhielt.

Ich will die Allerbeste sein

Auch nach dem Ende unserer Bande blieben Hannah, Alex, Friederike, Yvonne und ich Freundinnen. Die meiste Zeit verbrachte ich weiterhin mit Hannah, auch wenn ich unsere

Treffen inzwischen manchmal ein wenig anstrengend fand. Hannah und ich hatten es uns angewöhnt, aus allem, was wir taten, einen Wettkampf zu machen. Es ging nicht nur darum, wer das schönere Oberteil nähte, sondern auch um alles andere. Wer bekam die besseren Noten? Wer konnte ein Klavierstück schneller lernen? Wer schaffte es im Sportunterricht, schneller zu laufen? Diese ständige Konkurrenz strengte mich an und setzte mich ganz schön unter Druck. Nach und nach verlor ich den Spaß an Dingen, die ich zuvor sehr gern getan hatte. Ich spürte wieder die Steine in meinem Bauch, wenn ich zum Klavierunterricht ging, da ich befürchtete, unsere Lehrerin könnte mir mitteilen, dass Hannah besser spiele als ich. Wenn wir Schularbeiten zurückbekamen, fragte Hannah mich sofort, welche Note ich hatte. Wenn ich besser oder genauso gut war wie sie, fühlte ich mich wahnsinnig erleichtert. Doch an den Tagen, an denen ich schlechter abschnitt, war es so, als würde mir jemand einen Eimer voll Eiswasser über dem Kopf ausschütten. Ich glaube, Hannah ging es andersherum genauso. Wir waren es beide aus der Grundschule gewohnt, die Klassenbesten zu sein, und zumindest mir machte der Gedanke, diese Position zu verlieren und damit vielleicht auch meine Eltern zu enttäuschen, ganz schön Angst. Ich war es einfach nicht gewohnt, in etwas nicht die Beste zu sein. Das war ein völlig neues Gefühl für mich, und ich wusste nicht, wie ich damit umgehen sollte. Hannah und ich übertrieben es mit unserem Konkurrenzkampf irgendwann so sehr, dass unsere Klavierlehrerin sich weigerte, uns von den Fortschritten der jeweils anderen zu berichten. Spätestens an dem Punkt musste ich mir eingestehen, dass es vielleicht besser war, wenn wir nicht mehr so viel Zeit miteinander verbrachten. Dieser Gedanke tat weh, und eigentlich wollte ich meine beste Freundin nicht verlieren. Aber mir war dieser ganze Stress einfach zu viel. Eine Freundschaft sollte doch etwas Schönes und Positives sein und nichts, was einen so unter Druck setzte. Als ich Hannah von meiner Entscheidung erzählte, schien sie darüber genauso traurig zu sein wie ich. Uns beiden war unsere Freundschaft sehr wichtig, aber ich wusste einfach, dass es so nicht weitergehen konnte.

WENN FREUNDSCHAFTEN ZERBRECHEN

Es war nicht das erste und auch nicht das letzte Mal in meinem Leben, dass ich eine Freundschaft beendete. Je älter meine Freunde und ich wurden, desto mehr veränderten wir uns, und wir entwickelten unterschiedliche Interessen. Einer meiner Freunde wollte beispielsweise irgendwann eine Band gründen, allerdings hatte außer ihm niemand aus dem Freundeskreis so wirklich Lust darauf. Nachdem er eine Zeitlang erfolglos versucht hatte, uns zum Mitmachen zu überreden, freundete er sich mit zwei neuen Leuten an, die Schlagzeug und E-Gitarre spielen konnten. Ab diesem Zeitpunkt verbrachte er seine Freizeit hauptsächlich mit ihnen, und wir sahen ihn immer seltener. Die Gründe, warum sich jemand dazu entscheidet, einen Freundeskreis zu verlassen, können ganz unterschiedlich sein. Genau das Gleiche gilt auch, wenn die Freundschaft zwischen zwei Menschen zerbricht. Manchmal gibt es einen offenen Streit, nach dem man ganz genau weiß, warum die andere Person sauer ist. Aber oft ist auch nicht so ganz klar, was eigentlich gerade das Problem ist. Man kann jetzt natürlich ewig herumrätseln, was im Kopf der jeweils anderen Person vor sich geht, und alle möglichen verrückten Theorien aufstellen. Oder aber, man spart sich ganz viel Zeit und spricht einfach miteinander. Vielleicht hat die Person sich aus der Gruppe zurückgezogen, weil sie sich nicht mehr wohl fühlt. Es könnte zum Beispiel sein, dass im Freundeskreis häufiger mal über jemanden gelästert wurde, den sie eigentlich ganz gern mag. Oder die Person möchte am Wochenende lieber ruhige Dinge unternehmen, während alle anderen immer nur feiern gehen wollen. Mit einem Gespräch lassen sich viele dieser Fragen klären. Auch wenn man selbst vielleicht kein Teil des Problems ist, kann man oft trotzdem helfen und zwischen Freunden vermitteln. Wenn jemand einen Freundeskreis verlässt, muss das ja nicht gleich bedeuten, dass er oder sie nun komplett aus der Welt ist. Außerdem gibt es ja immer noch die Möglichkeit, sich nur zu zweit zu treffen und etwas ohne den Rest der Gruppe zu unternehmen.

Wenn man selbst der Grund dafür ist, dass sich ein Freund oder eine Freundin immer seltener blicken lässt, wird die ganze Sache ein wenig komplizierter. Wann immer ich früher merkte, dass ich mich gerade in einer solchen Situation befand, hoffte ich immer so ein bisschen, dass alles einfach wieder gut werden würde. Wahrscheinlich bin ich nicht die Einzige, die so tickt, denn wer führt schon gern Krisengespräche? Wenn mir die Dinge nicht den Gefallen taten, sich von selbst zu klären, kam irgendwann wohl oder übel der Moment, in dem ich mir die Frage stellen musste, welche meiner Ängste nun größer war: die vor dem unangenehmen Gespräch oder die, einen guten Freund oder eine gute Freundin zu verlieren? Da bei mir fast immer Letzteres zutraf, versuchte ich, das Krisengespräch so schnell wie möglich hinter mich zu bringen. Ich hatte die Erfahrung gemacht, dass es nur schlimmer wurde, je länger ich damit wartete. Das sehe ich auch heute noch so. Außerdem finde ich, dass es wichtig ist, sich für eine solche Unterhaltung Zeit zu nehmen und sie nicht irgendwo zwischen Tür und Angel zu führen. Vielleicht klärt man die Dinge auch lieber allein und nicht in einer Situation, in der noch eine große Gruppe anderer Leute mit dabei ist. Stattdessen kann man sich mit der jeweiligen Person beispielsweise zum Kaffeetrinken treffen oder gemeinsam eine Runde spazieren gehen. Die blödeste Situation entsteht, wenn man gar nicht weiß, dass man selbst verantwortlich für die Freundschaftskrise ist. Mir passierte das beispielsweise einmal, nachdem ich bei einer Party einen blöden Spruch auf Kosten einer meiner Freundinnen gebracht hatte. Er war nur als Witz gemeint, und sie hatte sogar darüber gelacht, daher wäre ich nie auf die Idee gekommen, dass mein unsensibles Gequatsche sie in Wahrheit verletzt hatte. In den Tagen danach stellte ich fest, dass sie sehr still war. Mein erster Impuls war, ein wenig auf Abstand zu gehen, denn ich hatte den Eindruck, dass sie lieber in Ruhe gelassen werden wollte. Dann gab ich mir aber doch einen Ruck und sprach sie darauf an. So erfuhr ich, dass ich Mist gebaut hatte, konnte mich entschuldigen, und wir versöhnten uns wieder. Offen miteinander zu reden ist in Freundschaften sehr wichtig. Auch dann, wenn man sich entscheidet, getrennte Wege zu gehen. Es ist kein sehr schönes Gefühl, im Unklaren gelassen zu werden und nicht zu wissen, ob man mit einer Person eigentlich noch befreundet ist oder nicht. Daher finde ich es in solchen Situationen sehr wichtig, der anderen Person die Wahrheit zu sagen. Auch wenn die, wie im Fall von Hannah und mir, manchmal ganz schön weh tun kann.

Kapitel 2

Erste Dates, der vergessene Kuss und die Unterwäsche- abteilung des Schreckens

Roboter und Blut

Nachdem Hannah und ich auf Abstand gegangen waren, verbrachte ich nun mehr Zeit mit meinen anderen neuen Freundinnen. Besonders gut verstand ich mich dabei mit Friederike, da wir einige gemeinsame Interessen hatten. Wir verbrachten beide gern Zeit am Computer und hatten Spaß daran, alle möglichen Programme auszuprobieren. Eines Tages hörten wir, dass unser Informatiklehrer einen Kurs anbot, in dem man lernen konnte, wie man Roboter programmierte. Da wir das ziemlich spannend fanden, meldeten wir uns dort an. Als der Kurs dann zum ersten Mal stattfand, stellte sich heraus, dass wir die Einzigen waren, die sich für Roboter interessierten. Im Computerraum wartete lediglich unser Informatiklehrer, Herr Bechtold, auf uns. Er wirkte etwas enttäuscht darüber, dass wir nur zu dritt waren, sagte aber nichts, sondern seufzte nur einmal tief. Dann gab er sein Bestes, den Unterricht für uns so interessant wie möglich zu gestalten. Friederike und ich liebten den Roboterkurs und waren stolz wie Oskar, als wir die kleinen Maschinen irgendwann dazu brachten, Gegenstände von A nach B zu transportieren. Während Herr Bechtold uns erklärte, was wir in der jeweiligen Stunde programmieren würden, saßen wir meist auf der weißen Platte eines großen Tisches, der mitten im Raum stand und hörten ihm zu. Rückblickend ärgerte ich mich darüber, dass ich mich stattdessen nicht einfach auf einen der schwarzen Stühle gesetzt hatte. Denn eines Tages, als ich gerade auf dem Weg zum Roboterkurs war, tippte mir plötzlich ein Mädchen aus meiner Parallelklasse auf die Schulter. »Hey du«, sagte sie. »Du hast da einen Fleck am Po.« Ich drehte den Kopf und sah, dass sie recht hatte. Da ich aber nicht fand, dass es sonderlich schlimm aussah, reagierte ich relativ gleichmütig. »Ich saß in der Pause im Gras«, erklärte ich dem Mädchen. »Das kommt bestimmt nur daher. Aber danke, dass du Bescheid gesagt hast!« Ohne mir weitere Gedanken über den Fleck zu machen, setzte ich mich wie immer neben Friederike auf die weiße Tischplatte. Herr Bechtold kam herein, stellte sich an die Tafel und begann zu erklären. Als er fertig war, rutschte ich zur Kante des Tisches und drehte mich dann zu Friederike um. Ich wollte ihr gerade sagen, dass ich die Roboter aus dem Schrank holen würde, als ich eine rote Spur auf der Tischplatte bemerkte. Es dauerte einen Moment, bis ich begriff, was passiert war. Aber als es endlich Klick machte, war ich total entsetzt. Das an meinem Po war kein Grasfleck. Es war Blut, und das bedeutete, dass ich soeben zum ersten Mal meine Tage bekommen hatte. Diese Vorstellung überforderte mich so sehr, dass ich erst einmal rein gar nichts tat, sondern nur wie in Schockstarre vor dem Tisch stehen blieb. Aus dem Augenwinkel sah ich, wie Friederike geistesgegenwärtig ein Taschentuch aus ihrem Rucksack zog und damit über die Platte fuhr. Herr Bechtold schrieb immer noch Programmierbefehle an die Tafel und stand deswegen mit dem Rücken zu uns. Er hatte also noch nichts mitbekommen. Nach ein paar weiteren Sekunden, in denen es sich so anfühlte, als würde alles in Zeitlupe passieren, gelang es mir dann endlich, mich aus meiner Trance zu lösen. Ich schnappte mir meine Jacke, band sie mir um die Hüfte und half Friederike bei ihrer Putzaktion. Gemeinsam schafften wir es, die Spur verschwinden zu lassen, und als Herr Bechtold sich umdrehte, standen wir bereits mit auffällig-unauffälligen Unschuldsmienen vor dem Tisch. Ich fühlte mich schrecklich wegen des Blutflecks, und so zermarterte ich mir den Kopf, wie ich Herrn Bechtold dazu bringen konnte, die Stunde früher zu beenden, damit ich nach Hause fahren und mir etwas anderes anziehen konnte. Ihm zu sagen, was passiert war, kam nicht in Frage, denn er sah nicht gerade so aus, als hätte er sonderlich viel Ahnung von Periodenproblemen. Noch bevor ich auch nur den Ansatz eines sinnvollen Plans entwickeln konnte, rettete Friederike mich erneut. Sie verkündete Herrn Bechtold, dass es uns leid tue, wir aber unbedingt gehen müssten, weil mir total schlecht sei. Ich machte schnell ein Gesicht, das nach Magenschmerzen aussah, und schien das wohl auch ganz überzeugend hinzubekommen, denn Herr Bechtold schickte mich direkt nach Hause und wünschte mir gute Besserung. Friederike durfte ebenfalls gehen, und so standen wir kurz darauf nebeneinander in der Straßenbahn. Ich hatte mich extra nicht hingesetzt, um ein weiteres Blutfiasko zu vermeiden, und betete, dass ausnahmsweise mal nichts auf der Strecke die Bahn davon abhalten würde, so schnell wie möglich an ihr Ziel zu kommen.

Das eine Mal, als meine Tage cool waren

In meiner Klasse gab es nur ein Mädchen, das schon vor mir seine Tage bekommen hatte. Es geschah ungefähr einen Monat vor meinem »tollen« Erlebnis im Roboterkurs, und sie erzählte uns, dass ihre Mutter extra eine Party geschmissen habe, um allen begeistert zu verkünden, dass ihre kleine Tochter nun zu einer Frau geworden sei. Mit Grauen in der Stimme schilderte sie, wie ihre Verwandten um den Küchentisch herumsaßen und Kuchen aßen. Kirschkuchen, um genau zu sein, dessen Teig ihre Mutter extra rot eingefärbt hatte, damit er, wie sie es ausdrückte, »besser zum Thema passte«. Auch wenn ich generell der Meinung war, dass es gar nicht genug Anlässe geben konnte, um Kuchen zu essen, war ich in diesem Fall doch ziemlich froh, dass meine Mutter die ganze Sache ein wenig anders anging. Rotgefärbten Kirschkuchen gab es bei uns nicht. Stattdessen drückte sie mir ein kleines Täschchen in die Hand, das sie mit Binden und Tampons gefüllt hatte. Das trug ich fortan immer im Rucksack mit mir herum und fühlte mich damit gleich viel sicherer. Situationen wie die im Roboterkurs blieben mir danach zum Glück erspart. Auch wenn mir das ganze Thema mit zwölf furchtbar unangenehm war, ist es eigentlich überhaupt nichts Peinliches. Man kann sich schließlich nicht aussuchen, wann man seine Tage bekommt, und da passiert so etwas schon mal. Leider ist das in den Köpfen vieler Leute noch nicht so ganz angekommen, die es als Anlass für blöde

Sprüche und schräge Blicke sehen. Ich kann es daher total verstehen, wenn man sich mit seinen Tagen unsicher fühlt und fast schon ein wenig unter Verfolgungswahn leidet, wenn es darum geht, dass die anderen vielleicht etwas davon mitbekommen könnten. Was ich euch mit ziemlicher Sicherheit sagen kann ist, dass eure Mitschüler und Freunde mit diesem Thema immer entspannter umgehen werden, je älter sie werden. Bei mir war das damals genauso. Anfangs haben alle noch die verrücktesten Taktiken entwickelt, um ihre Tampons so zu verstecken, dass sie ja niemand sehen konnte, und sie auf der Toilette nur in Slow Motion ausgepackt, damit keiner das Rascheln der Plastikverpackung hören konnte. Bei diesen dünnen Binden, die rundum verpackt sind, war es noch viel schlimmer. Millimeter für Millimeter kämpfte man sich da voran, während man vor lauter Anstrengung, ja kein Geräusch zu machen, fast vergaß zu atmen. Ein paar Jahre später waren wir dann an dem Punkt angelangt, an dem Tampons unter lautstarken Beileidsbekundungen von Klokabine zu Klokabine weitergereicht wurden, wenn jemand unerwartet seine Tage bekam. Das war deutlich entspannter als die ganze Geheimniskrämerei. Wenn ihr merkt, dass das Ganze in eurem Freundeskreis ein Tabuthema ist, dann könnt ihr ja mal versuchen, den anderen einen kleinen Schubs zu geben. Ihr müsst ja nicht gleich von Tür zu Tür gehen und alle mit dem Satz »Hallo. Ich möchte mit euch über eure Periode reden!« in Angst und Schrecken versetzen. Aber es ist vielleicht ein ganz guter Anfang, sich ein paar Freundinnen zu schnappen, mit denen man sich besonders gut versteht, und das Thema mal in einer kleinen Runde anzusprechen. Ein ganz guter Anfangssatz für ein solches Gespräch wäre zum Beispiel die Frage:»Bekommt ihr auch immer so starke Bauchschmerzen, wenn ihr eure Tage habt?« Gemeinsam jammert es sich am besten, und die anderen freuen sich bestimmt auch, wenn sie sich mal eine Runde darüber auskotzen können, dass ihnen ihr nerviger Uterus regelmäßig das Leben zur Hölle macht. Nach dem Zwischenfall im Roboterkurs bemerkte ich übrigens, dass es auch seine Vorteile hatte, seine Tage zu haben. Meine Freundinnen hatten dieses »wundervolle« Erlebnis noch vor sich, daher fühlte ich mich sehr alt und weise, als sie mich mit Fragen überhäuften. Sie wollten alles Mögliche wissen. Tat das weh? Würde mir nun regelmäßig jemand mit einem Taschentuch hinterherlaufen müssen, um rote Flecken von Möbelstücken zu entfernen? Und konnte ich mich wegen meiner Tage vom verhassten Schulschwimmen befreien lassen? Die Antwort auf die letzte Frage bekam ich prompt am nächsten Tag. Während die anderen zitternd unter den Duschen standen, bei denen mal wieder das warme Wasser ausgefallen war, und danach unter den strengen Blicken unserer Schwimmlehrerin eine Bahn nach der anderen zogen, saß ich entspannt am Beckenrand und sah ihnen zu. Für einen kurzen Moment war ich ziemlich zufrieden mit dem, was sich mein Körper da ausgedacht hatte. Wenn das Ganze noch mehr praktische Nebeneffekte hatte, dann waren diese Tage ja vielleicht doch nicht so schlimm. Später musste ich feststellen, dass das leider nicht der Fall war. Die einzigen Vorteile waren, dem Schwimmunterricht zu entkommen und die Gewissheit zu haben, nicht schwanger zu sein. Auf der Negativliste hingegen standen Pickel, Magenkrämpfe und Schokofressattacken. An dem Tag im Schwimmbad ahnte ich noch nicht, dass diese Dinge auf mich zukommen würden. Daher öffnete ich einfach nur glücklich das Buch, das ich mitgebracht hatte, und tauchte in eine andere Welt ein, während meine Mitschülerinnen sich damit abmühten, Ringe vom Boden des Schwimmbeckens heraufzuholen.

Die Sache mit der Salamijacke

Während ich mich in der fünften Klasse noch hauptsächlich mit der Frage beschäftigte, wie ich am besten auf neue Leute zugehen und Freunde finden könnte, stellte ich ein Jahr später fest, dass das bei weitem noch nicht die einzige Sache war, deretwegen man sich unsicher fühlen konnte. Diese Erkenntnis trat bei mir an einem ziemlich kalten Novembertag ein, als ich zum ersten Mal meine neue Winterjacke trug. Sie war hellbraun, gesteppt, und meine Mutter hatte sie sicherheitshalber zwei Nummern zu groß gekauft, damit ich sie auch noch im Jahr danach tragen konnte. Ich versank also ziemlich in der Jacke, was mich aber nicht kümmerte, da ich mir ohnehin nur Gedanken über die Frage machte, ob meine neuen Handschuhe wohl wasserdicht waren und ich gute Schneebälle mit ihnen formen konnte. Nur fünf Minuten nachdem ich das Schulhaus betreten hatte, merkte ich dann allerdings, dass irgendetwas nicht stimmte. Ich sah, wie zwei Mädchen aus meiner Parallelklasse auf mich zeigten, die Köpfe zusammensteckten und lachten. Verwirrt drehte ich mich um, weil ich dachte, dass hinter mir vielleicht etwas Lustiges passiert war. Doch da war nichts. Es war also eindeutig ich gemeint. Vorsichtig ging ich ein paar Schritte weiter und entdeckte Friederike, die gerade an der Garderobe stand. Schnell lief ich auf sie zu, um sie zu fragen, ob ich vielleicht noch einen Rest Zahnpasta im Gesicht kleben hatte. Doch als Friederike sich umdrehte, reagierte sie genauso wie die beiden Mädchen. »O Gott, Lisa. Du siehst ja total bescheuert aus!«, kicherte sie. »Was ist das denn für eine Jacke?« An diesem Tag erfuhr ich, dass es nicht mehr reichte, wenn Klamotten praktisch waren. Sie mussten jetzt gut aussehen, cool sein, und man musste sie im richtigen Laden gekauft haben. Auf meine Jacke traf keiner dieser drei Punkte zu, und so wurde ich bereits vor der großen Pause offiziell von »Lisa mit dem fetten Ziehharmonikarucksack« zu »Lisa mit der hässlichen Salamijacke«. Der Name entstand, als irgendjemand anmerkte, dass das Steppmuster der Jacke an die weißen Schnüre erinnere, die Metzger oft um Salamis herumwickelten. Nur dass die Salami in diesem Fall ich war. Es war ein Albtraum, und ich war wütend auf meine Mutter, weil sie mich einfach so in dieses Ding gesteckt hatte, von dem jeder außer mir zu wissen schien, dass es überhaupt nicht klarging. Durch die Blicke und das Lachen der anderen fühlte ich mich in der Jacke wahnsinnig unwohl, und ich hätte alles dafür gegeben, sie nicht mehr tragen zu müssen. Doch als ich meine Mutter nach der Schule bat, noch mal mit mir einkaufen zu gehen und einen Ersatz zu suchen, zeigte sie kein Erbarmen. Die Salamijacke war ja noch fast neu, also gab es ihrer Meinung nach überhaupt keinen Grund, eine andere Jacke zu kaufen. Ich fühlte mich ungerecht behandelt, wusste aber, wenn ich ehrlich war, dass ich mir das Ganze auch ein wenig selbst eingebrockt hatte. Der Grund dafür war, dass man mich als Kind mit dem Wort »shoppen« jagen konnte. Auch heute stehe ich in meinen Albträumen manchmal noch in einer Umkleidekabine voller Klamotten und höre die Stimme meiner Mutter rufen: »Lisa, kannst du die Sachen bitte endlich anprobieren? Da draußen stehen die Leute schon Schlange, und du blockierst die Kabine seit einer halben Stunde!« In diesen Albträumen schaue ich dann in den Spiegel und sehe mich selbst, wie ich mir mit elektrisch aufgeladenen Haaren und weit aufgerissenen Augen entgegenblicke. Dann wache ich schreiend auf. Ganz so schlimm war das mit dem Shoppen in der Realität natürlich auch wieder nicht. Aber ich hatte einfach überhaupt keine Lust darauf und wollte meine Freizeit viel lieber mit anderen Dingen verbringen. Da ich dies auch regelmäßig lautstark kundtat, hatte meine Mutter irgendwann genug. Sie ging nun allein einkaufen, und wann immer sie ein paar Sachen für mich fand, brachte sie sie mir mit. In einer der Tüten, die so in meinem Zimmer landeten, lag irgendwann auch die Salamijacke. Nach meinem Horrortag in der Schule begriff ich dann, welche schwerwiegenden Folgen es haben könnte, meine Klamotten weiterhin auf diesem Weg zu bekommen. Ich ging also schweren Herzens zu meiner Mutter und erklärte ihr, dass ich sie ab jetzt wieder begleiten würde. Sie war sehr überrascht von dieser Ansage, freute sich aber darüber, dass ich endlich Interesse an dem Thema zeigte. Manchen Eltern ergeht es vielleicht ein wenig anders, wenn ihr Kind ihnen verkündet, dass es seine Klamotten künftig allein aussuchen möchte. In einem solchen Fall ist es ganz gut, das Thema erst einmal vorsichtig anzugehen. Mit Sätzen wie »Danke, dass ihr euch so lange um meine Kleidung gekümmert habt, aber ich würde das künftig gern selbst machen« kann man dabei eigentlich nichts falsch machen. Ich denke mal, alle Eltern freuen sich, zu hören, dass man den Aufwand schätzt, den sie sich jahrelang gemacht haben. Vielleicht macht es ihnen aber trotzdem Angst, dass ihr Kind plötzlich so selbständig ist und eigene Entscheidungen treffen will. Das ist das »O nein, mein Baby wird erwachsen«-Syndrom. Darunter leiden sehr viele Eltern, das ist also ganz normal.

Wenn eure Eltern euch nicht direkt begeistert Geld für neue Klamotten in die Hand drücken, ist es meist ganz hilfreich, ihnen zu beweisen, dass ihr verantwortungsvoll mit dieser Aufgabe umgehen könnt. Das zeigt ihr, indem ihr euren Eltern zum Beispiel im Internet Fotos von Outfits zeigt, die euch gefallen, und ihnen erzählt, dass ihr euch darin viel wohler fühlen würdet als in euren derzeitigen Klamotten. Wenn die Klamotten dabei nicht allzu teuer oder verrückt sind, stehen die Chancen besser, dass ihr damit Erfolg habt. Wenn ihr allerdings auch dann noch auf Granit beißt, ist es vielleicht an der Zeit, euren Eltern klarzumachen, dass jeder das Recht hat, selbst zu entscheiden, was er trägt.

Niemand sollte jemanden dazu zwingen, in Klamotten herumzulaufen, in denen man sich absolut nicht wohl fühlt. Ich spreche jetzt natürlich nicht davon, mit diesem Argument zu versuchen, alle paar Wochen neue Sneakers zu bekommen. Sondern eher von den Fällen, in denen Eltern darauf bestehen, dass man den furchtbar kratzigen, selbstgestrickten Pulli mit dem Bärchengesicht trägt, weil man darin ja sooo süß aussehe. Wenn man das nicht möchte, sollte man es ihnen ruhig und freundlich, aber deutlich sagen.

Kein Bock auf Brüste!

Kurz nach meiner großen Ankündigung, künftig meine Klamotten selbst kaufen zu wollen, war es so weit. Wir gingen in die Stadt, und ich sollte mir ein paar Oberteile für den Frühling aussuchen, da ich aus vielen meiner alten Sachen herausgewachsen war. Als wir den ersten Laden betraten, wusste ich nicht so ganz, was genau ich jetzt tun sollte. Da hingen so viele verschiedene Klamotten, dass es mir völlig unmöglich schien, herauszufinden, welche davon nun cool waren und welche nicht. Ich sah mich um, ob es vielleicht Hinweisschilder mit der Aufschrift »Kauf das, dann lacht in der Schule niemand mehr über dich« gab, doch leider fand ich nur eines, das verkündete, dass sich die Jungsabteilung im Untergeschoss befand. Ich lief also ziellos durch die Reihen, schob ein paar Bügel von links nach rechts und war nach einer Viertelstunde genau so schlau wie zuvor. Ich stellte fest, dass ich überhaupt kein Gefühl dafür hatte, was mir stand. Außerdem gab es da noch eine Sache, die mir Sorgen machte. Seit einiger Zeit passierte eines der Dinge, vor denen ich mich seit meinem zwölften Geburtstag fürchtete: Ich bekam Brüste. Viel war das, was da bisher gewachsen war, noch nicht. Aber ich hatte die anderen Mädchen in meiner Klasse beobachtet, und nur bei sehr wenigen von ihnen passierte schon das Gleiche. Als ich zu den Ersten gehört hatte, die ihre Tage bekamen, war es irgendwie ganz cool gewesen, dass mir so viele meiner Mitschülerinnen ihre Aufmerksamkeit schenkten. Aber jetzt wollte ich auf gar keinen Fall zu den Ersten gehören, die den peinlichen Gang in die Unterwäscheabteilung absolvieren mussten, um sich dort einen BH zu kaufen. Da waren wirklich mal die anderen an der Reihe. Da ich deren Brüste leider nicht dazu zwingen konnte, schneller zu wachsen, hatte ich mir in den Wochen davor alle Mühe gegeben, die Tatsache zu ignorieren, dass ich ein Mädchen in der Pubertät war.

Als ich im Laden erneut zu dem Schild blickte, das in Richtung Jungsabteilung deutete, kam mir eine weitere Idee. Zielsicher lief ich auf die Treppe zu. »Was machst du denn?«, fragte meine Mutter verwundert, doch ich ging, ohne mich umzusehen, ins Untergeschoss und schnappte mir dort wahllos mehrere sackförmige Oberteile. In der Kabine stellte ich zufrieden fest, dass sie ihren Zweck sehr gut erfüllten, denn sie versteckten erfolgreich alle neuen Rundungen. Das war perfekt, denn so konnte ich auch weiterhin so tun, als wären sie gar nicht da. Zum Leidwesen meiner Mutter bestand ich darauf, dass sie mir die Klamotten kaufte. Für mich ergab es absolut Sinn, das zu tun. Schön würden die Mädchen aus meiner Klasse diese Oberteile garantiert nicht finden. Aber ich hatte das Gefühl, dass ich mit dieser Aktion nicht mehr mit den anderen Mädchen verglichen wurde. Das heißt, ich musste auch nicht mehr in ihrem Spiel, wer am schnellsten herausfindet, sich »richtig« anzuziehen, mithalten. Um dem Ganzen noch eins draufzusetzen, beschloss ich kurz darauf, auch meine langen Haare loszuwerden. In meinen Augen passte die Kombination aus weiten Klamotten und meinem bisherigen Haarschnitt einfach nicht zusammen. Als die nette junge Friseurin mich dann fragte, wie ich meine Haare gern hätte, sagte ich einfach nur: »Kurz, bitte.« Als sie noch mal nachhakte, was ich damit meinte, erklärte ich ihr, dass ich das selbst nicht so genau wisse. Sie solle sie einfach so schneiden, wie sie wolle. Hauptsache, sie waren kurz. Als eine Viertelstunde später der Großteil meiner Haare auf dem Boden lag und mir das, was noch auf einem Kopf war, gerade mal bis zu den Ohren reichte, merkte ich, wie mir Tränen in die Augen stiegen. Ich hatte kurze Haare gewollt, und die Friseurin hatte sie definitiv kurz geschnitten. Aber ich hatte nicht damit gerechnet, damit so wenig wie ich selbst auszusehen. Mein Spiegelbild gefiel mir nicht.

Doch als ich gefragt wurde, ob alles okay sei, nickte ich nur und behauptete, dass ich nicht weinte, sondern nur ein Haar im Auge hätte. Natürlich durchschaute die Friseurin mich sofort und drückte mir ein Glas Cola in die Hand, in der Hoffnung, ein kleiner Zuckerschock würde die Situation vielleicht ein wenig besser machen. Es half nicht wirklich, doch ich gab mein Bestes, den Laden trotzdem mit einem glücklichen Lächeln zu verlassen. Dabei redete ich mir fortwährend ein, dass das Ganze eine gute Entscheidung gewesen war, doch ich glaubte mir selbst nicht ein Wort davon.

Als mich alle für einen Jungen hielten

Ein paar Monate später verspürte ich immer noch einen kleinen Stich im Magen, wenn ich mein Spiegelbild betrachtete. Doch mein Plan ging auf. An den Tagen, an denen ich zusätzlich zu meiner Frisur auch noch die weiten Klamotten aus der Jungsabteilung trug, fühlte es sich so an, als könnte ich eine kleine Pause von dem ganzen Wahnsinn einlegen. Ich beobachtete also die anderen dabei, wie sie sich ins Zeug legten, um all diese neuen Dinge besonders gut hinzubekommen, und dachte mir dabei, dass es bestimmt nicht schaden würde, das Ganze ein wenig langsamer anzugehen. Auch das Thema Brüste schob ich weiterhin vor mir her. Dafür wäre nach meinem dreizehnten Geburtstag ja noch genug Zeit. Der lag zum Glück noch ein paar Monate in der Zukunft, und bis dahin wollte ich mich noch ein wenig wie ein Kind fühlen dürfen. Was mich allerdings an meinem neuen Aussehen störte, war, dass ich nun schon häufiger von fremden Leuten für einen Jungen gehalten worden war. Das wollte ich mit den Klamotten und dem Haarschnitt eigentlich nicht bezwecken. Ich war ganz gern ein Mädchen. Nur wollte ich eben nicht, dass die Leute sahen, dass mein Körper beschlossen hatte, langsam zu dem einer Frau zu werden. Das war ein ziemlich blödes Dilemma, und irgendwann kam es dann zu einer Situation, in der mir das Ganze zu viel wurde. Es passierte, kurz nachdem ich mit meinen Freundinnen Friederike und Alex einem Sportverein beigetreten war. Jeden Mittwochabend gingen wir zum Training. Eines Abends betraten wir die Umkleidekabinen und bemerkten, dass wir ziemlich früh dran waren. Der Rest unserer Mannschaft war noch nirgendwo zu sehen, daher zogen wir uns schon um, blieben aber noch eine Weile in der Umkleide sitzen und unterhielten uns. Wir waren gerade dabei, darüber zu diskutieren, ob die fünf Cent, die der Schulbäcker für Gummischlangen verlangte, eigentlich ein angemessener Preis waren, als plötzlich eine Gruppe älterer Mädchen den Raum betrat. Sie waren bestimmt schon sechzehn oder siebzehn Jahre alt und begannen sofort zu kreischen. »Boah, der Junge soll rausgehen! Wir wollen uns hier umziehen. Komm schon, verpiss dich!« Mit »der Junge« war ich gemeint. Meine Freundinnen, die ziemlichen Respekt vor den Mädchen zu haben schienen, ließen mir keine Zeit, das Missverständnis aufzuklären, und bugsierten mich zur Tür. Ich wusste gar nicht, wie mir geschah, und lief wie betäubt vor ihnen her. Doch dann, als wir nur noch ein paar Schritte vom Halleneingang entfernt waren, war es, als würde mein Gehirn langsam wieder auftauen, und ich machte auf dem Absatz kehrt. »Wartet hier einen Moment auf mich«, bat ich Alex und Friederike, die mich erschrocken ansahen. »Ich möchte das gern klären.« Ich lief zur Umkleide zurück und blieb vor der Tür stehen. Mein Magen schlug einen Purzelbaum, als ich realisierte, was ich da gerade tat. Die Mädchen waren viel älter als ich, und ein bisschen fürchtete ich mich vor ihnen. Aber es gab kein Zurück mehr. Ich atmete ein paarmal tief durch und betrat den Raum. Die Mädchen standen in Unterwäsche in einem Kreis und waren gerade dabei, ihre Sportklamotten anzuziehen. Ich räusperte mich kurz, woraufhin sie mich alle ansahen. Ehe ich mir überlegen konnte, was genau ich ihnen eigentlich sagen wollte, begannen sie erneut zu kreischen. »Du sollst verschwinden! Das hier ist die Mädchenumkleide, du Perverser!« Ich erschrak, weil ihre Stimmen so laut und hysterisch wurden. Mir fiel nichts ein, was ich ihnen hätte entgegnen können, und so tat ich aus lauter Verzweiflung einfach das Nächstbeste, was mir in den Sinn kam. Ich hob mein T-Shirt an. Die Mädchen hörten sofort auf zu kreischen. Ich ließ das T-Shirt wieder sinken und verließ die Umkleide, ohne ein Wort zu sagen.

Final Destination: Unterwäscheabteilung

Das Umkleideerlebnis brachte das Fass zum Überlaufen. Ich beschloss, dass es nun an der Zeit war, mich dem blöden Teenager-Ding zu stellen. Meine Brüste ließen sich inzwischen nicht mehr ignorieren, daher beschloss ich, bei ihnen anzufangen, und gab endlich den BH-Shopping-Angeboten nach, die meine Mutter immer wieder unauffällig in unsere Gespräche hatte einfließen lassen. Wir fuhren also erneut zusammen in die Innenstadt, um diesmal in den Laden zu gehen, in dem meine Mutter auch früher schon einen Großteil meiner Klamotten gekauft hatte. Zwar war das einerseits beruhigend, weil darin nicht alles so verwirrend und neu war wie in dem Laden, in dem ich die weiten Jungsklamotten gekauft hatte. Aber andererseits war es auch alles andere als cool, ausgerechnet dorthin zu gehen. Da ich die ganze Sache allerdings möglichst schnell hinter mich bringen wollte, zögerte ich nicht lange und folgte meiner Mutter einfach in den Laden. Ich hoffte nun ganz fest, dass ich keinem der Mädchen aus der Schule begegnen würde. Auch wenn ich wusste, dass die Wahrscheinlichkeit sehr gering war, warf ich unentwegt hektische Blicke über meine Schulter. Fast so, als würde ich befürchten, sie könnten hinter einer der Auslagen lauern, auf der 4er-Packungen Höschen zum Sparpreis von 9,99 € angeboten wurden. Für mich fühlte sich die Unterwäscheabteilung wie der Schauplatz eines Horrorfilms an, und ich wollte so schnell wie möglich wieder nach Hause fahren. Als wir den Laden eine halbe Stunde später wieder verließen, war ich sehr erleichtert. Wir hatten etwas Passendes gefunden, und der ganze Einkauf war gar nicht so schlimm gewesen, wie ich es mir vorgestellt hatte. Die Verkäuferin hatte mir keinen der riesigen BHs oder Oma-Schlüpfer andrehen wollen, die mir beim Betreten der Abteilung direkt ins Auge gefallen waren. Stattdessen hatte sie uns eine Auswahl an Stoffdingern gezeigt, die zwar grob denselben Schnitt hatten wie klassische BHs, deren Körbchen aber weniger fest waren und unten auch nicht durch Bügel gestützt wurden. Die Verkäuferin meinte, die seien perfekt für Anfänger, und als ich den ersten anprobierte, fand ich, dass sie recht hatte. Ich ärgerte mich, dass ich so etwas nicht schon viel früher gekauft und stattdessen ständig an meinen Oberteilen herumgezupft hatte, damit ja nichts durchdrückte. Heute sehe ich das alles viel entspannter, aber mit zwölf war »Nippelalarm« das Furchtbarste, was man sich vorstellen konnte. Ich fragte mich, warum ich eigentlich solche Angst vor dem ersten BH gehabt hatte. Nun, da ich es hinter mich gebracht hatte, fand ich meine Brüste auch gar nicht mehr so schlimm. Ich versuchte nicht mehr, sie zu verstecken, und war sogar fast ein wenig stolz auf sie. Das galt nun auch in den Situationen, in denen ich den BH nicht trug. Er war also nicht der Grund für mein wachsendes Selbstbewusstsein, sondern eher der Auslöser dafür, dass ich begann, die Veränderungen an meinem Körper zu akzeptieren. Ich war wirklich froh, dass ich die Bahn mit der Endhaltestelle »Unterwäscheabteilung« genommen und festgestellt hatte, dass sie doch gar nicht so gruselig war. Später erfuhr ich auf einer Übernachtungsparty, dass die ersten BHs meiner Freundinnen total unbequem gewesen waren. Die meisten von ihnen hatten ihre Mütter so peinlich gefunden, dass sie auf gar keinen Fall mit ihnen einkaufen gehen wollten. Nur leider waren die Verkäuferinnen in den coolen Läden dann doch ein bisschen zu cool gewesen, und meine Freundinnen hatten sich nicht getraut, sie um Rat zu bitten. Deswegen hatten sie meist BHs in völlig falschen Größen erwischt, die entweder drückten oder viel zu locker saßen. Auch wenn ich es damals nie zugegeben hätte, war ich meiner Mutter in diesem Moment ziemlich dankbar dafür, dass wir nicht in einem der coolen Läden gewesen waren. Außerdem fiel mir auf, dass das einzig wirklich Peinliche am ersten BH-Kauf war, dass man sich dabei so seltsam benahm. Wäre es wirklich so schlimm gewesen, wenn mich damals jemand dabei gesehen hätte? Eigentlich war das doch alles gar keine große Sache, und nur dadurch, dass man so reagierte wie ich, als ich den Laden betrat, machte man sie zu einer. Ich befürchte, dass das bei unangenehmen Situationen oft der Fall ist. Nur leider lässt sich das Peinlichkeitsgefühl – selbst wenn man weiß, dass es eigentlich unsinnig ist – meist nicht einfach so von heute auf morgen abschalten. Aber ich denke, dass es leichter wird, wenn man erfährt, dass man damit nicht allein dasteht, sondern es den meisten anderen Leuten auch so geht.

Rapunzels Ausbruch aus dem Turm

Wie am Ende des Kapitels »Meine Bande und ich« bereits angekündigt, hatte ich die Traumvorstellung noch nicht ganz aufgegeben, dass echte Jungs sich genauso wie die Charaktere in meinen Büchern verhalten würden. Inzwischen war ich dreizehn Jahre alt, ging in die siebte Klasse und hatte begonnen, am Wochenende in einer Bücherei auszuhelfen. Der Hauptgrund dafür war, dass ich dort so viele Bücher lesen konnte, wie ich wollte, wenn nicht viel los war. Was andere vielleicht langweilig gefunden hätten, war für mich die perfekte Sonntagsbeschäftigung, und vielleicht erwischte ich an einem dieser Tage ein paar romantische Liebesgeschichten zu viel. Anders konnte ich es mir jedenfalls nicht erklären, dass ich Jungs, die ich noch kurz zuvor ausschließlich mit kritischen Blicken aus der Ferne betrachtet hatte, plötzlich doch ganz interessant fand. Auch meine Freundinnen sprachen nun immer häufiger darüber, wie es wohl wäre, einen Freund zu haben (der nicht Fred von den Pygmäen war). So einen echten, realen Freund, den man küssen konnte. Ungeduldig warteten wir darauf, dass sich die Erste von uns in jemanden verlieben würde. Am besten wäre es natürlich, wenn derjenige auf die gemischte Schule nebenan gehen würde. Wir hatten immer wieder beobachtet, dass ältere Schülerinnen mit ihren Freunden knutschend am Schultor standen. Sobald es klingelte, verabschiedeten sie sich in so dramatischen Szenen voneinander, dass man das Gefühl hatte, sich gerade das Ende von Titanic anzusehen. Auch wenn ich mich gern lautstark darüber lustig machte, frage ich mich manchmal, wie es wohl wäre, auch eines dieser Mädchen zu sein. Leider kannte ich niemanden von der gemischten Schule, und ich wollte auch nicht total idiotisch am Tor herumstehen und darauf warten, dass jemand vorbeilief, in den man sich verlieben konnte. Ein bisschen fühlte ich mich wie Rapunzel, die in ihrem Turm vor sich hin schmorte. Dann allerdings geschah etwas, das mir einen Ausbruch aus dem Turm ermöglichte. Ich erfuhr, dass im Jugendzentrum ein Treffpunkt eröffnet werden sollte, zu dem man, sobald man dreizehn Jahre alt war, jede Woche gehen konnte. In den Räumen, die dafür zur Verfügung gestellt wurden, gab es einen Kicker, eine Bowlingbahn, einen Haufen gemütlicher Sofas und sogar eine Küche, in der man gemeinsam kochen konnte. Meine früheren Freundinnen und ich waren begeistert, als wir das hörten, denn es bedeutete, dass wir uns wieder regelmäßiger sehen konnten. Da wir auf unterschiedliche Schulen gingen und inzwischen auch leider zu alt für das Kinderturnen und die Kinder-Musical-Gruppe geworden waren, verbrachten wir nun kaum mehr Zeit miteinander. Außerdem würden die Jungs von früher mit dabei sein, und ich war sehr gespannt, ob sie wohl immer noch so bescheuert waren wie damals oder ob man jetzt mehr mit ihnen anfangen konnte. Wie es wohl sein würde, mit ihnen zu reden?

Ich dachte, du magst ihn nicht!

Die Antwort auf diese Frage ließ nicht lange auf sich warten. Schon ein paar Wochen nach der Eröffnung teilten uns die Leiter des Jugendtreffs mit, dass sie für ein Wochenende eine Hütte gemietet hatten. Wir würden dort alle zusammen hinfahren und hätten so die Chance, uns näher kennenzulernen. Meine Freundinnen und ich waren total aufgeregt, als wir unsere Sachen packten, und schmiedeten eifrig Pläne, was wir an dem Wochenende machen wollten. Wir nahmen uns fest vor, die ganze Nacht hindurch zu quatschen und massenhaft Süßigkeiten und Chips zu essen, weil unsere Eltern ja nicht da sein würden, um uns davon abzuhalten. Als wir uns am ersten Abend im Speisesaal versammelten, setzte ich mich wie immer neben meine Freundinnen. Der Platz rechts von mir blieb zuerst noch frei, doch als ich gerade zu essen begonnen hatte, tippte mir jemand auf die Schulter. Es war David, den ich aus der Musical-Gruppe kannte. »Ist hier noch frei?«, fragte er, und ich nickte. David stellte seinen Teller neben meinen, setzte sich und begann dann ebenfalls zu essen. »Schmeckt gar nicht mal so schlecht, oder?«, frage er, nachdem er die Hälfte der kunstvoll auf seinen Teller gehäuften Cevapcici verdrückt hatte. Ich stimmte ihm zu und wunderte mich darüber, dass er so freundlich zu mir war. Eigentlich hatte ich ihn immer für einen nervigen Idioten gehalten. Den Grund dafür kannte ich auch nicht so genau. Vielleicht lag es daran, dass er im letzten großen Musical, das wir aufgeführt hatten, die Hauptrolle bekommen hatte und alle ständig davon geschwärmt hatten, wie gut er doch singen könne. Irgendwann war mir das gehörig auf den Geist gegangen, und so hatte ich ihn einfach als jemanden abgestempelt, den ich nicht leiden konnte. Er schien aber ja doch ganz nett zu sein. Merkwürdig. Genau so merkwürdig wie der andere Gedanke, der mir gerade in den Kopf kam. Der drehte sich nämlich um Davids Haare und um die Frage, ob sie wohl genau so weich waren, wie sie aussahen. Hastig wandte ich mich wieder meinem Essen zu, damit David nicht sehen konnte, dass ich rot wurde. Sobald ich aufgegessen hatte, packte meine Freundin Saskia mich am Arm und zog mich vom Tisch weg. »Warum redest du denn mit David?«, zischte sie mir ins Ohr. »Ich dachte, du magst den nicht!« Eine richtig gute Antwort hatte ich darauf leider auch nicht, daher zuckte ich nur mit den Achseln. Zum Glück bohrte Saskia nicht weiter, aber mich ließ das Ganze trotzdem nicht los. Denn sie hatte recht. Was sollte das plötzlich?

MEINE ERSTE GROSSE LIEBE

Mit dreizehn fand ich meine erste große Liebe: das Internet. Zu Beginn nutzte ich es hauptsächlich, um auf irgendwelche Spieleseiten zu gelangen, die mir meine Freundinnen im Informatikunterricht gezeigt hatten. Meine Begeisterung für das Fach hatte in dem Moment nachgelassen, als es nur noch um Zahlen ging, und so war ich sehr froh über die Ablenkung.

Eines Tages erzählte mir dann Saskia aus der Jugendgruppe, dass es ein Programm namens ICQ gab, mit dem man seinen Freunden über das Internet Nachrichten schicken konnte. Sie hatte das bei ihrer großen Schwester gesehen, und das sei total praktisch, weil es kostenlos war. Das waren echt gute Neuigkeiten, denn SMS waren zu diesem Zeitpunkt noch teuer, so dass wir uns immer brav an die Zeichenbegrenzung hielten und nie sonderlich viel miteinander schreiben konnten. Mit dem Handy zu telefonieren kam nicht in Frage, weil das zu viel kostete, und wenn man das Festnetz nahm, musste man ständig Rücksicht auf die anderen Mitglieder der Familie nehmen. Saskia hatte vier Geschwister, daher war es für sie eine Sache der Unmöglichkeit, das Telefon länger als eine halbe Stunde zu blockieren. Das Programm war also die perfekte Möglichkeit für uns, nach der Schule über Gott und die Welt zu quatschen. Beziehungsweise in unserem Fall über nervige Lehrer und die Fernsehserie ›Doctor's Diary‹. Die schauten wir zu der Zeit nämlich alle, weil Florian David Fitz darin mitspielte und wir ihn ziemlich cool fanden. Innerhalb des Programms konnte man sogar in Gruppen-Chats miteinander schreiben. Das klang so toll, dass ich es direkt auch haben wollte. Nur leider hatte ich damals noch keinen eigenen Laptop und konnte daher nur über den PC meiner Eltern ins Internet gehen. Als ich meinen Vater darum bat, ICQ für mich zu installieren, war er erst einmal nicht sonderlich begeistert. Ich erklärte ihm, dass ich das unbedingt haben müsse, weil ich sonst nichts mehr von dem mitbekäme, was bei meinen Freundinnen gerade abging. Das überzeugte ihn zwar noch nicht, doch mein Gejammer ging ihm vermutlich ziemlich auf die Nerven, deswegen versprach er mir, es sich irgendwann zumindest mal zu überlegen. Ich ahnte, was ihn zögern ließ. In den Medien wurde zu dieser Zeit wenig Gutes über Chats berichtet, und es kamen immer wieder Beiträge über Jugendliche, die die Programme unvorsichtig nutzten und an Leute gerieten, die nichts Gutes im Sinn hatten. Ich konnte dieses Misstrauen überhaupt nicht nachvollziehen, und es kränkte mich sogar ein wenig, dass er mir nicht sofort erlauben wollte, ICQ zu benutzen. Dachte er denn wirklich, dass ich so unvorsichtig sei und mit irgendwelchen Leuten schreiben würde, die ich nicht kannte? Vertraute er mir so wenig? In den folgenden Wochen stellte ich ihm diese Fragen immer wieder, und nachdem mein Vater das Programm in Ruhe getestet hatte, gab er dann doch irgendwann nach, und ich durfte mir ein Profil erstellen. Als ich die ersten Nachrichten an meine Freundinnen verschickte, saß er neben mir und beobachtete, was ich tat. Ich hoffte inständig, dass niemand etwas Peinliches schreiben würde oder Dinge verraten würde, die unsere Eltern nicht erfahren durften. Die anderen warnen, dass mein Vater neben mir saß, konnte ich ja wohl kaum. Das wäre mir auch echt unangenehm gewesen, denn ich wusste, dass die Eltern meiner Freundinnen viel entspannter auf ICQ reagiert hatten und ich garantiert die Einzige war, die es nicht allein nutzen durfte. Ich gab mir also Mühe, meinen Vater so schnell wie möglich abzuwimmeln. Vor allem als ich sah, wie Saskia in unserem Gruppenchat schrieb, dass sie Davids ICQ-Nummer erfahren habe. Mein Herz schlug ein wenig schneller. Das kurze Gespräch mit David hatte mich neugierig gemacht, und ich wollte mich gern einmal länger mit ihm unterhalten. Da man damals nur mit jemandem schreiben konnte, wenn man seine ICQ-Nummer hatte, besaß Saskia damit den Schlüssel zu dieser Unterhaltung. »Wer ist denn David?«, fragte mein Vater, den ich für kurze Zeit völlig vergessen hatte. »Niemand«, antwortete ich ihm hastig. »Nur irgendjemand aus dem Jugendzentrum. Kannst du mich jetzt bitte allein lassen?« Er tat mir den Gefallen, und ich atmete einmal tief durch. Ich hatte keine Ahnung, warum mich die Aussicht, noch mal mit David zu reden, so nervös machte. Als Saskia die Nummer in den Chat schrieb, kopierte ich sie schnell und überlegte dann, ob ich ihn hinzufügen sollte. Kurz fragte ich mich, ob ich das wohl dürfte. Schließlich war ich doch das Mädchen. Musste nicht er mich anschreiben? Aber was, wenn er das nie tat? Ich beschloss, das blöde Argument »Du darfst das nicht, weil du ein Mädchen bist« in den Wind zu schießen, schob alle Schüchternheit beiseite und klickte auf »Kontakt hinzufügen«.

Steht er auf mich, oder ist er nur nett?

David nahm die Anfrage an, und wir schrieben in den nächsten Wochen regelmäßig miteinander. Irgendwie fiel es mir im Chat viel leichter, mit ihm zu sprechen, als im realen

Leben. Da hatte ich außer einem Nicken ja nicht wirklich viel zustande gebracht. Auch wenn mein Herz weiterhin klopfte und sich die Steine im Bauch immer wieder bemerkbar machten, wenn ich Nachrichten an David tippte, war das Chatten mit ihm doch weit weniger kompliziert, als ich geglaubt hatte. Je mehr ich über ihn erfuhr, desto mehr mochte ich ihn, und irgendwann war der Zeitpunkt gekommen, an dem ich mir eingestehen musste, dass ich vielleicht ein klein wenig verliebt in ihn war. Ich spürte ein leichtes Kribbeln im Bauch, doch zugleich war ich auch ziemlich verwirrt und unsicher. Ob es David wohl genauso ging? Wie könnte ich das herausfinden? Ihm zu schreiben, dass ich ihn irgendwie toll finde, war ja wohl kaum eine Option. Genauso wenig, wie ihn völlig aus dem Nichts zu fragen, ob er nicht vielleicht mein Freund sein wollte. Allein bei dem Gedanken wurde ich rot. Ich beschloss, so bald wie möglich mit meiner Freundin Saskia zu sprechen. Ich wusste, dass ihre ältere Schwester bereits einen Freund hatte, und hoffte, dass ich von ihr vielleicht ein paar Dinge erfahren konnte, die mir weiterhelfen würden. Nachdem Saskia den Schock überwunden hatte, dass ich David tatsächlich nicht mehr für einen Idioten hielt, versprach sie mir, ihre Schwester um Rat zu fragen. Ein paar Tage später schrieb sie mir dann auf ICQ, dass sie nichts wirklich Hilfreiches herausbekommen habe. Ihre Schwester würde mir nur empfehlen, David einfach mal nach einem Treffen zu fragen. Na bravo. Das klang zwar irgendwie logisch, war aber praktisch nicht umzusetzen. Nicht, weil ich ein Mädchen war und deshalb darauf warten musste, dass er mich um ein Treffen bat. Sondern einfach nur, weil ich so gar keine Ahnung hatte, wie er mich fand, und befürchtete, ich könnte mich mit dieser Frage total blamieren. Was wäre denn, wenn er nur befreundet sein wollte? Oder aber, noch viel schlimmer, wenn ich ihn von Anfang an mit meiner ICQ-Kontakt-Anfrage überrumpelt hatte und er nur aus Höflichkeit mit mir schrieb? Seit unserem Gespräch beim Abendessen in der Hütte hatten wir außerhalb des Internets nicht mehr miteinander gesprochen. Zwar hatte ich ihn ein paar Mal im Jugendzentrum gesehen. Doch war er nie allein gewesen, sondern hatte immer ein paar seiner Freunde um sich gehabt. Mir wäre es garantiert nicht in den Sinn gekommen, da einfach so reinzuplatzen und ihn anzusprechen. Seine Freunde hätten mich dann bestimmt angestarrt, als käme ich von einem fremden Planeten, und vielleicht wollte David ja auch gar nicht, dass sie wussten, dass wir miteinander chatteten. Das Ganze war wirklich verzwickt, und so war ich sehr dankbar, als Saskia mir anbot, sie könne mal mit Anton reden. Anton war Davids bester Freund und saß in der Schule zwei Reihen hinter Saskia. Normalerweise sprachen die beiden nicht gerade viel miteinander, aber da das ja ein Notfall war, meinte Saskia, sie könne da schon mal eine Ausnahme machen. Nach einigen Tagen teilte sie mir dann mit, dass Anton meinte, David würde mich auch mögen, und ich hatte wieder Zuckerwatte im Bauch.

Ein schwitziges erstes Date

Eines Tages schrieb David mir, dass es doch vielleicht gar keine schlechte Idee war, mal zusammen ins Kino zu gehen. Ich stimmte ihm zu. Damals machten das alle bei ihrem ersten Date so, daher dachten wir, dass das wohl so sein müsste. Ich hatte also echt Glück gehabt, und die »Schick deine Freunde vor, um Infos zu bekommen«-Taktik hatte gut funktioniert. Solche Dinge gingen schnell schief, und wenn man Pech hatte, machte es ganz leicht die Runde, für wen man sich interessierte. Wer das Risiko nicht eingehen wollte, musste die betreffende Person selbst darauf ansprechen. Denn alle anderen Dinge wie »Achte auf ihre Körpersprache« oder »Wenn sie dir immer total schnell zurückschreibt, dann ist sie auf jeden Fall verknallt in dich« konnten zwar ganz hilfreich sein, mussten aber nicht unbedingt ein Anzeichen dafür sein, dass die Person wirklich auf einen stand. Das mit dem Ansprechen war natürlich leichter gesagt als getan. Aber man hätte ja nicht direkt so etwas wie »Hey, stehst du eigentlich auch auf mich?« fragen müssen. Vielleicht hätte es auch einfach genügt, der Person zu schreiben, dass man sie mochte, und abzuwarten, wie sie darauf reagierte. Zwar hätte einen auch diese vorsichtigere Variante nicht davor geschützt, einen Korb zu bekommen. Wenn eine Person nicht auf einen stand, dann tat sie das nun mal nicht. Da half auch keine noch so schön formulierte Frage. Aber im Notfall hätte man ja immer noch zurückrudern und sagen können, dass man »mögen« rein freundschaftlich gemeint hatte. In den Jahren danach bekam ich immer wieder Situationen mit, in denen zwei Leute, die sich eigentlich toll fanden, nicht zusammenkamen, weil sich keiner von beiden traute, etwas zu sagen.

David und ich waren nun jedenfalls verabredet. Vor unserem Treffen war ich tierisch nervös. Zwar war es inzwischen überhaupt keine Herausforderung mehr für mich, David auf ICQ zu schreiben. Doch ich war überzeugt davon, dass ich ihm im echten Leben, wo ich keine Zeit hatte, vorher in Ruhe über meine Sätze nachzudenken, bestimmt nur Blödsinn erzählen würde.

Zudem hatte ich am Vorabend eine SMS von Davids Freund Anton bekommen, die mich ziemlich beunruhigte. »Bitte tu mir den Gefallen und küss ihn!«, hatte Anton geschrieben. Ich wusste nicht genau, ob er das ernst meinte oder sich nur über uns lustig machen wollte. Schließlich hatte ich doch gerade erst herausgefunden, dass David mich auch mochte, und da wollte Anton, dass ich ihn schon bei unserem ersten Treffen küsste? Wir hatten doch noch nicht einmal richtig miteinander geredet. Oder zählten die ICQ-Unterhaltungen etwa auch als »richtige« Gespräche, und wir waren mit dem Küssen schon total spät dran? Ich rief Saskia an und stellte ihr hektisch all die Fragen, die mir im Kopf herumschwirrten. Leider hatte sie auch keine guten Antworten, und da sich ihre große Schwester weigerte, uns schon wieder zu helfen, stand ich eine halbe Stunde später mit gemischten Gefühlen vor dem Kino. Ich hatte keine Ahnung, auf was genau ich mich da eingelassen hatte. Als ich David um die Ecke kommen sah, überlegte ich fieberhaft, wie ich ihn wohl begrüßen sollte. Bis jetzt hatten wir, wann immer wir uns gesehen hatten, stets nur kurz »Hallo« gemurmelt und waren dann schnell weitergelaufen. Das schien mir jetzt allerdings ziemlich unangebracht zu sein. Vielleicht sollte ich ihm die Hand schütteln. Aber nein, das wirkte bestimmt, als wollte ich ihm eine Versicherung verkaufen. Für eine Umarmung kannten wir uns vielleicht noch nicht gut genug. Oder etwa doch? David nahm mir die Entscheidung ab, indem er mich nur kurz verkrampft angrinste und »Hi« sagte. Ich grinste ebenso verkrampft zurück. »Sollen wir reingehen?«, fragte ich, und David nickte hastig. Schweigend liefen wir nebeneinander her und auf die Kasse zu. Bis zum Beginn des Films schafften wir es dann wenigstens ein paar Mal, die unangenehme Stille zu durchbrechen, doch waren wir beide sehr froh, als es endlich losging. Während des Films bemerkte ich, wie David seine Hand auf die Armlehne zwischen uns legte. Unsicher, ob das nun Zufall war oder ob er wollte, dass ich seine Hand nahm, tat ich zuerst einmal gar nichts. Dann, einige Minuten später, legte ich meine Hand ebenfalls dorthin. Allerdings in größtmöglichem Abstand zu seiner. Was danach passierte, war ein langsames Rutschen unserer Hände, die sich Millimeter für Millimeter aufeinander zubewegten. Zuerst trafen sich nur unsere kleinen Finger, doch dann schoben wir die Hände so weit übereinander, bis sich auch alle anderen Finger berührten. Bis das geschafft war, verging locker eine halbe Stunde, und ich sah David in der gesamten Zeit kein einziges Mal an. Irgendwie fühlte es sich seltsam an, seine Hand zu halten. Vor allem, weil wir beide so nervös waren, dass das Ganze echt eine ziemlich schwitzige Angelegenheit wurde. Für den Rest des Films war mein Blick auf die Leinwand geheftet. Ich hatte Angst, dass auch David eine SMS bekommen haben könnte, in der Anton ihn dazu ermunterte, mich zu küssen. Bei der Vorstellung wurde mir ganz mulmig, denn ich konnte nicht genau sagen, ob ich dafür schon bereit war. Als der Film vorbei war und die Lichter wieder angingen, verließen die anderen Kinobesucher nach und nach den Saal. David und ich blieben wie zu Salzsäulen erstarrt sitzen und sahen dabei vermutlich aus wie die Straßenkünstler in der Fußgängerzone, die sich immer erst dann bewegten, wenn man ihnen Geld in den Hut warf. Nur dass das in unserem Fall niemand tat, sondern nur ein ziemlich genervt dreinblickender Student mit einer Kehrschaufel und einem Besen in der Hand hereinkam und uns bat, jetzt doch bitte endlich aufzustehen, damit er saubermachen konnte. Wir sprangen auf wie von der Tarantel gestochen, und ich spürte, wie mein Gesicht rot anlief. Es war eine Sache, peinlich berührt nebeneinanderzusitzen, aber noch mal eine völlig andere, dabei auch noch erwischt zu werden. Unser Treffen endete ähnlich verkrampft, wie es begonnen hatte. Zwar umarmten wir uns zum Abschied, doch irgendwie fühlte sich das alles ganz schön seltsam an.

Der vergessene erste Kuss

Zu Hause angekommen, las ich nochmal die SMS, die Anton mir vor meinem Treffen mit David geschickt hatte. »Tu mir den Gefallen und küss ihn.« Anton würde bestimmt enttäuscht sein, wenn er erfuhr, dass ich das nicht getan hatte. Aber ehrlich gesagt, war ich heilfroh darüber. Mit dem Küssen konnten David und ich, wenn es nach mir ging, auch gern noch ein paar Wochen warten. Dass wir uns noch mal treffen wollten, hatten wir wenige Minuten zuvor ausgemacht. Außerdem hatten wir beschlossen, dass wir ab jetzt zusammen waren. Da David – wie ich nun festgestellt hatte – ähnlich schüchtern war wie ich, hatte dieses Gespräch natürlich nicht während unseres Treffens stattgefunden, sondern danach auf ICQ. Da war es für uns plötzlich wieder viel leichter gewesen, miteinander zu reden. Innerlich dankte ich dem Internet für den Gefallen. Außerdem hatte David so nicht sehen können, dass ich wie eine Verrückte durch mein Zimmer getanzt war, als ich realisiert hatte, dass ich nun in einer Beziehung war. Ich hatte einen echten, realen Freund. Das war so viel besser, als nur Fred von den Pygmäen zu haben, den ich bestimmt mit tausend anderen ›Wilde Hühner‹-Leserinnen teilen musste.

Wenn ich an das nächste Treffen mit David dachte, wurde ich direkt wieder ein bisschen nervös. Ich hoffte sehr, dass wir es dann schaffen würden, zumindest ein halbwegs entspanntes Gespräch zu führen. Vielleicht wäre es ja ganz gut, nicht noch mal ins Kino zu gehen. Auch wenn es natürlich den großen Vorteil hatte, dass es dort dunkel war und man dadurch die ganze Sache mit dem Händchenhalten viel leichter hinbekam. Dennoch wäre es irgendwie auch ganz schön, ein wenig mehr miteinander reden zu können. Vielleicht konnten wir ja beide Dinge miteinander kombinieren, indem wir zuerst Essen gingen und dann ins Kino. Ich lächelte, denn die Vorstellung gefiel mir. David schien es ähnlich zu gehen, denn unser zweites Treffen lief tatsächlich deutlich entspannter ab. Das seltsame Gefühl, das ich zu Beginn gehabt hatte, verschwand langsam. David und ich verstanden uns wirklich gut, und es gab viele Themen, über die wir reden konnten. Irgendwann kam dann auch der Moment, in dem wir uns zum ersten Mal küssten. Zu meiner Schande muss ich gestehen, dass ich mich nicht an diesen Kuss erinnern kann. Auch meine alten Tagebücher haben mir keinerlei Auskunft darüber gegeben. Vermutlich, weil ich mir damals Sorgen machte, irgendjemand könnte sie in die Finger kriegen. Ich weiß also nicht mehr, wann und wo es geschah, aber ich bin mir sicher, dass mein erster Kuss nicht so schrecklich war, dass ich ihn direkt danach verdrängt habe. Vermutlich war er einfach so, wie die meisten ersten Küsse: nicht perfekt wie in meinen Büchern, sondern unbeholfen und seltsam. Aber irgendwie auch schön.

Kapitel 3

Plötzliche Veränderungen und rebellische Zeiten

Das Wollknäuel in meinem Hals

Kurz nach meinem ersten Date mit David wurde ich vierzehn. Langsam, aber sicher begannen nun auch die anderen Leute aus dem Jugendzentrum sich immer besser zu verstehen, und Saskia war bald ebenfalls mit einem der Jungs zusammen. So wurden wir wieder zu dem Freundeskreis, der wir auch schon im Kindergarten gewesen waren. Nur dass wir jetzt gemeinsam in die Stadt oder ins Einkaufszentrum gingen, anstatt uns gegenseitig Sand an den Kopf zu werfen. Wie so oft in meinem Leben ließ die erste unangenehme Situation nicht lange auf sich warten. In diesem Fall kam es dazu, als ich mit meinen Freunden zufällig an einem Platz in der Innenstadt vorbeikam, auf dem gerade ein großes Familienfest stattfand. Es waren Fahrgeschäfte aufgestellt worden, und man konnte an mehreren Buden etwas zu essen kaufen. David hatte Hunger, und so schlenderten wir über den Platz, um etwas Passendes für ihn zu finden. Ich tat das nur äußerst widerwillig, denn ich wusste, dass auf diesem Fest regelmäßig etwas passierte, von dem ich auf gar keinen Fall wollte, dass meine Freunde es mitbekamen. Drei Jahre zuvor hatte ich an einer Ausschreibung der Zeitung teilgenommen, die nach zwei Kindern suchte, die zusammen ein Lied aufnehmen sollten. Es war ein altes Volkslied, das traditionell von den Kindern der Stadt während des Familienfests gesungen wurde, und nun wollten die Veranstalter es gern auf CD haben, um es zu jeder vollen

Stunde abspielen zu können. Ich sang damals sehr gern, und da ich bereits zu alt für die Kinder-Musical-Gruppe war, wollte ich diese Chance unbedingt nutzen. Tatsächlich hatte ich Glück und gewann die Ausschreibung. Ich durfte einen ziemlich coolen Tag in einem Tonstudio verbringen und war mächtig stolz, als das Lied zum ersten Mal auf dem Familienfest gespielt wurde. Mit vierzehn hatte meine Begeisterung jedoch deutlich nachgelassen. Ich fand, dass ich auf der CD wie ein kleines Kind klang, und wollte daher auf gar keinen Fall, dass David und die anderen das Ganze zu hören bekamen. Aber wie es der Teufel wollte, gelang es mir nicht, die Gruppe schnell genug davon zu überzeugen, das Festgelände wieder zu verlassen. Sie bekamen also allesamt mit, wie die elfjährige Lisa enthusiastisch das Lied über den Platz schmetterte. »Bist das etwa du?«, fragte Saskia mit weit aufgerissenen Augen, und ich warf ihr einen warnenden Blick zu. Doch es war bereits zu spät. Die anderen waren stehen geblieben, um sich das Ganze genauer anzuhören. Als sie zu lachen begannen, wäre ich am liebsten im Boden versunken. Von einer Sekunde auf die andere bekam ich ein ganz seltsames Gefühl im Hals. Es war, als hätte ich soeben ein kleines Wollknäuel verschluckt, das nun dort stecken geblieben ist. Ich schluckte ein paar Mal, doch das Wollknäuel bewegte sich nicht. Hastig griff ich in meinen Rucksack und zog eine Flasche Wasser hervor. Nachdem ich ein paar Schlucke getrunken hatte, fühlte ich mich ein wenig besser. Die anderen hatten nun auch aufgehört zu lachen und waren stattdessen dazu übergegangen, mir zu versichern, dass das doch irgendwie total süß sei. Das machte die Situation ein wenig besser, und so versuchte ich mich an einem entspannten Lächeln. »Wir haben doch alle unsere Leichen im Keller, oder?«, fragte ich und merkte, dass meine Stimme ein klein wenig zittrig klang. Doch zum Glück schienen meine Freunde das nicht zu bemerken.

Lisa mit den Karottenhaaren

Die Spitznamen »Lisa mit dem Ziehharmonikarucksack« und »Lisa mit der hässlichen Salamijacke« hielten sich in der Schule zu meinem Leidwesen relativ lang. Zum Glück kam dann aber doch irgendwann der Zeitpunkt, an dem ich aus der Jacke herausgewachsen war und sich meine Eltern nach langem Betteln dazu hatten überreden lassen, mir einen neuen Rucksack zu kaufen. Das Exemplar, mit dem ich nun zur Schule ging, war schwarz, deutlich kleiner und weitaus cooler. Es war schön, als ich bemerkte, dass die Spitznamen somit Schnee von gestern zu sein schienen. Eine Weile lang war alles ruhig. Doch dann tat ich etwas, mit dem der ganze Spaß wieder von vorn anfing. Es begann damit, dass ich eines Tages in den Spiegel blickte und meine Haare betrachtete. Sie waren inzwischen auf Schulterlänge gewachsen, so dass nichts mehr an meinen katastrophalen Friseurbesuch in der sechsten Klasse erinnerte. Mich freute das sehr, doch irgendwie fand ich sie dadurch auch ein wenig langweilig. Die glatten, blonden Haare ließen mich aussehen wie jede andere dahergelaufene Vierzehnjährige auch. Das war, so fand ich, ein totales Unding. Was genau ich verändern wollte, wusste ich zunächst nicht. Nur, dass es so schnell wie möglich geschehen sollte. Als ich ein paar Tage später in einer Zeitschrift ein Foto von einem Mädchen sah, das total coole rote Haare hatte, stand mein Entschluss fest. Diese Farbe wollte ich auch haben. Das Mädchen war generell sehr hübsch, und vermutlich rechnete ich daher unbewusst ein wenig damit, dass mich die roten Haare genau so toll aussehen lassen würden. Am liebsten wäre ich direkt zum Friseur gestürmt, doch leider reichte mein Taschengeld nicht aus, um meine Haare dort färben zu lassen. Daher traf ich mich nach der Schule mit Saskia, um gemeinsam im Drogeriemarkt nach einer passenden Farbe zu suchen. Danach gingen wir zu ihr. Das war nötig, weil ich wusste, dass meine Eltern überhaupt nichts von meiner Idee halten würden. Es war also etwas Verbotenes, das ich heimlich machen musste. Als wir Saskias Bad betraten, spürte ich erneut das kleine Wollknäuel in meinem Hals. Ich versuchte, es nicht zu beachten. Wenn ich die roten Haare haben wollte, dann musste ich da jetzt durch. Ich öffnete die Farbpackung und verteilte ihren Inhalt auf meinem Kopf. Als ich die Paste nach der Einwirkzeit auswusch, schien alles gutgegangen zu sein. Das Wasser, das in den Ausguss schwamm, hatte eine schöne rote Farbe. Ich schnappte mir einen Föhn und quatschte mit Saskia, während ich meine Haare trocknete. Als die plötzlich mitten im Satz zu kichern begann, sah ich sie fragend an. Doch ich bekam keine Antwort, denn Saskia wurde inzwischen von einem derart starken Lachkrampf geschüttelt, dass sie es nicht mehr schaffte, zu sprechen. An ihrem Blick sah ich jedoch, dass es etwas mit meinen Haaren zu tun haben musste. Langsam drehte ich meinen Kopf zum Spiegel und spürte förmlich, wie mir das Herz in die Hose rutschte. Ich hatte mich nicht in das Mädchen aus der Zeitschrift verwandelt. Statt den schönen roten Farbton anzunehmen, den ihre Haare hatten, waren meine knallorange geworden. »Wow«, dachte ich mir, »meine Eltern werden mich umbringen.« Als ich einige Stunden später in unsere Straße einbog, meldete sich das Wollknäuel in meinem Hals wieder zu Wort. Es fühlte sich an, als würde es mir höhnisch ins Gesicht lachen und dabei in einem fort »Ich hab's dir doch gesagt!« brüllen. Ich atmete ein paar Mal tief durch und drückte dann auf die Klingel, bereit, mir die Gardinenpredigt meines Lebens anzuhören. Zu meiner großen Überraschung hatte ich Glück. Meine Eltern waren zwar alles andere als erfreut, dass ich einfach hinter ihrem Rücken an meinen Haaren herumexperimentiert hatte. Da ich aber wirklich bescheuert aussah und sie vermutlich merkten, dass ich nicht gerade glücklich mit meiner Entscheidung war, ließen sie noch mal Gnade walten. Ganz im Gegensatz zu einigen meiner Mitschülerinnen, die mich auch Wochen später noch mit »Hey Karotte!« begrüßten. Da war er also, der nächste tolle Spitzname. Auch wenn mich meine Freundinnen und David trösteten und meinten, dass ich gar nicht so schlimm aussähe, ärgerten mich die fiesen Bemerkungen, die ich in der Schule zu hören bekam. Wenn ich jetzt durch

die Gänge lief, fühlte es sich an, als würden mich alle an-
starren. Ich wusste natürlich, dass sie das nicht wirklich
taten und es für sie trotz des Spitznamens auf Dauer bestimmt spannendere Themen geben würde. Aber irgendwie
ließ mich das ungute Gefühl trotzdem nicht los, und ich
merkte, dass ich nicht mehr so gern zur Schule ging wie
früher.

Als ich plötzlich nicht mehr die Allerbeste war

Ein weiterer Grund, warum ich die Schule nun nicht mehr
mit einem breiten Grinsen im Gesicht betrat, waren meine
Noten. Bis zu meinem Konkurrenzkampf mit Hannah war
ich immer in der Spitzengruppe der Klasse gewesen. Das
wusste ich, weil ich damals eine dieser nervigen Schülerinnen war, die alle anderen nach ihren Noten fragten, um sicherzugehen, dass sie besser abgeschnitten hatten. Es war
mir wahnsinnig wichtig, zu den Besten zu gehören, doch
gleichzeitig war es auch keine große Herausforderung für
mich. Ich ging gern zur Schule und musste zu Hause nie
lernen, denn sobald ich etwas einmal im Unterricht gehört
hatte, blieb es in meinem Kopf. Genau da lag aber irgendwann das Problem. Seit ich die Freundschaft mit Hannah
beendet hatte, gab ich mir alle Mühe, mich auch gegenüber den anderen »Strebern« abzugrenzen. Ich wollte nicht
mehr ständig darum kämpfen müssen, die Allerbeste zu
sein, denn das war total anstrengend und hielt mich außer-

dem davon ab, im Unterricht die Dinge zu tun, auf die ich eigentlich viel mehr Lust hatte. Beispielsweise mit meiner Banknachbarin zu quatschen, statt zuzuhören, oder heimlich unter der Bank SMS an David und Saskia zu schreiben. Kein »Streber« mehr zu sein war eine wirklich gute Sache, denn ich stellte fest, dass mich viele meiner Mitschülerinnen viel freundlicher behandelten, seit ich nicht mehr so verbissen um den Platz an der Spitze kämpfte. Gleichzeitig spürte ich aber auch überdeutlich, dass sich die Mädchen, die nun bessere Noten schrieben als ich, sehr darüber freuten, mir endlich eins reinwürgen zu können. Es tat weh, wenn sie mir mit triumphierenden Blicken ihre Schularbeiten unter die Nase hielten, auch wenn ich nach außen hin so tat, als sei mir das egal, und gern betonte, dass mir gute Noten jetzt nicht mehr so wichtig waren. Besonders schwer wurde es, wenn sie mir Sätze zuriefen wie: »Tja Lisa, jetzt bist du wohl nicht mehr die Allerbeste. Aber das ist nicht schlimm. Kann ja nicht jeder superklug sein.« Das machte mich wütend, denn ich wusste genau, dass ich nicht weniger klug war als sie. Doch ich wollte keine von ihnen mehr sein, und so begann in meinem Kopf eine hitzige Diskussion, die die Steine im Bauch und das Wollknäuel im Hals begeistert anfeuerten. Einerseits war ich froh, den Konkurrenzdruck losgeworden zu sein, doch andererseits wollte ich auch, dass die anderen wussten, dass ich jederzeit bessere Noten schreiben könnte, wenn ich es nur wollte. Ich freundete mich mehr und mehr mit Leuten außerhalb der »Streber«-Gruppe an und bekam mit, dass sie der Ansicht waren, dass gute Noten alles andere als cool waren. Da ich wollte, dass sie mich mochten, befand ich mich bald in einem ganz schönen Dilemma. Irgendwie wollte ich gute Noten haben, irgendwie aber auch wieder nicht. Die ganze Situation wurde nur noch komplizierter, als meine Eltern und Lehrer mich immer häufiger mit enttäuschten Blicken fragten, was denn mit mir los sei. Das stresste mich, und ich fragte mich wütend, ob ich es tatsächlich geschafft hatte, mir beim Versuch, weniger Druck zu haben, nur noch mehr Druck zu machen. Das mulmige Gefühl, dass beim Gedanken an die Schule in mir aufstieg, bestätigte diese Theorie. Es war zum Aus-der-Haut-Fahren. Ich begann daran zu zweifeln, ob es wirklich eine so gute Idee gewesen war, die Schule ein wenig lockerer anzugehen. Aber ich hatte keine Lust darauf, wieder zum alten Konkurrenzkampf zurückzukehren. Dann wäre ja alles umsonst gewesen, und ich hätte mich keinen Schritt von dem Punkt wegbewegt, an dem ich gestartet war. Dann musste ich die Anti-Streber-Nummer wohl durchziehen.

Come as you are

Ich überlegte, wie ich den »Strebern« zeigen konnte, dass ich jetzt mein eigenes Ding machte und mich das Rumgezicke über gute Noten überhaupt nicht mehr kratzte. Als ich nach Ideen suchte, wie ich das anstellen könnte, erinnerte ich mich daran zurück, wie ich mich in der fünften Klasse gegen das Teenager-Ding gewehrt hatte. Ich hatte meine

Haare kurz geschnitten und nur noch weite Klamotten getragen. Auch wenn ich dafür natürlich den ein oder anderen schrägen Blick kassiert hatte, war es so gewesen, als hätte ich fortan in einer anderen Liga gespielt, in der es nur mich gab. Ich war nicht mehr Teil des Spiels der anderen gewesen und hatte stattdessen außerhalb auf einer Tribüne gesessen, von wo aus ich beobachten konnte, wie sich ein bunter Haufen kleiner Menschen für etwas abstrampelte, das ich nicht mehr haben wollte. Oder bei dem ich mir das zumindest einredete. Vielleicht würde das ja noch mal funktionieren. Ich hatte große Lust, mal komplett aus meiner sonstigen Rolle auszubrechen und etwas zu tun, womit ich alle so richtig schön schockieren konnte. Also entschied ich mich für einen Klassiker der Teenager-Rebellion und tauschte die bunten Kleidungsstücke in meinem Schrank gegen ein wundervolles Repertoire neuer T-Shirts, Pullis und Hosen, die allesamt eines gemeinsam hatten: Sie waren pechschwarz. Genau das Gleiche galt bald auch für meine Haare. Ich färbte sie so dunkel, wie es nur ging, und ließ mir zudem einen Pony schneiden, der immer entweder zu lang oder zu kurz war und mich daher abwechselnd wie einen zerfransten Orientteppich oder wie ein gerupftes Huhn aussehen ließ. In Kombination mit meiner hellen Haut waren diese Veränderungen absolut tödlich, und ich hätte problemlos im nächstbesten Vampirfilm mitspielen können. Auch wenn die zu der Zeit andauernd im Kino liefen, war das nicht gerade ein vorteilhafter Look. Jedenfalls denke ich heute so, wenn ich mir alte Fotos anschaue. Mit vierzehn war ich hingegen sehr zufrieden mit meinem neuen Aussehen und verbrachte den Unterricht nun besonders gern damit, meine Fingernägel schwarz zu lackieren oder mir in liebevoller Kleinstarbeit Kajalstriche auf die Wasserlinien meiner unteren Augenlider zu malen. Meine Eltern schüttelten ungläubig den Kopf, als sie mich sahen, und fragten mit großen Augen, ob ich das Haus wirklich ernsthaft so verlassen wolle. Aber hallo, natürlich wollte ich das. Da konnten sie Gift drauf nehmen. Also stieg ich jeden Morgen in meine schwarze Röhrenjeans, schloss meinen Gürtel, der mit schwarzen Nieten besetzt war, und zog meine fingerlosen Handschuhe an. Ich denke, ihr könnt euch vorstellen, welche Farbe sie hatten. Ich war rundum zufrieden mit meinem Schul-Outfit. Meinen Eltern hingegen protestierten regelmäßig gegen diesen Aufzug und schlugen mir vor, vielleicht wenigstens ein buntes Kleidungsstück pro Tag zu tragen. Ich reagierte darauf nur mit einem Klick auf den On-Knopf meines MP3-Players und hörte statt ihren gut gemeinten Ratschlägen nur noch Kurt Cobains Stimme, die »Come as you are« in mein Ohr brüllte.

Wie überzeuge ich meine Eltern?

Ich fuhr damals komplett auf der Protestschiene und ignorierte alles, was meine Eltern zu meinem Äußeren zu sagen hatten. Das war ganz schön stressig, und es gibt deutlich entspanntere Wege, seinen eigenen Stil zu entwickeln. Wenn man also keine so große Lust hat, sich ständig mit seinen Eltern zu zoffen, aber trotzdem mal etwas Neues ausprobieren möchte, hilft es meist, vorsichtig zu beginnen. Ähnlich wie bei der Ankündigung, dass man seine Klamotten nun selbst aussuchen möchte, kann es auch hier nicht schaden, erst einmal keine zu extreme Richtung zu wählen. Wenn man beispielsweise eine neue Haarfarbe ausprobieren möchte, kann man beim ersten Versuch einen Ton wählen, der sich nicht allzu sehr von der natürlichen Haarfarbe unterscheidet. Ich habe die Erfahrung gemacht, dass die Reaktionen auf »Mama, ich hätte gern ein paar blonde Strähnchen« meist deutlich entspannter sind als die auf »Mama, ich will blaue Haare haben«. Die Haare erst einmal zu tönen, statt sie zu färben, ist auch keine schlechte Idee. Die meisten Tönungen halten nur ein paar Wochen und waschen sich dann heraus. Meine Freundin Friederike war heilfroh, dass sie sich für eine Tönung entschieden hatte, als sie eines Tages mit der Erkenntnis aufgewacht war, unbedingt dunkelbraune Haare haben zu wollen. Denn das Ergebnis sah total bescheuert aus. Deswegen lief sie einen Monat lang mit einer Mütze herum, und da wir zu der Zeit gerade Hochsommer hatten, war das bestimmt nicht gerade angenehm. Aber sie konnte sich gut herausreden, indem sie behauptete, sie hätte einen Bad-Hair-Day. Beziehungsweise eher einen Bad-Hair-Month. So ziemlich jeder in unserer Klasse hatte Tage, an denen die Haare einfach ein Eigenleben führen wollten und genau das Gegenteil von dem taten, was man von ihnen erwartete. Daher bekam Friederike von allen Seiten verständnisvolle Worte zu hören, und die Sache hatte sich erledigt. Später erzählte sie uns dann, wie froh sie gewesen war, das Ganze einmal ausprobiert zu haben, und es mit der Anmerkung »War 'ne blöde Idee« von ihrer Liste streichen konnte. Sonst hätte sie sich bestimmt Jahre später noch gefragt, ob ihr dunkelbraune Haare wohl stehen würden. Dann gäbe es da noch einen weiteren wichtigen Punkt: Aus eigener Erfahrung kann ich sagen, dass es zwar ätzend ist, dass man dafür so viel Taschengeld ausgeben muss, dass ein Besuch beim Friseur aber oft eine bessere Idee ist als irgendwelche DIY-Versuche. Denn dort stehen die Chancen weitaus besser, dass man keine Schreikrämpfe bekommt, sobald man sich zum ersten Mal im Spiegel sieht.

ALS ICH AUSGESCHLOSSEN WURDE

Sobald meine Transformation zur schwarzen Gestalt der Nacht (oder so ähnlich …) abgeschlossen war und ich im Unterricht alles Mögliche tat, außer aufzupassen, zeigte sich das natürlich ziemlich schnell an meinen Noten. Eines Tages schrieb ich eine Sechs in einem Französischtest, weil ich am Vorabend keine Lust gehabt hatte, Vokabeln zu lernen. Es war meine erste Sechs, und sie hatte ganz schön miese Konsequenzen, denn meine Eltern gaben mir einen ganzen Monat ICQ-Verbot. Sie waren der Ansicht, dass ich nur schlechte Noten schrieb, weil ich mich abends so lange mit meinen Freunden unterhielt und daher immer todmüde war, wenn ich zur Schule gehen musste. Mit dem Verbot wollten sie mir dabei helfen, wieder mehr Schlaf zu bekommen und konzentrierter zu werden. Außerdem hofften sie, dass meine Bauchschmerzen sich bessern würden, wenn meine Abende ruhiger verliefen. Ein wenig Erfolg hatten sie damit, denn ich ging tatsächlich viel früher ins Bett, weil ich nichts Besseres zu tun hatte. Allerdings hatte das Verbot ein paar ziemlich ätzende Nebenwirkungen, denn ICQ nicht nutzen zu dürfen war in der Welt meines vierzehnjährigen Ichs sozusagen der soziale Tod. Saskia und David hielten mich zum Glück auf dem Laufenden darüber, was bei den Leuten aus dem Jugendzentrum so besprochen wurde. Doch ich bekam fast nichts mehr von dem mit, worüber mein neuer Freundeskreis aus der Schule abends sprach. Wenn wir uns dann am nächsten Morgen sahen, hatten die anderen plötzlich Insider-Witze, die ich nicht verstand, und unterhielten sich über Dinge, die ich nicht mitbekommen hatte. Doch obwohl meine Freundin Yvonne auch zu dieser neuen Gruppe gehörte, machte sie sich nicht die Mühe, mir zu erzählen, worum es ging. Stattdessen verhielt sie sich so, als gäbe es in diesem Freundeskreis nur Platz für eine von uns. Das machte mich traurig, denn ich hatte Yvonne immer sehr gern gemocht und konnte mir ihr Verhalten daher überhaupt nicht erklären. An meinem veränderten Aussehen schien es nicht zu liegen, denn das fand sie sogar so cool, dass sie selbst begonnen hatte, immer häufiger schwarze Klamotten zu tragen. Aber sie ließ nun gerne mal Sätze fallen wie »Es bringt überhaupt nichts, Lisa davon zu erzählen. Sie kann das eh nicht verstehen, wenn sie nicht dabei war« und verhinderte somit, dass die anderen mir erklärten, worum es ging. Sie machte es für mich sehr schwer, meinen Platz in der Gruppe zu behalten, und es kam immer häufiger zu Situationen, in denen ich ausgeschlossen wurde. Das führte dazu, dass sich die Steine in meinem Bauch immer schwerer anfühlten. Es war wie verhext. Da kämpfte ich ewig mit dem Gute-Noten-Thema, und genau in dem Moment, in dem ich Leute gefunden hatte, die das alles entspannter sahen, verhinderten Yvonne und das ICQ-Verbot, dass sie zu richtig guten neuen Freunden wurden. Ich fühlte mich nun immer unwohler, wenn ich morgens aufwachte, und wusste, dass ich in die Schule gehen musste. Meine Bauchschmerzen wurden mit jedem Tag, an dem Yvonne mir böse Blicke zuwarf, stärker und verhinderten oft, dass ich vor der Schule etwas aß. Ich hatte einfach keinen Appetit mehr, weil ich nie wusste, was auf mich zukommen würde und welche gemeinen Dinge sie sich wohl diesmal für mich ausgedacht hatte. Ohne Frühstück war ich meist recht wackelig auf den Beinen, und mir war ständig schwindelig. Das nervte, und ich war oft kurz davor, Yvonne zur Seite zu nehmen und sie endlich mal zu fragen, was das eigentlich sollte. Doch irgendwas hielt mich davon ab, das zu tun. Ob ein offenes Gespräch mit ihr das, was später passierte, verhindert hätte, weiß ich auch heute nicht. Doch einen Versuch wäre es zumindest wert gewesen.

Das schwangere Mammut

Als der Monat endlich vorbei war und ich ICQ wieder benutzen durfte, wurde die ganze Situation ein wenig besser. Yvonne schien das ziemlich zu ärgern, denn sie legte in der Schule nun noch eine Schippe drauf und suchte immer wieder nach Situationen, in denen sie sich über mich lustig machen konnte. Besonders gut gelang ihr das im Sportunterricht, denn das Fach und ich standen miteinander auf Kriegsfuß. Zwar war ich nie wirklich unsportlich gewesen. Als Dreikäsehoch hatte ich im Kinderturnen Angst und Schrecken verbreitet, und in der zweiten Klasse meldeten mich meine Eltern beim Tanzen an. Das machte mir ziemlich viel Spaß, jedenfalls bis zu dem Tag, an dem unsere Trainerin verkündete, dass unsere Gruppe auf der Weihnachtsfeier in blau-silbernen Glitzerfeekostümen auftreten würde. Ich gehörte damals eher zu der Art Mädchen, die beim Verstecken spielen in die Mülltonne kletterten, damit sie nicht gefunden wurden. Der Abend als Glitzerfee wurde also zum Abschluss meiner Tanzkarriere. Aber auch in den Jahren danach war ich immer wieder im Sportverein, und seitdem ich studiere, stehe ich jeden Freitag um neun Uhr in einem Guten-Morgen-Yoga-Kurs, wo ich feierlich einen Sonnengruß nach dem anderen zelebriere. Ein Unifreund, den ich im ersten Semester in einer Vorlesung über besonders langweilige politische Theorien kennengelernt habe, hat mich zu diesem Kurs geschleppt. Mit dem Argument, das sei ganz toll und man fühle sich danach »wie neu geboren«. Während er neben mir grazil von einer verdrehten Pose zur nächsten wechselt, fühle ich mich zwar meist eher wie eine Achtzigjährige nach ihrer dritten Hüft-OP. Aber wenigstens versuche ich es. Was eindeutig meinen ursprünglichen Punkt unterstreicht. Nämlich den, dass ich nicht wirklich unsportlich bin. Dennoch habe ich das im Sportunterricht in der Schule jahrelang erzählt bekommen. »Ja, die Lisa, die ist halt nicht ganz so fit«, war der Einstiegssatz meiner Sportlehrerin, der irgendwann zu »Sitzt Lisa eigentlich auch mal nicht auf der Bank?« wurde und schließlich in der zwölften Klasse mit »War Lisa dieses Jahr überhaupt schon mal da?« endete. Aber dazu komme ich später noch mal. An dem Tag, an dem Yvonne besonders viel Freude am Sportunterricht hatte, weil ich mich mehr als je zuvor blamierte, stand Geräteturnen auf dem Programm. Unsere erste Aufgabe war es, mit schwungvollen Schritten über den Schwebebalken zu schreiten, in dessen Mitte eine Drehung und einen Pferdchensprung zu vollführen und das Ganze dann mit einem Handstand mit Abrollen zu beenden, der uns elegant auf dem Boden zum Stehen bringen sollte. Als ich dran war, lief zunächst alles gut. Mein elegantes Schreiten sah einigermaßen passabel aus, und der Pferdchensprung ähnelte zwar mehr dem müden Strampeln eines vollgefressenen Ponys, doch er war okay. Der Handstand mit Abrollen läutete dann allerdings meinen Untergang ein, und zwar wortwörtlich. Statt meiner Beine war es nämlich mein Gesicht, das den Boden zuerst berührte. Mit einem ziemlich lauten Knall. Meine Sportlehrerin seufzte nur, als sie mich da liegen sah, und schickte mich weiter zum Stufenbarren, wo die nächste Aufgabe stattfinden sollte. Yvonne, die mich genau beobachtet hatte, flüsterte den anderen bereits kichernd etwas zu, doch ich ignorierte das flaue Gefühl, das dadurch in meinem Bauch entstand, und lief mit einem gelangweilten »Mir doch egal«-Gesichtsausdruck an ihr vorbei. Hätte ich gewusst, was danach passieren würde, hätte ich spätestens in diesem Moment versucht, unauffällig die Turnhalle zu verlassen. Doch so stellte ich mich in die Schlange der Mädchen, die bereits am Stufenbarren warteten. Es stellte sich heraus, dass die nächste Aufgabe darin bestand, auf die untere Stange des Schwebebalkens zu springen und dann schwungvoll eine Rückwärtsrolle über die obere zu vollführen. Mir war völlig schleierhaft, wie meine Mitschülerinnen das hinbekommen hatten, denn als ich an der Reihe war, arbeitete die Schwerkraft erneut gegen mich. Zehn Minuten später hatte ich die Rückwärtsrolle noch immer nicht geschafft, und so wurde das Lachen von Yvonne und den Mädchen, die um sie herum standen, immer lauter. Ich hatte inzwischen Tränen in den Augen, und ich wünschte, meine Sportlehrerin würde dieser peinlichen Situation ein Ende bereiten. Doch sie erlaubte mir nicht aufzuhören, und so knallte ich wieder und wieder mit der Hüfte auf die Stange und brachte außer ein paar hübschen blauen Flecken nichts Nennenswertes zustande. Nach einigen weiteren kläglichen Versuchen packte mich meine Sportlehrerin mit einem genervten Blick an den Beinen. »Lisa, Sie haben die Eleganz eines schwangeren Mammuts«, seufzte sie und hievte mich dann wie einen nassen Sack über die Stange, was Yvonne mit einem weiteren lauten Lachen kommentierte. Nach der Stunde war ich völlig fertig mit den Nerven, und manchmal würde ich gern an diesen Tag zurückreisen. Dann würde ich mein früheres Ich vor der Sporthalle abpassen und mir Folgendes sagen:

Es ist okay, Dinge nicht zu können. Das ist nicht peinlich, denn allen Menschen geht es so. Keiner ist perfekt, und jeder hat ganz individuelle Stärken und Schwächen. Wenn du nicht gerade Profi-Sportlerin werden willst, ist eine schlechte Sportnote nicht der Untergang der Welt, und es wird dich später kein Mensch mehr nach ihr beurteilen. Leute wie Yvonne, die versuchen, aus solchen Situationen Vorteile für sich zu ziehen, sind diejenigen, die sich wirklich blamieren.

Wahrscheinlich hätte mein vierzehnjähriges Ich nur gelacht, wenn ich das erzählt hätte, denn wenn man selbst gerade mitten in einer solchen Situation steckt, erscheint es einem oft völlig unmöglich, dass diese Sätze stimmen könnten. Aber heute, acht Jahre später, weiß ich, dass es so ist.

TUNNEL IN DEN OHREN

In den Wochen nach dem Zwischenfall im Sportunterricht beobachtete ich, wie sich Yvonnes Kleidungsstil meinem noch weiter annäherte. Das nervte mich, denn so wie sie sich in letzter Zeit verhielt, wollte ich die Ähnlichkeiten zwischen uns beiden gern möglichst gering halten. Auf der Suche nach einer Möglichkeit, mich wieder mehr von ihr zu unterscheiden, geriet ich an Irina. Sie war Teil meines neuen Freundeskreises an der Schule und hatte sich mehr und mehr auf meine Seite gestellt, da auch sie Yvonnes Verhalten sehr seltsam fand. Irina war, genau wie ich, kein großer Fan davon, wie alle anderen auszusehen. Statt schwarzer Kleidung hatte sie sich allerdings für Piercings entschieden und sich zwei davon sogar selbst mit einer Pinnwandnadel gestochen. Eines der Piercings ging durch ihren rechten Nasenflügel und das andere durch ihr oberes Lippenbändchen, was ich gruselig, gleichzeitig aber auch irgendwie faszinierend fand. Als ich Irina von meinem Problem mit Yvonnes neuem Stil erzählte, der meinem so sehr ähnelte, hatte sie zum Glück eine Lösung parat, die keine Pinnwandnadeln beinhaltete. Das beruhigte mich sehr, denn in meinen Ohren klang Irinas Methode alles andere als sicher. Oder hygienisch. Eines Tages nahm Irina mich dann in einer Mittagspause mit in einen Laden, in dem sie mir etwas zeigen wollte. Als wir durch die Tür in einen Raum traten, der über und über mit Regalen gefüllt war, in die jemand ohne ein erkennbares System knallbunte Haremshosen, Traumfänger und Räucherstäbchen gestopft hatte, zögerte ich zunächst. Doch da Irina den Verkäufer zu kennen schien und sich direkt angeregt mit ihm zu unterhalten begann, trat ich näher und sah mich um. In einer langen Vitrine vor mir gab es eine große Auswahl an Schmuck und Piercings. Irina zeigte auf zwei dünne, spiralförmige Holzteile und teilte dem Verkäufer mit, dass sie genau das seien, was wir gesucht hätten. Ich sah sie fragend an. »Vertrau mir!«, meinte sie grinsend, als sie die Tüte mit den Holzspiralen entgegennahm, und erzählte mir dann, was sie geplant hatte. »Das sind Dehnschnecken. Mit denen kannst du deine Ohrlöcher so lange vergrößern, bis irgendwann kleine Tunnel dazwischen passen. Das sieht dann aus wie bei ihm.« Sie deutete auf den Verkäufer, der den Kopf drehte. Ich sah, dass in seinen geweiteten Ohrlöchern schwarze, runde Plastikrollen steckten, und musste zugeben, dass das ziemlich cool aussah. »Außerdem haben die Dehnschnecken den Vorteil, dass sie total unauffällig sind. Man könnte sie einfach für normale Ohrringe halten«, erklärte Irina. »Also kriegst du auch keinen Stress mit deinen Eltern.« Ich nickte anerkennend. Sie hatte wirklich an alles gedacht. Meine Eltern hatten zwar inzwischen den Widerstand gegen meine schwarzen Klamotten und Haare aufgegeben, doch mit dem Plan, meine Ohrlöcher zu weiten, hätte ich garantiert keine Chance gehabt. Die beiden waren komplett gegen Piercings. Daher hätte ich garantiert tierischen Ärger bekommen, wenn sie gemerkt hätten, dass ich mich für etwas Ähnliches entschieden hatte. Vielleicht hätten sie die Tunnel sogar noch schlimmer gefunden, weil das Dehnen einige Risiken mit sich brachte. Doch an die dachte ich nicht, als ich am Ende der Mittagspause vor dem Spiegel der Schultoilette stand und die Dehnschnecken einsetzte. Zunächst war ich sehr zufrieden mit meinem Kauf. Irina hatte recht behalten. Die Holzschnecken waren wirklich unauffällig, und ich war mir sicher, dass sie meinen Eltern nicht negativ auffallen würden. Das Dehnen funktionierte in den folgenden Wochen gut, und bald waren meine Ohrlöcher so groß, dass ich einen Bleistift durch sie hindurchstecken konnte. Das freute mich, aber dennoch ging mir das Dehnen ein wenig zu langsam voran. Ich drehte die Schnecken also schneller weiter, als es mir der Verkäufer im Laden empfohlen hatte. Die Folge daraus waren kleine Risse, die sich in meiner Haut bildeten. Gleichzeitig stellte sich heraus, dass die Qualität der Holzschnecken wohl leider nicht ganz so gut war, wie ich geglaubt hatte. Ihre Oberfläche begann sich abzuschälen, und meine Ohrläppchen wurden plötzlich ganz rot und verkrustet. Ich versuchen, mit Salbe und Desinfektionsmittel gegen die Wunden anzukommen, doch auch wenn die Rötungen ein wenig zurückgingen, tat das Ganze so weh, dass ich die Schnecken herausnehmen musste. Yvonne, die mit zusammengebissenen Zähnen beobachtet hatte, wie sich zu Beginn alle neugierig nach meinen gedehnten Ohrlöchern erkundigt hatten, bemerkte natürlich sofort, dass etwas schiefgegangen war, und gab die Neuigkeit brühwarm an ihre Freundinnen weiter. Der Tag danach war furchtbar. Da half auch alles Schönreden nichts mehr. Als ich durch die Gänge der Schule lief, schien ihr Gekicher aus jeder Ecke des Gebäudes zu dringen. Genau wie schon im Sportunterricht nahm ich mir vor, Yvonne und ihren Freundinnen nicht zu zeigen, dass ihr Spott mich traf. Ich bemühte mich, völlig unbeeindruckt zu wirken, obwohl mir das Wollknäuel in meinem Hals fast die Luft abschnürte. Ich war mir nicht mehr sicher, ob ich es schaffte, sie zu überzeugen.

Tattoos, Piercings & Co.

Da die Wunden an meinen Ohren nur langsam abheilten und verdammt weh taten, beschloss ich, nicht noch mal das Risiko einer Entzündung einzugehen. Außerdem hatte mir glücklicherweise jemand mitgeteilt, dass meine Ohrlöcher mit zwölf Millimetern gerade noch den Dehnungsgrad hatten, der es mir erlauben würde, sie wieder zuwachsen zu lassen. Ein wenig schade fand ich das schon. Einerseits, weil ich mich über Yvonnes triumphierendes Gesicht ärgerte, und andererseits, weil mir die Tunnel wirklich gut gefallen hatten. Heute bin ich sehr froh darüber, dass meine Ohrlöcher wieder ihre ursprüngliche Größe haben. Ich komme mir echt wie eine alte Frau vor, wenn ich das schreibe, aber bei Piercings und Tattoos ist es meist eine ganz gute Idee, sich wirklich gut zu überlegen, ob man langfristig Lust auf die jeweilige Sache hat. Wenn mir damals jemand diese Frage zu meinen Tunneln gestellt hätte, dann wäre meine Antwort bestimmt ein begeistertes »Ja!« gewesen. Dennoch würde ich meinem vierzehnjährigen Ich aus heutiger Sicht raten, es lieber zuerst einmal mit einem Fake-Piercing zu versuchen. Klar, das ist natürlich nicht das Gleiche, wie das Original zu tragen. Aber es kann eine große Hilfe sein, wenn es darum geht, die richtige Entscheidung zu treffen. Mit einer Fake-Dehnschnecke, die in der Mitte einen dünnen Stab hatte, an den man vorn und hinten die dickeren Holzteile befestigen konnte, hätte ich testen können, ob das Ganze wirklich gut aussehen würde oder ob es nicht vielleicht doch eine ziemlich bescheuerte Idee war. Übrigens glaube ich, dass man kritische Eltern auf diese Weise vielleicht davon überzeugen kann, dass man es mit dem Wunsch nach einem Piercing oder Tattoo wirklich ernst meint und das nicht nur eine fixe Idee ist, die man am nächsten Tag schon wieder bereuen wird. Einer meiner Freunde aus dem Jugendzentrum wollte damals unbedingt ein Tattoo haben und stritt sich deswegen ewig lang mit seinen Eltern. Irgendwann begann er dann damit, sich das Tattoo Tag für Tag aufzumalen, um zu zeigen, dass er es sich wirklich gut überlegt hatte. Es dauerte einige Monate, in denen er immer wieder geduldig auf seinem Arm herumkritzelte, doch letztendlich bekam er die Erlaubnis seiner Eltern. Natürlich muss es gerade bei diesem Thema nicht immer so laufen. Ich weiß von einigen eigenen Tattoo- und Piercing-Wünschen, wie frustrierend es sein kann, auf Granit zu beißen. Trotzdem würde ich von Pinnwandnadel-Aktionen und von selbst gestochenen Tattoos abraten und auch auf keinen Fall in Tattoo- oder Piercing-Studios gehen, in denen nicht nach dem Alter gefragt wird. Meist sind die nicht gerade seriös, und wenn man nicht, so wie ich, mit entzündeten Körperteilen durch die Gegend laufen will, ist es besser, einen großen Bogen um solche Studios zu machen. Wenn alle Überzeugungsarbeit zu nichts führt und man keine Erlaubnis seiner Eltern bekommt, muss man wohl oder übel abwarten, bis man das richtige Alter erreicht hat und selbst eine Entscheidung darüber treffen darf. Diese Zeit kann man dazu nutzen, sich wirklich sicher über ein Tattoo-Motiv oder ein Piercing zu werden und dann den Tag, an dem es endlich so weit ist, wie Geburtstag und Weihnachten zusammen zu feiern. Ich weiß, das klingt immer furchtbar abgedroschen, aber vielleicht ist Vorfreude ja doch die schönste Freude.

KAPITEL 4

WAS TUN, WENN NICHTS MEHR GEHT?

PANIK

Yvonne und ich führten eine Art kalten Krieg, über den wir nie offen sprachen. Darin ging es um die Frage, wer von uns besser darin war, zu provozieren. Was wir uns davon versprachen, weiß ich nicht. Vielleicht ging es um die Anerkennung unserer Mitschülerinnen oder darum, zu zeigen, wer von uns cooler und rebellischer war. Jedenfalls lag ich durch meine gedehnten Ohrlöcher weit vorn. Unsere Lehrer, Mitschüler und Eltern waren schon so sehr an das gewöhnt, was von mir kam, dass es für Yvonne sehr schwer war, sie noch zu schockieren. Irgendwann akzeptierte sie das und begann, sehr kreativ zu werden, wenn es darum ging, mir zu schaden. Mit dem scheinbaren Frieden an der Schule war es dadurch endgültig vorbei. Auch wenn ich mich gegen das zu wehren wusste, was sie und ihre Freundinnen sich ausdachten, kam nach einigen Monaten doch irgendwann der Punkt, an dem mir alles zu viel wurde. Ich hatte schon lange damit aufgehört, mir irgendwelche Gegenaktionen auszudenken, und wehrte mich nur noch gegen das, was von ihr kam. Irgendwie hatte ich das Gefühl, langsam zu alt für diesen Zirkus zu werden, und wünschte mir, sie würde einfach damit aufhören. Was sprach denn dagegen, wenn wir einfach beide unser eigenes Ding machten und die jeweils andere in Ruhe ließen? Doch als ich ihr das vorschlug, lachte Yvonne nur und wollte nichts davon wissen. Es wurde sehr anstrengend, in die Schule zu gehen, da ich jeden Tag mit neuen Gemeinheiten rechnen musste. Meine Bauchschmerzen wurden nun zu regelmäßigen Begleitern, und ich wunderte mich nicht mehr über sie. Stattdessen stand ich morgens auf und begrüßte sie wie alte Bekannte, die man zwar nicht so wirklich leiden kann, von denen man aber weiß, dass man sie ohnehin nicht loswird. Das Wollknäuel in meinem Hals machte mir immer mehr Sorgen. Es war inzwischen zu einem ganz schön großen Ball geworden, der in Stresssituationen in meinem Hals stecken blieb, es sich dort so richtig gemütlich machte und gar nicht daran dachte, wieder zu verschwinden. Wenn er da war, fühlte ich mich, als würde mein gesamter Körper gegen mich arbeiten. Es war lästig und hielt mich in der Schule davon ab, mich zu konzentrieren. Selbst wenn ich aufpassen wollte, war ich durch ihn abgelenkt, worunter meine Noten mehr und mehr litten. Genau wie der Rest der Klasse wussten Yvonne und ihre Freundinnen nichts von dem Kloß, denn nach außen hin ließ ich mir nichts anmerken. Sie merkten jedoch, dass ich mich im Unterricht wieder mehr darum bemühte, mitzuarbeiten. Bei Bemühungen blieb es leider, da ich mich zwar oft meldete, dann aber keinen Ton herausbekam, weil ich mich fühlte, als würde der Kloß meine Stimmbänder zerquetschen. Ich setzte also an, etwas zu sagen, und schüttelte dann doch nur den Kopf, obwohl ich die Antwort ganz genau kannte. Yvonne lachte, wenn das passierte, und warf eines Tages einen Zettel zu mir herüber. Darauf stand in dicken, roten Buchstaben: »Na, hat es dir mal wieder die Sprache verschlagen? Bist wohl doch nicht so cool, wie du immer tust.« Irina, die zu meiner engsten Freundin an der Schule geworden war, las den Zettel ebenfalls und nahm mich in der Pause zur Seite. Sie redete mir gut zu und betonte dabei immer wieder, dass ich nicht allein sei und sie hinter mir stünde. Das tat gut, doch leider half es nicht dabei, meinen blockierten Hals zu lockern. Da ich also noch immer nicht sprechen konnte, schenkte ich Irina nur ein Lächeln, von dem ich hoffte, dass es nicht zu aufgesetzt wirkte. Am nächsten Morgen saß ich zu Hause auf dem Fußboden unseres Badezimmers. Es war sieben Uhr zehn. Eigentlich müsste ich in fünf Minuten losgehen, um die letzte Straßenbahn zu erwischen, mit der ich pünktlich in der Schule ankommen würde. Doch ich saß da, als hätte man mich am Boden festgeklebt. Meine Arme und Beine kribbelten und fühlten sich seltsam kalt an. Schon beim Aufstehen hatte ich den Eindruck gehabt, dass die Steine in meinem Bauch heute besonders schwer waren. Sie waren es gewesen, die mich auf den Boden heruntergezogen hatten und dies auch weiterhin taten, wie um zu verhindern, dass ich mich bewegte. Die Zeit schien zu rasen. Sieben Uhr elf. Ich wurde unruhig und versuchte aufzustehen, doch ich schaffte es nicht einmal, meinen kleinen Finger zu heben. Sieben Uhr zwölf. Der Kloß in meinem Hals wuchs auf eine Größe heran, die er noch nie zuvor erreicht hatte. Sieben Uhr dreizehn. Ich versuchte, nach meinen Eltern zu rufen, doch ich brachte keinen Ton heraus. Nur ein leises Quietschen, das sie unmöglich hören konnten. Sieben Uhr vierzehn. Ich hörte meine Mutter im Gang auf und ab laufen. Ein hektischer Gedanke flog durch meinen Kopf. Vielleicht würde sie verstehen, dass etwas nicht stimmte, wenn ich mehrmals mit dem Fuß gegen den Badschrank trat. Ich versuchte es, doch meine Beine kribbelten inzwischen so stark, dass ich sie nicht einen Millimeter heben konnte. Panik stieg in mir hoch. Ich schnappte nach Luft, doch meine Lunge schien keinen Sauerstoff aufnehmen zu können. Es fühlte sich an, als hätte jemand ein unsichtbares Band um meinen Brustkorb gewickelt und würde nun von beiden Seiten daran ziehen, mit dem klaren Ziel, ihn zu zerquetschen. Sieben Uhr fünfzehn. Mein ganzer Körper kribbelte, und ich fühlte mich abwechselnd fiebrig heiß und eiskalt. Dann merkte ich, wie mir schwarz vor Augen wurde. Das Letzte, woran ich dachte, während ich noch einmal verzweifelt versuchte, nach meinen Eltern zu rufen, war: »Das war's Lisa. Du stirbst.«

Ich muss perfekt sein – oder doch nicht?

Als ich überlegt habe, welche Dinge ich in diesem Buch thematisieren möchte, kamen mir zuerst nur lustige oder »peinliche« Geschichten aus meiner Teenager-Zeit in den Sinn. Ich wollte gern Leuten, die gerade im selben Alter sind, in dem ich damals war, mit meinen Geschichten das Gefühl geben, dass sie mit diesen Dingen nicht allein dastehen. Außerdem war es mir wichtig zu zeigen, dass das Wort »peinlich« total überstrapaziert wird und dass man sich für viele Dinge eigentlich gar nicht zu schämen braucht. Sie erscheinen nur in dem Moment, in dem sie passieren, besonders schlimm, und die meisten anderen Menschen erleben diese »Peinlichkeiten« ebenfalls. Das macht sie weit weniger dramatisch, als man zuerst denkt. Irgendwann kam dann der Zeitpunkt, an dem ich gern noch einen Schritt weitergehen wollte. Ich dachte mir, dass ich die Chance, ein Buch zu schreiben, vielleicht auch nutzen könnte, um über die psychische Erkrankung zu sprechen, mit der ich jahrelang zu kämpfen hatte. Dadurch, dass ich das hier schreibe, ist natürlich klar, dass ich mit der Annahme, ich würde sterben, damals ein wenig voreilig war. Es war »nur« eine Panikattacke. Doch sie fühlte sich so stark und allumfassend an, dass es durchaus naheliegend war, dass ich so dachte. Großer Leistungsdruck in der Schule und Ärger mit Freunden oder der Familie gehören oft zu den Auslösern von Panikattacken. Auch wenn das Ganze meist deutlich komplexer ist und sich jeder Betroffene mit ganz individuellen Themen herumschlagen muss, habe ich mich dazu entschieden, mich hier auf diese Punkte zu konzentrieren. Mit vierzehn war es mir sehr wichtig, auf gar keinen Fall als peinlich, uncool oder schwach dazustehen. Jahrelang dachte ich, dass das nur möglich wäre, wenn ich keine Fehler machte, allen Fettnäpfchen auswich und ja nichts tat, das nicht »perfekt« war. Schritt für Schritt führte mich das zu dem Morgen, von dem ich im letzten Kapitel erzählt habe und der nicht der letzte seiner Art bleiben sollte. Ich bin mir sicher, dass die meisten von euch diesen Effekt nicht in einer so extremen Form kennen. Aber Stress in der Schule oder blöde Kommentare von

Mitschülern sind vermutlich Dinge, die die meisten schon erlebt haben. Es ist ganz normal, sich deswegen schlecht zu fühlen. Aus den Nachrichten, die ich Tag für Tag von meinen Zuschauern bekomme, weiß ich, wie viele unter dem Druck leiden, der in der Schule, im Freundeskreis oder in der Familie vorherrscht. Ich möchte in diesem Buch gern erzählen, wie ich die Vorstellung, perfekt sein zu müssen, langsam, aber sicher über Bord warf und dabei immer besser mit »peinlichen« Situationen umzugehen lernte. Doch bevor es besser wurde, ging es erst einmal rasant bergab.

WARUM ICH NICHT MEHR LEBEN WOLLTE

Nach meiner ersten Panikattacke blieb ich eine Woche lang im Krankenhaus, damit getestet werden konnte, ob mir körperlich irgendetwas fehlte. Als ich entlassen wurde, erfuhr ich, dass dies nicht der Fall war. Allerdings bat mich der behandelnde Arzt noch kurz zu bleiben, um ein Gespräch mit einer Psychologin zu führen. Die Frau, die wenige Minuten später den Raum betrat, wirkte auf mich ziemlich gehetzt. Sie begrüßte mich unwirsch, und es dauerte nicht lang, bis ich feststellte, dass ich sie nicht leiden konnte. Sie sprach mit mir wie mit einem kleinen Kind, dem es eigentlich gutging und das sich an der Supermarktkasse brüllend auf den Boden geschmissen hatte, um die Aufmerksamkeit seiner Eltern zu bekommen. Das machte mich wahnsinnig wütend. Die Panikattacke hatte sich ziemlich real angefühlt, und es wäre mir im Traum nicht eingefallen, mir so etwas auszudenken. Nach dieser Begegnung hatte ich Psychologen direkt abgeschrieben. Ich dachte, dass sich all ihre Kollegen bestimmt genauso verhalten würden wie sie und mich nicht ernst nehmen würden. Außerdem hatte ich immer wieder mitbekommen, dass viele in meinem Freundeskreis der Meinung waren, nur Leute, die total verrückt waren, würden zum Psychologen gehen. Ich wollte nicht für verrückt gehalten werden, daher wehrte ich mich gegen die Vorstellung, ich könnte eine psychische Erkrankung haben, und versuchte stattdessen, eine andere Lösung zu finden. In den Monaten nach meiner ersten Panikattacke probierten meine Eltern und ich alles Mögliche aus. Ich ließ einen Allergietest machen, um herauszufinden, ob ich vielleicht irgendeinen Stoff oder ein Lebensmittel nicht vertrug. Zwar reagierte ich ziemlich stark auf Hausstaub, doch auch die Allergikerbettwäsche, die wir auf Empfehlung des Arztes kauften, änderte nicht viel, und die Panikattacken blieben. Als Nächstes gingen wir zu einem Heilpraktiker, der mir ein paar Punkte am Handgelenk zeigte, auf die ich drücken sollte, sobald es mir schlechtging. Ein wenig half das auch, doch sobald das Panikgefühl eine bestimmte Schwelle überschritten hatte, ließ es sich nicht mehr aufhalten, egal, wie fest ich drückte. Da sich meine Eltern inzwischen ziemlich sicher waren, dass die Panikattacken mit Stress zu tun hatten, versuchten wir es mit Entspannungstraining. Zuerst schien auch das ganz gut zu funktionieren. Die Frau, die den Kurs anbot, war mir deutlich sympathischer als die Psychologin im Krankenhaus, und es war keine klassische Therapie. Das beruhigte mich, denn so konnte ich mir immer wieder sagen, dass ich nicht verrückt war. Das Entspannungstraining war ja ein bisschen wie Yoga, und das wurde unter meinen Mitschülerinnen und Freunden als cool angesehen. Daher konnte ich es bedenkenlos machen, ohne befürchten zu müssen, dass ich dumme Kommentare zu hören bekommen könnte, falls es jemand herausfinden sollte. Blöderweise gab es auch hier einen Haken. Nachdem wir eine Weile lang mit Atemtechniken gearbeitet hatten, riet mir die Trainerin eines Tages, mir ein Brotmesser in den Hals zu schieben, um den Kloß, der dort saß, symbolisch durchzuschneiden. Dies war die erste einer Reihe sehr seltsamer Methoden, die sie mir in den folgenden Wochen vorschlug und die leider herzlich wenig brachten. Es dauerte also nicht lang, bis ich auch das Entspannungstraining aufgab. Die Panikattacken kamen jetzt immer häufiger, und die Sitzungen fühlten sich wie Zeitverschwendung an. Langsam bekam ich das Gefühl, dass es keine Lösung für mein Problem gab und ich einfach mit dieser Sache würde leben müssen. Dieser Gedanke machte mir große Angst, denn mein Alltag hatte sich durch die Panikattacken vollkommen verändert. In den ersten Monaten hatte ich zwar regelmäßig Bauchschmerzen, konnte aber zumindest die Panik durch ein paar tiefe Atemzüge in den Griff bekommen. Inzwischen war das jedoch nicht mehr möglich, und so waren viele Dinge, die für andere total normal waren, für mich zu sehr großen Herausforderungen geworden. Ich unternahm immer weniger mit meinen Freunden, und wenn ich mich dann doch einmal mit ihnen verabredete, tigerte ich schon Stunden vorher nervös durch die Wohnung und merkte, wie sich jede Faser meines Körpers gegen meine Pläne sträubte. Das erstickende Gefühl im Hals wurde zwar manchmal weniger, doch es verschwand nie vollkommen. Selbst an den Tagen, an denen ich keine Referate hielt oder irgendetwas anderes Stressiges für die Schule tun musste, hatte ich Magenkrämpfe und Schwindelanfälle. Ich verbrachte viele Pausen eingeschlossen in einer der Kabinen der abgelegenen Toilette, die selten jemand benutzte. Dort kauerte ich auf dem Boden und versuchte, meine Atmung zu beruhigen, um nicht völlig auszurasten. Sobald es dann klingelte, riss ich mich zusammen, zwang mir ein Lächeln auf und tat so, als sei nichts passiert. Monatelang funktionierte das, und niemand stellte meine Ausrede, ich würde mich in der Pause mit einer Freundin aus der Schule nebenan treffen, in Frage. Doch irgendwann war der Punkt erreicht, an dem die Panik meine Maske zerschlug. Ich war fünfzehn Jahre alt und gerade im Tanzunterricht, als mein Körper einfach nicht mehr konnte. Ich brach zusammen, der Notarzt wurde gerufen, und unter den besorgten Blicken der anderen saß ich zitternd am Rand der Tanzfläche, bis ich abgeholt wurde. Auch wenn nun offensichtlich war, dass ich Hilfe brauchte, wollte ich noch immer nicht zum Psychologen gehen. Einen solchen Schwächeanfall würde ich nicht noch einmal zulassen. Als ich mir das schwor, ging es mir nicht nur darum, Yvonne und ihren Freundinnen so wenig Angriffsfläche wie möglich zu bieten. Sondern vor allem um meine Familie und meine Freunde, für die ich keine Last darstellen wollte. Je stärker und regelmäßiger die Panikattacken wurden, desto übermächtiger wurde auch der Gedanke, dass ich genau das tat. Auch wenn meine Eltern immer hinter mir standen, merkte ich, wie sehr es sie belastete, dass es mir trotz ihrer Bemühungen nicht besserging. Meinen Freunden fiel es noch schwerer, mit der neuen, nervösen Lisa umzugehen. Einige von ihnen behandelten mich wie eine tickende Zeitbombe, bei der man ständig Angst haben musste, dass sie gleich in die Luft gehen könnte. Da ich mich selbst wie eine solche Bombe fühlte, konnte ich es ihnen nicht verübeln, dass sie sich von mir distanzierten. Ich wollte, dass ihr Leben wieder leichter und sorgenfreier wurde, und so erschien mir der Gedanke logisch, mich aus dem Spiel zu nehmen. Diesmal endgültig. Denn es schien keine Tribüne mehr zu geben, auf die ich fliehen konnte. An einem besonders verzweifelten Abend tat ich daher das Einzige, was mir in dem Moment richtig erschien, und versuchte, mir das Leben zu nehmen. Es war reines Glück, das mir das nicht gelang. Für mich stellte dieser Abend einen Wendepunkt dar, denn er ermöglichte es mir, plötzlich viel klarer zu sehen. Es war, als hätte mich das Leben fest in den Arm genommen, um mir zu zeigen, dass es für mich noch nicht an der Zeit war, zu gehen. Als hätte es mir eine zweite Chance gegeben. Ich spürte den Boden unter meinen Füßen und begriff, dass das der Tiefpunkt war. Ab jetzt konnte es nur noch aufwärtsgehen.

Wo ihr Hilfe bekommt

Ich erzähle diese Geschichte, weil ich weiß, wie viele Jugendliche sich ebenfalls mit solchen Dingen herumschlagen müssen. Ich möchte, dass ihr wisst, dass ihr damit nicht allein dasteht. Bei mir waren es Panikattacken, andere haben vielleicht mit Depressionen oder einer Essstörung zu kämpfen. Die Liste psychischer Erkrankungen ist sehr lang, und es wird viel zu selten über sie gesprochen, wodurch bei Betroffenen oft der Eindruck entsteht, nur sie hätten diese Probleme und wären zu schwach, damit klarzukommen. Bei mir haben diese Gedanken dafür gesorgt, dass ich nicht um Hilfe gebeten habe. Ich war so in meiner Perfektionismusspirale gefangen, dass ich es einfach nicht konnte, und fast hätte ich deswegen mein Leben weggeworfen. Wenn es also nur einen Satz gibt, den ihr aus diesem Buch mitnehmt, dann würde es mich sehr freuen, wenn es Folgender wäre:

Es ist kein Zeichen von Schwäche, sich Hilfe zu suchen, und ihr müsst euch vor anderen nicht dafür rechtfertigen.

Vielleicht dachte der ein oder andere bei den letzten Kapiteln: »Hä?! Jeder hat doch mal Stress in der Schule. Warum flippt die denn gleich so aus?«, und ich kann diese Sichtweise gut nachvollziehen. Wenn man selbst nicht betroffen ist, fällt es einem oft schwer, sich in eine solche Lage hineinzuversetzen. Aber diese Sätze fallen in genau die gleiche Kategorie wie das, was die Psychologin im Krankenhaus zu mir gesagt hat: »Dir ist doch gar nichts wirklich Schlimmes passiert. Du hast also gar keinen Grund, eine Angststörung oder eine andere psychische Erkrankung zu haben. Du redest dir das alles nur ein. Du willst doch nur Aufmerksamkeit.« Solche Aussagen sorgen dafür, dass sich Leute, denen es wirklich schlechtgeht, nicht mehr trauen, nach Hilfe zu fragen. Dabei ist es so wichtig, genau das zu tun. Ich habe wenige Wochen nach meinem Selbstmordversuch endlich eine Psychologin gefunden, die mir helfen konnte. Bei mir war es damals eine blöde Mischung aus mehreren Dingen, die dafür gesorgt hat, dass es so lange dauerte, bis das passierte. Schlechte Erfahrungen mit Psychologen, ein Freundeskreis, der viele Vorurteile gegenüber dem Thema hatte, und meine Bemühungen, bloß keine Schwäche zu zeigen, hatten einen großen Anteil daran. Außerdem war ich in einem Alter, in dem ich ziemlich wenig Lust hatte, ausgerechnet mit meinen Eltern über meine Probleme zu reden. Wenn sie mir Hilfe anboten, verweigerte ich sie oft, weil ich dachte, dass sie doch ohnehin nicht verstehen konnten, wie es mir ging. Dass ihnen das bestimmt viel leichter fallen würde, wenn ich mehr mit ihnen darüber sprach, kam mir damals nicht in den Sinn. Aus den Mails meiner Zuschauer weiß ich, dass es vielen von ihnen ähnlich geht und sie versuchen, sich ihren Problemen allein zu stellen. Das kann sehr gut klappen, aber auch ganz schön nach hinten losgehen. Wenn ihr euch also in einer solchen Lage befindet, dann redet unbedingt mit jemandem darüber und holt euch Hilfe.

Falls ihr in eurer Familie oder in eurem Freundeskreis niemanden habt, mit dem ihr über diese Themen sprechen könnt, und auch unter euren Lehrern oder sonstigen Vertrauenspersonen niemand dafür in Frage kommt, dann findet ihr am Ende des Buchs ein paar Seiten mit Ansprechpartnern, an die ihr euch wenden könnt. Egal, mit welchem Problem ihr zu kämpfen habt, wünsche ich euch, dass ihr nicht so stur seid, wie ich es damals war, und Hilfe annehmen könnt.

Lisa Sophie ist eine gestörte Schlampe

Als ich meine neue Therapeutin zum ersten Mal traf, war ich zuerst sehr skeptisch. Aber das änderte sich schnell, als ich merkte, dass sie mich ernst nahm. Sie versuchte kein einziges Mal, mir klarzumachen, dass ich »kein Recht darauf« hätte, mich so zu fühlen, sondern hörte sich an, was ich zu erzählen hatte. Schon bald gab sie mir die ersten Tipps, was ich gegen die Panikattacken tun konnte. Wir entwarfen gemeinsam ein Notfall-Kit für besonders schlimme Situationen. Darin enthalten waren unter anderem eine kleine Flasche Wasser, um den Kloß im Hals wegspülen zu können, und ein paar Traubenzucker, die meinen Kreislauf wieder in Gang bringen sollten, wenn mir schwindelig wurde. Außerdem riet meine neue Therapeutin mir, an Orten, an denen ich mich nicht wohl fühlte, immer die Ausgänge und die Lage der Toiletten zu checken, damit ich im Notfall sofort wusste, wohin ich abhauen konnte. Jeder neue kleine Tipp, den ich von ihr bekam, half mir ein Stück weiter. Natürlich war ich nicht von heute auf morgen wieder gesund. Aber nach einigen Monaten war ich zumindest so weit, dass ich morgens wieder etwas essen konnte. Dadurch war mein Kreislauf stabil genug, um mich in den Pausen wieder an den Unterhaltungen meiner Freundinnen beteiligen zu können. Wenn ich morgens das Haus verließ, sagte ich mir im Kopf mehrmals:»Hey, du gehst nur in die Schule. Keine große Sache«, und ich merkte, dass das Knäuel in meinem Hals langsam, aber sicher begann, mir das zu glauben. Da ich nicht einsah, warum ich ein großes Geheimnis daraus machen sollte, erzählte ich meinen Freunden von der Therapie. Die meisten von ihnen überraschte es, das zu hören, weil sie nichts von meinen Panikattacken mitbekommen hatten. Doch nichtsdestoweniger freuten sie sich, dass es mir besserging. Ein wenig anders lief es, als Yvonne und ihre Freundinnen von der ganzen Sache erfuhren. An der Eingangstür unserer Schule klebten damals die Umrisse einiger Köpfe, neben denen der große Schriftzug »Und wer ist morgen Gesprächsthema Nummer 1?« prangte. Er passte sehr gut zu unserer Schule, denn dort verbreiteten sich »Skandale« wie Lauffeuer, und so war meine Therapie schnell das Thema des Tages. »Habt ihr das schon gehört? Die Gestörte muss zur Therapie!« Wenn man gerade dabei ist, sich besser zu fühlen, freut man sich natürlich ganz besonders, wenn der Grund dafür madig gemacht wird. Als ich das zum ersten Mal mitbekam, rechnete ich damit, dass mein Körper mit einer erneuten Panikattacke reagieren würde. Doch nichts dergleichen geschah. Selbst als ich ein paar Tage später den Schriftzug »Lisa Sophie ist eine gestörte Schlampe« auf einer der Toilettenwände sah, kümmerte es mich erstaunlich wenig. Das überraschte mich so sehr, dass ich zu lachen begann. Noch ein paar Monate zuvor wäre es völlig undenkbar gewesen, dass ich nach einer solchen Sache nicht komplett zusammengebrochen wäre. Es hätte mich wahnsinnig traurig gemacht, zu wissen, dass es Leute gab, die mich so wenig leiden konnten, dass sie so etwas schrieben. Doch irgendetwas hatte sich geändert. Ich atmete tief durch, zog einen roten Stift aus meinem Rucksack und malte ein kleines Herz neben den Satz.

Kapitel 5

Schlussmachen und meine katastrophalsten Modeverbrechen

Nur Idioten machen am Telefon Schluss

Kommen wir zurück zu den etwas harmloseren Themen. Auch wenn die Panikattacken eine große Rolle in meinem Leben spielten, ließen sie doch noch genug Raum für den typischen Kram, mit dem sich jeder Teenager herumschlagen muss. Springen wir also an den Tag zurück, an dem ich aus dem Krankenhaus entlassen wurde. Als ich wieder zurück in die Schule kam, war alles wie gehabt. Allerdings gönnten mir Yvonne und ihre Freundinnen glücklicherweise eine kleine Pause. Das ließ mich aufatmen, und ich konnte mich auf ein schönes Ereignis freuen, das bald bevorstand. Davids und mein Jahrestag. Wir hatten es tatsächlich geschafft, ganze zwölf Monate zusammenzubleiben. In unserem Freundeskreis war das ein absoluter Rekord, und wir waren ganz schön stolz darauf. Ich mochte David noch immer ziemlich gern, denn er hatte sich als ein wirklich lieber Kerl herausgestellt, der zudem auch noch klug und zuverlässig war. Eine Kombination, die mir wirklich gut gefiel. Wer mir irgendwann allerdings noch ein klein wenig besser gefiel, war Davids Freund Anton. Je mehr ich mit ihm zu tun hatte, desto mehr hatte ich das Gefühl, dass er mich viel besser verstand. Anton hörte die gleiche Musik wie ich, und im Gegensatz zu David bezeichnete er mein Aussehen nicht als »komische schwarze Phase«. Daher kam es irgendwann, wie es kommen musste. Ich verknallte mich in ihn und beschloss, meine bisherige Beziehung zu beenden. Einen Monat nach unserem Jahrestag fuhr ich also zu David, und wir unterhielten uns einen Nachmittag lang über alles Mögliche, nur nicht über unsere Beziehung. Ich traute mich einfach nicht, das Thema anzusprechen. Auf dem Nachhauseweg war ich ziemlich sauer auf mich, weil ich so feige gewesen war. Der Nachmittag hatte mir gezeigt, dass ich David zwar sehr gern hatte, aber einfach nicht mehr in ihn verliebt war. Als ich abends vor dem Laptop saß, überlegte ich, ob ich ihm einfach im Chat erzählen sollte, was Sache war. Aber ich hatte schon gelernt, dass nur Idioten per Chat Schluss machten. Daher beschloss ich, ihn anzurufen. Damit es mir beim nächsten Treffen nicht wieder so gehen würde wie heute und ich es nicht schaffen würde, etwas zu sagen. Als ich einige Minuten später auflegte, fühlte ich mich furchtbar. Zwar war es ein klein wenig besser gewesen, persönlich mit ihm zu sprechen, als ihm zu schreiben. Aber mein Gefühl sagte mir, dass am Telefon Schluss zu machen ebenfalls eine idiotische Aktion war. Als ich David das nächste Mal begegnete, wurde mir peinlich bewusst, wie recht ich damit hatte. Seine Freunde durchbohrten mich förmlich mit ihren Todesblicken. Zwar beruhigten sie sich glücklicherweise recht schnell wieder, aber seit diesem Tag wusste ich, dass ich nie wieder eine Beziehung auf diese Weise beenden würde, sondern mich verdammt nochmal zusammenreißen und es der Person ins Gesicht sagen musste.

Schluss zu machen ist immer schwer. Sowohl in einer
Beziehung als auch in einer Freundschaft. Auch dort kann
es passieren, dass man die Entscheidung trifft, künftig
getrennte Wege zu gehen. Gerade wenn man viel Zeit mit
einer Person verbracht hat, hat sie eine Erklärung verdient, warum man diese Entscheidung trifft. Es gibt keine
Garantie, dass ein solches Gespräch gut verläuft und
man sich danach besser fühlt. Aber meiner Meinung
nach ist das die einzig faire Art und Weise, Schluss zu
machen.

ALS ICH EINEN SEHR SELTSAMEN KORB BEKAM

Eigentlich sollte ja jeder diese berühmten Alarmglocken im
Kopf haben, die einen warnen, wenn man dumme Entscheidungen trifft. Als ich dem besten Freund meines Exfreunds
erzählte, dass ich in ihn verknallt war, saßen meine Alarmglocken aber vermutlich gerade mit einem Cocktail in der
Hand auf den Seychellen und bekamen deswegen nicht mit,
was ich da gerade tat. Anders kann ich es mir nicht erklären, dass sie zugelassen haben, dass ich Anton eines Abends
im Chat gestand, wie toll ich ihn fand. Anton reagierte auf
diese Nachricht ein wenig seltsam. Er antwortete mir nicht
mit »Ich bin aber leider nicht in dich verknallt« oder »Das
geht nicht, weil David mein bester Freund ist«. Stattdessen
tat er so, als wäre in ihn verknallt zu sein eine Krankheit,
die mit genug Wartezeit wieder vorübergehen würde. Nach
einigen Wochen fragte er mich, ob ich das Gefühl schon los-

geworden sei. Es hätte nur noch gefehlt, dass er mir eine Tablettenschachtel in die Hand gedrückt hätte, mit den Worten »Keine Sorge, das mit dem ›Verknalltsein‹ hatte ich auch mal. Nimm einfach dreimal am Tag eine hiervon, dann geht das wieder weg«. Bis heute ist das der seltsamste Korb, den ich je bekommen habe. Das Peinliche an der ganzen Situation mit Anton war nicht nur, dass die Unterhaltungen, die ich mit ihm ab diesem Tag führte, immer unangenehmer wurden. Sondern vor allem auch, dass er allen von meinem Geständnis erzählte und ich mir deswegen ziemlich viele blöde Sprüche anhören musste. Mit einem Korb umzugehen ist schon schwer genug, wenn man allein daran zu knabbern hat, aber wenn es alle mitbekommen, tut das richtig weh.

Wenn ihr also in einer Situation seid, in der ihr einer anderen Person sagen müsst, dass ihr ihre Gefühle nicht erwidert, dann ist es sehr wichtig, dass ihr das in Ruhe zu zweit klärt. Wenn ihr selbst die Person seid, die den Korb bekommt, dann hilft es meist – wie bei jeder Form von Liebeskummer –, mit jemandem darüber zu reden. Dafür solltet ihr euch die Freunde aussuchen, bei denen ihr euch ganz sicher sein könnt, dass man im Vertrauen mit ihnen sprechen kann, ohne dass das Ganze gleich die Runde macht.

Top oder Flop?

In der Schule hatte ich dank Yvonne keine Chance mehr, Teil des Freundeskreises zu werden, für den ich mich zunächst interessiert hatte. Doch als ich beobachtete, wie sich ihre neuen Freundinnen nicht nur mir gegenüber, sondern auch gegenüber einigen anderen Mitschülerinnen verhielten, war ich irgendwie ganz froh, dass ich nicht zu ihnen gehörte. Mit Irina, die sich von der Gruppe gelöst hatte, verbrachte ich nun immer mehr Zeit. Wir verstanden uns ohne Worte, und so wurde sie bald zu einer meiner besten Freundinnen. Für Saskia aus dem Jugendzentrum galt das Gleiche. Wir hatten uns schon immer gemocht, und durch die Monate, in denen sie und ihr Freund viel Zeit mit David und mir verbracht hatten, war unsere Freundschaft noch enger geworden. Wir entdeckten unsere gemeinsame Leidenschaft für Kartoffelchips und die Serie ›Scrubs‹ und trafen uns regelmäßig, um beidem zu frönen. Eines Nachmittags brachte Saskia eine dieser typischen pinken Mädchenzeitschriften mit. Sie meinte, dass die Artikel darin so dämlich seien, dass es echt Spaß machte, sie zu lesen. Als wir die Zeitschrift durchblätterten, stießen wir auf eine Seite, deren Überschrift »Top oder Flop?« lautete. Darunter waren die Fotos mehrerer Stars zu sehen, deren Outfits von den Redakteuren des Hefts entweder mit einem grünen Daumen nach oben oder aber einem roten Daumen nach unten bewertet worden waren. Kichernd stellten wir fest, dass ich einen

Pulli trug, der dem von Selena Gomez ziemlich ähnlich sah. Neben ihrem Foto prangte ein großer, roter Daumen mit der Begründung, dass solche Pullis überhaupt nicht gingen, und Saskia meinte mit sarkastischem Unterton, dass ich mein Exemplar jetzt wohl oder übel verbrennen musste. Grinsend antwortete ich, dass ich nicht einmal daran denken würde, was Saskia mit einem High Five quittierte. Als wir allerdings ein paar Wochen später eine von Saskias Hosen in einer Flop-Spalte wiederfanden, hob sie nicht die Hand, um einzuschlagen. Stattdessen verbrannte sie die Hose zwar nicht, versteckte sie aber ganz weit hinten im Schrank. Auch wenn Saskia es zuerst nicht zugab, nahm sie die Zeitschriften, die sie kurz zuvor noch als total albern bezeichnet hatte, nun doch ziemlich ernst. Der Gedanke, nicht im Trend zu sein, gefiel ihr überhaupt nicht. Zwar betonte sie immer wieder, dass sie meine Outfits nicht schlimm fände. »Bei dir ist das irgendwie was anderes, weil du eh dein eigenes Ding machst«, sagte sie dann. »Aber mir ist es eben wichtig, dass andere meine Klamotten cool finden.« Saskia war nicht die Einzige, der es so ging. Auch bei einigen anderen Leuten in meinem Umfeld stellte ich fest, dass sie immer mehr Wert auf diese Dinge legten. Der Satz »Aber die anderen könnten das hässlich finden« fiel nun regelmäßig, wenn meine Freundinnen überlegten, ob sie ein gewisses Kleidungsstück tragen sollten oder nicht. Ganz außen vor blieb ich natürlich auch nicht, denn ich hatte keine allzu große Lust, neben meinen Freundinnen wie eine Vogelscheuche auszusehen. Daher ließ ich mich dann und wann einmal dazu überreden, ein wenig von meinen üblichen schwarzen Outfits abzuweichen. In den meisten Fällen sah ich das ganze Thema jedoch ein wenig lockerer, denn für mich waren modische Fehltritte kein großes Drama. Vermutlich, weil ich in der Vergangenheit bereits so oft Kleidungsstücke getragen hatte, bei denen jeder Fashion-Blogger Schreikrämpfe bekommen hätte. Beispielsweise gab es da mal einen braunen Poncho, bei dem man nie so genau wusste, was nun schrecklicher aussah: die Farbe oder das aufgestickte Blümchenmuster. Dann trug ich eine Zeitlang eine samtene Jogginghose, an deren Rand sich ein breiter Streifen im Leoparden-Look entlangzog, und als ich auf schwarze Klamotten umstieg, hatten es mir ein paar äußerst geschmackvolle schwarz-lila gestreifte Stulpen angetan. Zudem trug ich regelmäßig Bandanas um den Kopf, die eigentlich die Tücher waren, die meine Mutter mir schon um den Hals gebunden hatte, als ich zwei Jahre alt gewesen war. Und ich lief leidenschaftlich gern in einem schwarzen T-Shirt herum, auf das ich mit Tipp-Ex »*Grunge is dead*« geschrieben hatte. Doch auch wenn meine Freundinnen sehr genau darauf achteten, nur in Klamotten gesehen zu werden, die gerade cool waren, erwischten auch sie das ein oder andere Kleidungsstück, das ein wenig seltsam war. Wie etwa die T-Shirts mit der Comic-Biene, die eine Zeitlang fast alle von ihnen trugen. Die Biene hatte zwei riesige Augen, die genau auf die Höhe gedruckt waren, auf der sich die Brüste der Person befanden, die das T-Shirt trug. Als ich das eines Tages vorsichtig anmerkte, wurde mir nur von allen Seiten zugerufen, ich hätte keine Ahnung von Mode. Also zuckte ich nur mit den Achseln und ließ sie machen. Während meine Freundinnen noch Jahre später über diesen modischen Fehltritt den Kopf schüttelten, war ich ganz froh, mir zumindest das erspart zu haben.

BIN ICH INDIVIDUELL GENUG?

In der Zeit, in der die Klamottensache plötzlich superwichtig wurde, gab es in meiner gesamten Klasse und in meinem Freundeskreis ein ziemliches Dilemma. Denn während es allen einerseits total wichtig war, was andere Leute von ihnen dachten, und sie akzeptiert werden wollten, wollten sie andererseits auch möglichst individuell aussehen. Diese beiden Punkte widersprachen sich blöderweise ziemlich oft, und es war ganz schön schwierig, hierbei einen guten Mittelweg zu finden. Für mich persönlich funktionierte es ganz gut, das zu tragen, worauf ich Lust hatte, und dabei lautstark zu verkünden, wie sehr mir die Klamotten gefielen. Wenn man nur überzeugend genug klang, dann nahm man den anderen die Motivation, sich darüber lustig zu machen. Ich machte die Erfahrung, dass dieser Schritt sehr wichtig war. Denn es war zwar schön, sich für die Klamotten zu entscheiden, die man selbst cool fand. Doch es brachte überhaupt nichts, wenn man danach die ganze Zeit mit eingezogenem Kopf durch die Gegend lief, weil man sich darum sorgte, dass die anderen etwas Blödes darüber sagen könnten. Denn dann wurde man ganz mies von der eigenen Körpersprache verraten, und die Wahrscheinlichkeit, dass man tatsächlich in einen Hagel zickiger Kommentare geriet, stieg massiv an. Ich hielt mich daher immer an die drei goldenen Regeln: Schultern runter, Kopf hoch und Mundwinkel hoch! Diese Taktik war wie ein Regenschirm, der mich vor dem Kommentarhagel schützte. Außerdem fand ich es nie dramatisch, wenn jemand versehentlich die gleichen Klamotten gekauft hatte, die bereits jemand anderes in der Stufe trug. Doch mit dieser Meinung stand ich ziemlich allein da, denn die meisten reagierten darauf mit so erschrockenen Gesichtern, dass ich regelmäßig befürchtete, der Weltuntergang stünde bevor. Ich fand das ziemlich übertrieben. Wenn das Kleidungsstück etwas war, das man gerne trug, dann sollte man sich doch nicht dazu zwingen, irgendetwas anderes anzuziehen, nur damit man individuell war. Dann war man eben nicht die einzige Person, die den blau-weiß gestreiften Pulli trug. Wen juckte das schon? Solange man sich in den Sachen wohl fühlte, war doch alles Weitere Nebensache. In meiner Klasse ging dieser ganze Klamottenstress irgendwann übrigens so weit, dass eine Mitschülerin, die das gleiche Kleid besaß wie ich, mir jedes Mal eine Nachricht schrieb, wenn sie es tragen wollte. Nur um sicherzugehen, dass ich nicht dasselbe plante, denn das wäre ja voll peinlich gewesen. Wenn ich ehrlich war, fand ich eher die Nachrichten und den ganzen Stress um das Thema ein wenig peinlich. Aber was wusste ich schon. Ich hatte ja keine Ahnung von Mode.

Die sind nicht rot, das ist Mahagoni!

Während die anderen sich hauptsächlich mit ihren Klamotten beschäftigten, wagte ich mich mal wieder an meine Haare heran. Das Gefühl, dass mir mein Leben eine zweite Chance gegeben hatte, war noch recht frisch, und irgendetwas sagte mir, dass ich eine optische Veränderung brauchte, die mich jeden Tag daran erinnerte. Die schwarzen Haare mussten also weg. Als ich mal wieder vor dem Regal im Drogeriemarkt stand und mir die Haarfärbemittel ansah, stach mir eine Packung ganz besonders ins Auge. Darauf war eine Frau mit breitem Zahnpastalächeln zu sehen, deren Haare mich ein wenig an unsere Christbaumkugeln erinnerten. Sie glänzten und hatten eine wirklich schöne Farbe, eine Mischung aus Rot und Braun, die die Verpackung als »Mahagoni« bezeichnete. Mahagonifarbene Haare. Das klang toll. Irgendwie edel. Ich nahm die Packung also mit und war wahnsinnig überrascht, als meine Haare nach dem Färben tatsächlich genauso aussahen wie die des Models. Okay, vielleicht glänzten sie nicht ganz so christbaumkugelartig. Aber ich war trotzdem ziemlich zufrieden mit ihnen. Meine Schulfreundin Irina bekam erst einmal einen Lachanfall, als ich ihr am Telefon erzählte, meine Haare seien jetzt mahagonifarben, weil sie die Bezeichnung total dämlich fand. Aber am nächsten Tag in der Schule gefielen sie ihr dann doch ganz gut, auch wenn sie sie nur ganz schnöde »rot« nannte. Das klang dann leider nicht ganz so edel, daher betonte ich in den Monaten danach immer wieder, wie die richtige Bezeichnung der Farbe lautete. Das tat ich so oft, dass es mich nicht gewundert hätte, wenn der Spruch »Die sind nicht rot, das ist mahagoni!« dick und fett unter meinem Foto in der Abizeitung gestanden hätte. Dass das nicht passierte, lag vermutlich nur daran, dass die Haarfarbe nicht sehr lange auf meinem Kopf überlebte. Nicht, weil ich mich an ihr sattgesehen hatte, sondern einfach nur, weil ich faul war. Schon bei den schwarzen Haaren hatte es mich genervt, ständig den Ansatz nachfärben zu müssen. Meine Haare wuchsen ziemlich schnell, und blond stach sehr auffällig hervor. Daher musste ich andauernd neues Färbemittel kaufen, und irgendwann hatte ich keine Lust mehr darauf. Da es meinem Geldbeutel genauso ging, beschlossen wir gemeinsam, dass es nun wohl an der Zeit war, zu meiner Naturhaarfarbe zurückzukehren. Um wenigstens dieses eine Mal auf Nummer sicher zu gehen, ging ich zum Friseur und bat ihn, meine Haare wieder in den Ausgangszustand zurückzuversetzen. Zur Antwort bekam ich, dass man da leider nichts machen könne. Erstens dürfe er Blondierungen nur dann machen, wenn die Person mindestens sechzehn Jahre alt sei, und zweitens würden meine Haare, dank der vielen roten Pigmente, die in meinen Mahagonifarbton gemischt waren, nach einer solchen Behandlung vermutlich wieder orange werden. Mist aber auch. Die Farbe Orange war wohl zu meinem persönlichen Endgegner mutiert. Ich war mit meinem Latein am Ende, und da ich mich nicht traute, die Haare selbst zu blondieren, tröstete ich mich mit dem

Gedanken, dass sich das Rot auf Dauer bestimmt herauswaschen würde. Genau das tat es dann auch. Allerdings so langsam, dass meine Haare genug Zeit hatten, einen breiten blonden Ansatz zu bilden. Der schaffte es, fast bis zu meinem Kinn herunterzuwachsen, bevor das Mahagoni endgültig verschwunden war. Wenn ich jetzt durch die Schulgänge lief, lachten die anderen Mädchen mal wieder unverholen über mich. Zwei Jahre später war der Ombré-Look total cool, und die meisten dieser Mädchen färbten ihre Haarspitzen rot oder blau. Sie sahen dann fast genau so aus wie ich damals. Nur dass das bei ihnen jetzt keiner mehr peinlich fand. Ich war meiner Zeit also nur voraus gewesen. Ironie des Schicksals.

Kapitel 6

Aus dem Leben einer professionellen Kaffeeköchin und der Wiener Walzer des Todes

MEIN ÄTZENDER ERSTER NEBENJOB

Mit vierzehn machte ich mich auf die Suche nach meinem ersten Nebenjob. Mit den zehn Euro Taschengeld, die ich im Monat bekam, konnte ich mir kaum mehr als eine Kinokarte leisten, und sobald meine Freunde noch einen zweiten Film anschauen oder Essen gehen wollten, musste ich immer all meine Argumentationskünste auspacken, um sie stattdessen zu einem gemütlichen Abend zu Hause zu überreden. Das war auf Dauer ziemlich nervig, deswegen begann ich irgendwann mit dem Klassiker der Schülerjobs und trug Prospekte aus. Es war eine total ätzende Beschäftigung, bei der ich fast mein gesamtes Wochenende damit verbrachte, von Haus zu Haus zu rennen. Dabei durfte ich mich dann regelmäßig von wildfremden Leuten anbrüllen lassen, die sich darüber aufregten, dass ich bei ihnen klingelte, um an die Briefkästen im Haus zu gelangen. Oder sie beschwerten sich darüber, dass sie gar keine Prospekte haben wollten. Wenn ich sie dann darauf hinwies, dass sie ja einfach ein »Werbung nein danke!«-Schild anbringen und sich somit das Geschreie sparen könnten, schrien sie nur noch lauter. Nach einigen Wochen stellte ich fest, dass die rund zwanzig Euro, die ich pro Wochenende bekam, den ganzen Ärger einfach nicht wert waren, und ließ das Ganze bleiben. Ich war wieder an dem Punkt, an dem ich ständig den Satz »Sorry, ich bin pleite« sagen musste, wenn die anderen etwas unternehmen wollten, das Geld kostete. Doch zumindest hatte ich gelernt, wie wichtig es war, ein wenig vorsichtig bei der Wahl eines Nebenjobs zu sein und nicht gleich das erstbeste Angebot anzunehmen. Außerdem hatte der Job so viele Stunden in Anspruch genommen, dass ich gar keine Zeit mehr für andere Dinge gehabt hatte. Was brachte mir also das neue Taschengeld, wenn das ganze Wochenende fürs Prospekteverteilen draufging und ich somit am Ende keine Freizeit mehr hatte, in der ich das Geld hätte ausgeben können. Vielleicht wäre es auch ganz gut gewesen, mich vorher ein wenig bei Leuten umzuhören, die den Job bereits gemacht hatten. Wie waren ihre Erfahrungen damit? Wie groß war der Aufwand wirklich? Waren die Leute nett, mit denen man dort zusammenarbeitete? Ich lernte, dass man wohl manchmal mehrere Sachen ausprobieren musste, um den Nebenjob zu finden, der wirklich zu einem passt. Es ist ganz normal, wenn die Suche danach ein wenig länger dauert. Meine Schulfreundin Irina musste sich beispielsweise durch fünf verschiedene Nebenjobs probieren, bis sie endlich eine Bäckerei mit supersympathischen Verkäuferinnen fand, mit denen sie ab dann jeden Sonntagvormittag zusammenarbeitete. Man sollte sich also gut überlegen, welcher Nebenjob für einen persönlich am ehesten Sinn ergibt. Denn wenn die Arbeit Spaß macht, hat man auch viel mehr Freude an dem Geld, das man damit verdient.

ALS ICH ZUR RASENDEN REPORTERIN WURDE

Nach meiner miesen ersten Nebenjob-Erfahrung war ich zunächst nicht sonderlich motiviert, es noch mal zu probieren. Doch dann fand ich etwas Neues, das ziemlich gut klang. In der Tageszeitung der Stadt, in der ich wohnte, sah ich eines Morgens eine Ausschreibung, wonach die Zeitung nach jungen Nachwuchsjournalisten suchte. Zuerst war ich mir nicht ganz sicher, ob ich mich dafür bewerben sollte, denn meine Erfahrungen mit dem Schreiben beschränkten sich auf Schulaufsätze und Kurzgeschichten. Das war vermutlich nicht gerade das, was die Zeitung haben wollte. Doch meine Eltern motivierten mich dazu, es wenigstens einmal zu versuchen. Auf meine Bewerbung hin wurde ich zu einem Treffen in der Redaktion eingeladen, bei dem ich mich vorstellen sollte. Als ich den Raum betrat, war ich ganz schön nervös, weil alles so offiziell und wichtig wirkte. Doch zum Glück waren die »richtigen« Journalisten sehr nett, und ich bekam direkt ein Thema für meinen ersten Artikel zugeteilt. Der Text, den ich daraufhin schrieb, kam so gut an, dass ich Teil der Redaktion wurde. Fortan war ich regelmäßig als rasende Reporterin unterwegs. Ich schrieb Artikel über alles, was mir gerade in den Sinn kam. Ich interviewte Bands, stellte Filme und Serien vor, die ich gut fand, oder machte Selbstexperimente wie »Eine Woche ohne Internet«, über die ich anschließend berichtete. Irgendwann begann ich, eine Kolumne zu schreiben, in der es um witzige oder seltsame Situationen ging, die mir im Alltag passierten. Dass ich solche Geschichten ein paar Jahre später einer großen Menge an Leuten auf YouTube erzählen würde, hätte ich damals nie gedacht. Ich schrieb einfach nur für mich, weil es mir Spaß machte, und wenn tatsächlich mal eine Leser-Mail zurückkam, war das schon eine echte Sensation. Die erste Mail dieser Art, die ich damals bekam, stammte übrigens von meinem vorherigen Arbeitgeber, dem Chef der Prospektfirma. Eine Woche zuvor hatte ich einen Artikel geschrieben, in dem ich erwähnte, dass Schüler für das Austragen von Prospekten oder Zeitungen oft viel zu schlecht bezahlt wurden. Die zwanzig Euro, für die ich damals ein ganzes Wochenende durch die Gegend hatte rennen müssen, konnte ich nun mit einem größeren Zeitungsartikel verdienen. Der kostete mich, selbst wenn ich für ein Interview zu einer Veranstaltung fahren musste, selten mehr als zwei oder drei Stunden. Ich nannte in meinem Artikel weder den Namen der Prospektfirma noch den genauen Betrag, den ich dort verdient hatte. Es war nur meine Meinung und auch ganz klar als solche gekennzeichnet. Dennoch war die Mail, die ich als Reaktion darauf bekam, bitterböse formuliert und voller Drohungen. Sie war wie ein Hater-Kommentar, nur im realen Leben. Mich schockierte das damals sehr, denn anders als heute war ich noch nicht daran gewöhnt, dass mir wildfremde Menschen derartige Nachrichten schreiben. Es war mir wirklich peinlich, als ich mit der Mail zur Chefin meiner Redaktion gehen musste. Ich befürchtete, dass ich aus dem Team geworfen werden würde, weil der Chef des

Prospektunternehmens so wortreich kundgetan hatte, dass er mich für wahnsinnig unprofessionell hielt. Entgegen meiner Befürchtung reagierte die Chefredakteurin jedoch erstaunlich entspannt. Sie zerriss den Ausdruck der Mail und riet mir, das Ganze einfach zu ignorieren. Den Tipp nahm ich mir zu Herzen und befolge ihn seitdem, wann immer ich auf Leute treffe, die nicht an einer sachlichen Diskussion interessiert sind, sondern mich nur beleidigen wollen. Auch nach diesem Vorfall schrieb ich also weiterhin für die Zeitung und hörte damit auch erst auf, als ich die Stadt verließ, um für mein Studium nach Köln zu ziehen.

WENN ICH GROSS BIN, DANN WERDE ICH ...

Wenn ich mich daran zurückerinnere, wie ich mit vierzehn über die Dinge dachte, mit denen ich heute mein Geld verdiene, muss ich immer ein wenig lächeln. In der Welt, in der ich lebte, war »was mit Medien machen« ein total unrealistischer Wunschtraum. Daher traute ich mich nur sehr selten, davon zu erzählen. Denn sobald ich damit anfing, fühlte ich mich immer ein wenig wie eine Vierjährige, die mit einer Haarbürste in der Hand durchs Wohnzimmer tanzt und dabei begeistert brüllt: »Wenn ich groß bin, dann werde ich Sängerin!« Oder alternativ auch Model oder Schauspielerin, was für meine Freunde und Verwandten ebenfalls Berufe waren, die eindeutig zur Kategorie »brotlose Kunst« gehörten und daher nur milde belächelt wurden. Genau diese

Reaktion bekam ich auch, wenn ich von einer Veranstaltung zurückkam, auf der ich als Fotografin unterwegs gewesen war, oder über den Artikel sprach, für den ich gerade recherchierte. Meine Freunde hielten es für ein ziemlich seltsames Hobby, das sie nur akzeptierten, weil ich damit Geld verdiente und somit nicht länger die Freizeitpläne der Gruppe durcheinanderwarf. Ich hatte keine Lust, mit ihnen zu streiten, und ließ sie deswegen in dem Glauben, dass ich das tatsächlich nur wegen des Geldes tat, und den Plan, daraus doch vielleicht einen Beruf zu machen, behielt ich erst einmal für mich. Heute verdrehe ich zwar gerne einmal genervt die Augen, wenn Leute mit Sprüchen ankommen, wie »Glaub an deine Träume und arbeite für sie, egal, was alle anderen sagen«. Aber wenn ich ehrlich bin, dann klingen diese Leute zwar wie sprechende Glückskekse, haben aber eigentlich recht. Hätte ich damals nicht meinen kleinen Job bei der Zeitung begonnen und dabei die kritischen Kommentare aus meinem Umfeld ignoriert, dann wäre ich heute vielleicht nicht in der glücklichen Situation, so viel Zeit mit Dingen verbringen zu dürfen, die mir Freude bereiten. Ich kann euch also nur dazu ermutigen, die Pläne zu verfolgen, die euch wirklich glücklich machen. Klar, es ist gut, dabei auch immer eine Art Sicherungsseil zu haben, das einen auffängt, wenn alles andere schiefgeht. Denn egal, wie sehr man an einen Traum glaubt, kann es natürlich immer passieren, dass er sich nicht umsetzen lässt. Deswegen habe ich auch darauf geachtet, ein gutes Abi zu machen, und werde bald mein Studium abschließen. Aber die Angst davor, zu scheitern, sollte einen nicht davon abhalten, es wenigstens einmal zu versuchen. Wenn ihr also das Glück habt zu wissen, was ihr gern machen möchtet, wenn ihr »groß seid«, dann geht der Sache nach! Auch dann, wenn eure Freunde nicht verstehen können, warum ihr das tut oder eure Eltern euch schon unter einer Brücke sitzen sehen.

... Kaffeeköchin?

Bevor ich mich für die Medien entschied, hatte ich einen Haufen anderer Berufswünsche, und gerade mit meiner ersten Idee ging ich meinen Freunden gehörig auf die Nerven.

Wir waren damals sieben Jahre alt, und ich hielt ihnen regelmäßig Vorträge drüber, dass ich später einmal Hausmeisterin werden wollte. Ich kam darauf, weil wir an unserer Schule einen wirklich netten Hausmeister hatten. Er schien seinen Job sehr gern zu mögen, daher wollte ich, wenn ich mal groß war, unbedingt so werden wie er. Dieser Wunsch verschwand erst zwei Jahre später, als ich meinen nächsten Traumberuf entdeckte. Ich wollte Tierärztin werden, doch diese Idee wurde von meiner Verwandtschaft schnell mit dem Satz »Da muss man Kühen in den Hintern fassen« zunichtegemacht. In der achten Klasse bekam ich dann mit, dass Freunde von mir ihre ersten Praktika machten. Sie waren auf der Realschule und würden zwei Jahre vor mir ihren Abschluss machen, daher gab ihnen ihre Schule vor, sich mindestens einen möglichen Ausbildungsberuf näher anzusehen. Ich fand das ziemlich spannend und beschloss daher, mich auch einmal nach einem Praktikum umzusehen. Als die Sommerferien kamen, hatte ich allerdings keine Ahnung, wie ich das denn anstellen sollte. Meine Mutter schlug mir vor, doch einfach ihre Physiotherapeutin bei der Arbeit zu begleiten. Begeistert war ich davon nicht gerade, denn ich hatte nie vorgehabt, Physiotherapeutin zu werden. Aber irgendwo musste man ja schließlich anfangen. Von der Praxis sah ich dann vor allem die Kaffeeküche, in der ich dafür sorgen sollte, dass sie ihrem Namen alle Ehre machte. Ich verbrachte also ganze zwei Wochen damit, Kaffeepulver und Wasser in eine Maschine zu schütten und danach den Startknopf zu drücken. Als Gegenleistung durfte ich manchmal dabei zusehen, wie Leute massiert wurden oder Fangopackungen auf den Rücken gelegt bekamen. Das war nicht gerade das, was ich abwechslungsreich oder spannend genannt hätte. Aber wenigstens konnte ich meine neu erworbenen Fähigkeiten als Kaffeeköchin bald wieder einsetzen. Kurz nachdem ich meinen Nebenjob bei der Zeitung begonnen hatte, erinnerte ich mich daran, dass die Idee, »was mit Medien« zu machen, eigentlich gar nicht so neu für mich war. Okay, wenn ich ehrlich war, hatte der Satz lange Zeit nur bedeutet, dass ich unbedingt mal Kamerakind beim Tigerentenclub werden wollte. Aber das war doch schon mal ein Ansatz. Warum also sollte ich mein nächstes Praktikum nicht auch irgendwo in diesem Bereich machen? »Irgendwo« stellte sich nach einigen Wochen, in denen ich mich nach etwas Passendem umgesehen hatte, als ein Filmset heraus. Dort machte ich ein Praktikum als Regieassistentin und bekam schon am ersten Drehtag die äußerst verantwortungsvolle Aufgabe zugeteilt, gleichzeitig Kaffee zu kochen und den Ton zu angeln. Die »Kaffeemaschine« bestand dabei aus einem Filterpapier, das mit Kaffeepulver gefüllt war und das man mit kochendem Wasser übergießen musste. Der fertige Kaffee tropfte dann langsam in eine Glasschüssel, die man zuvor unter das Filterpapier gestellt hatte und in die dann später alle ihre Tassen tauchten. Meine Doppelaufgabe bestand also darin, in der Hocke sitzend einerseits den Kaffeefilter zu halten und andererseits keinem der Schauspieler die Tonangel gegen den Kopf zu knallen. Es war ein sehr glamouröser Job. Vor allem, weil es gleich am ersten Tag so heiß war, dass neben mir eine Flasche Cola explodierte. Meine Hände waren daraufhin so klebrig, dass man sie am Ende des Tages förmlich von der Tonangel und dem Kaffeefilter wegmeißeln musste.

Bist du verrückt?

Trotz des ungewollten Cola-Bads hatte ich sehr viel Spaß am Set. Unter anderem lag das daran, dass mir die Schauspieler und Kameraleute immer wieder erzählten, wie cool sie es fanden, dass ich mich schon mit vierzehn für die Arbeit in den Medien interessierte. Mich freute das sehr, denn die Reaktionen meiner Freunde waren leider nicht so positiv ausgefallen. Als ich ihnen erzählt hatte, dass ich einen Teil der Sommerferien für mein Praktikum opfern wollte, hatten sie mich nur gefragt, ob ich jetzt völlig verrückt geworden sei. Ihrer Meinung nach war es eine total bescheuerte Idee, seine Freizeit für so etwas zu opfern. Heute verstehe ich sehr gut, warum sie so dachten. Natürlich war es absolut nicht nötig, schon mit vierzehn Praktika zu machen. In dem Alter hat man definitiv noch das Recht, einfach in Ruhe die Sommerferien zu genießen. Wäre es bei mir damals um einen anderen Job gegangen, dann hätte ich garantiert auch noch nicht so früh damit begonnen. Doch ich fand Filme so cool, dass es für mich total spannend war, zu lernen, wie sie entstanden. Die Arbeit am Set machte mir also so viel Spaß, dass sich das Ganze gar nicht wirklich wie ein Praktikum anfühlte. Ich finde es wichtig, sich bei diesem Thema nicht total unter Druck zu setzen. Fast niemand weiß mit vierzehn, was er später machen möchte. Auch ich wusste das ja nicht wirklich. Wenn es einem ein paar Jahre später dann immer noch so geht, ist das auch noch kein Grund, sich Stress zu machen. Wenn man nicht weiß, wo es hingeht, und sich dabei unwohl fühlt, kann es helfen, einfach mal an irgendeiner Stelle zu beginnen und zu schauen, was sich daraus ergibt. Aus meinem ersten Praktikum bei der Physiotherapeutin ist nichts Großartiges geworden. Aber wenigstens habe ich dort gelernt, was ich später einmal nicht machen möchte, und das ist ja auch eine ganz nützliche Sache! Außerdem habe ich mein erstes Bewerbungsschreiben und meinen ersten Lebenslauf geschrieben. Sonderlich viel stand da, ehrlich gesagt, nicht drin. Aber dadurch habe ich mich bei der Bewerbung für mein zweites Praktikum schon weitaus sicherer gefühlt. An den ersten Tagen können die Dinge, die man bei einem Praktikum zu tun bekommt, ganz schön langweilig wirken. Vielleicht bekommt ihr – wie ich damals – eine Kaffeekanne in die Hand gedrückt oder müsst einen riesigen Stapel Akten sortieren. Ich weiß, das ist nicht gerade das Spannendste der Welt. Aber ich verspreche euch, dass es besser wird, wenn ihr ein wenig Geduld habt. Die richtig coolen Sachen darf man meist erst dann ausprobieren, wenn man schon einige Zeit dort gearbeitet oder bereits andere praktische Erfahrungen gesammelt hat. Also schmeißt nicht gleich alles hin, nur weil es zu Beginn vielleicht nicht ganz so viel Spaß macht.

Hilfe, ich habe kein Praktikum!

Die meisten Leute machen ihr erstes Praktikum kurz vor ihrem Abschluss, weil ihre Schulen das so vorgeben. Bevor man damit beginnt, bekommt man im Unterricht meist recht ausführlich erklärt, wie man eine Firma anschreibt, wie ein Lebenslauf auszusehen hat und so weiter. Falls das bei euch nicht so gehandhabt wird, kann ich empfehlen, euch einfach mal auf eigene Faust nach einem Praktikumsplatz umzusehen. Im Internet werdet ihr massenhaft hilfreiche Seiten finden, auf denen Schritt für Schritt beschrieben wird, wie ihr vorgehen müsst, um etwas Passendes zu finden und euch für das jeweilige Praktikum zu bewerben. Auch wenn das alles auf den ersten Blick vielleicht ein bisschen beängstigend wirkt, werdet ihr feststellen, dass es alles Übungssache ist. Wenn ihr also nach dem Schulpraktikum noch ein zweites machen wollt, wird euch das alles wahrscheinlich ein wenig leichter fallen. Es ist übrigens nicht schlimm, mit den ersten Bewerbungen auf ein Praktikum keinen Erfolg zu haben. Ich habe auch schon Absagen bekommen, und als die erste davon in meinem Briefkasten gelandet ist, war ich ganz schön enttäuscht. Falls euch das auch so geht, dann steckt nicht gleich den Kopf in den Sand. Ich weiß, dass es einen ziemlich stressen kann, wenn es auch nach mehreren Versuchen nicht klappt. Aber denkt daran, dass gerade große Unternehmen viele Bewerbungen für Praktika bekommen. Nur weil ihr eine Absage bekommt, muss das also nicht gleich bedeuten, dass ihr zu schlecht seid oder überhaupt keine Chance habt, jemals einen Platz zu bekommen. Versucht es einfach noch mal oder schaut euch ganz bewusst nach kleineren Firmen um. Seid außerdem nicht zu enttäuscht, wenn ihr während des Praktikums merkt, dass das Ganze nichts für euch ist oder sich der Job als total langweilig entpuppt. Die Wahrscheinlichkeit, gleich beim ersten Versuch euren absoluten Traumjob zu finden, ist nicht gerade hoch. Aber das geht allen so. Also Kopf hoch und direkt noch mal probieren!

Klammer-Tobi

Im Kapitel über meine Panikattacken habe ich ja bereits kurz erwähnt, dass ich mit vierzehn zum Tanzunterricht ging. In meinem Freundeskreis taten das zu der Zeit alle. Nicht unbedingt, weil wir so viel Lust darauf hatten, Standardtänze zu lernen, sondern eher, weil es in der Tanzschule an jedem Wochenende Partys gab. Zu denen durfte man auch schon gehen, wenn man noch nicht sechzehn war. Da das damals unsere einzige Möglichkeit war, abends wegzugehen, rissen sich alle um die Plätze in den Kursen. Zu Beginn war ich vom Tanzen nicht gerade überzeugt, doch trotz meiner lautstarken Proteste hatten meine Freundinnen kein Erbarmen mit mir. Man konnte nur dann Karten für die Partys kaufen, wenn man an mindestens einem der Tanzkurse teilgenommen hatte. Ich hatte also keine andere Wahl, als mich Woche für Woche schicksalsergeben dort hinzuschleppen, um mich mit Cha-Cha-Cha, Jive und Foxtrott herumzuschlagen. Mein Tanzpartner hatte es dabei nicht gerade leicht mit mir. Er hieß Tobi und war ungefähr zwei Meter groß. Während der ersten Stunden trat ich alle paar Sekunden auf seine Füße, weil ich mich so sehr darauf konzentrieren musste, dass mein linker Arm, der auf seiner Schulter lag, nicht einschlief. Multitasking war echt nicht mein Ding. Tobi hingegen war ein ziemlich guter Tänzer. Er besuchte den Kurs nicht zum ersten Mal, sondern nahm immer wieder daran teil, weil es ihm so viel Spaß machte. Da er dadurch schon einen ganzen Haufen Erfahrung gesammelt hatte, war es für ihn ein Leichtes, mich in rasender Geschwindigkeit durch die Gegend zu wirbeln. Meinen untrainierten Füßen fiel es hingegen recht schwer, dabei mitzuhalten. Daher strampelte ich meist nur unkoordiniert am Boden herum, was uns ziemlich unelegant aussehen ließ. Irgendwann hatte Tobi dann genug von meinem Gezappel und ging dazu über, mich in solchen Momenten einfach fest an sich zu quetschen. Statt das Tempo zu verlangsamen, tanzte er dann noch schneller, und ich wurde mitgerissen, ohne so wirklich zu wissen, wie mir geschah. Jedem anderen hätte ich für eine solche Aktion höchstwahrscheinlich eine gescheuert. Doch bei Tobi war das irgendwie okay, denn ich wusste, dass er das nur tat, weil ihm das Tanzen so viel Spaß machte und er mir dabei helfen wollte, mich nicht vor den anderen Kursteilnehmern zum Affen zu machen. Dafür war ich ihm wirklich dankbar, denn irgendwie schien jeder im Raum ein besseres Rhythmusgefühl zu haben als ich. So wirbelten wir also Woche für Woche durch die Gegend, und auch wenn sich in meinem Kopf nach der Tanzstunde meist alles drehte, hatte ich doch gute Laune. Dann allerdings stand eines Tages ein Tanz auf dem Programm, bei dem selbst Tobis Klammergriff meinem Gleichgewicht nicht mehr helfen konnte.

ALS DER WIENER WALZER EINFACH NUR ZUM KOTZEN WAR

Es war der Wiener Walzer. Zuerst erschien er mir recht harmlos, denn in der Tanzstunde selbst mussten wir die Schritte ja erst üben und drehten uns dementsprechend nur langsam im Kreis. Auf der Party am Wochenende danach sah das allerdings ganz anders aus. In der Tanzschule war es Tradition, dass irgendwann im Laufe des Abends die normale Partymusik angehalten wurde. Dann schnappte sich der DJ ein Mikrophon und verkündete, welche der Gäste in der jeweiligen Woche Geburtstag gehabt hatten. Diese kleine Ansprache war im ganzen Saal zu hören, und die Freunde der Geburtstagskinder johlten jedes Mal laut, sobald es so weit war. Denn es bedeutete, dass sich alle anderen an den Rand stellten, während die Leute, die Geburtstag gehabt hatten, die Tanzfläche für sich allein beanspruchten. Dort mussten sie zusammen mit ihren Tanzpartnern einen Wiener Walzer aufs Parkett legen. Warum ausgerechnet das ein Geburtstagsgeschenk sein sollte, war mir absolut schleierhaft. Schließlich wurde man von allen angestarrt, und jeder sah es, wenn man sich auch nur den kleinsten Fehltritt erlaubte. Super, genau das hatte ich mir immer schon für meinen Geburtstag gewünscht! Nicht. Die Perfektionistin in mir fand diese Vorstellung mehr als grauenvoll, daher ließ ich meine Freunde schwören, dem DJ unter keinen Umständen den Tag zu verraten, an dem ich geboren worden war. Als mein fünfzehnter Geburtstag gekommen war, versprachen sie mir hoch und heilig, dass keine von ihnen etwas gesagt hatte. Unter der Bedingung stimmte ich zu, mit ihnen zur Party in der Tanzschule zu gehen. Meine Panikattacken hatten einen recht gnädigen Abend. Es war fast, als wollten sie mir an meinem Geburtstag eine kleine Pause gönnen. Ich freute mich darüber und spürte, wie in mir ein fast schon euphorisches Gefühl hochstieg. Vielleicht würde es ja doch ein schöner, völlig normaler Abend werden. Meine Freundinnen und ich bahnten uns einen Weg durch die Menge und fanden schnell einen guten Platz zum Tanzen. Doch kurz bevor wir dort ankamen, hörte ich plötzlich meinen Namen aus den Lautsprechern dröhnen. Ich blieb wie angewurzelt stehen und warf meinen Freundinnen bitterböse Blicke zu. »Wir waren es nicht!«, rief Saskia sofort, und sie klang dabei so ehrlich überrascht, dass ich ihr glaubte. Während sich die Tanzfläche leerte, sah ich, wie Tobi mir vom anderen Ende des Raumes zuwinkte. Was für ein mieser Verräter. Das euphorische Gefühl verschwand sofort und ich realisierte, dass es nur die Ruhe vor dem Sturm gewesen war. Tobi kam auf mich zugelaufen und streckte mir grinsend seine Hand entgegen. Ich blickte panisch nach links und rechts, wo mich die anderen bereits erwartungsvoll ansahen. Es gab kein Entkommen. Innerhalb einer Millisekunde kochte die Panik in mir hoch, doch bevor ich reagieren konnte, hatte Tobi mich bereits wie gewohnt an sich gedrückt. Als er mich herumzuwirbeln begann, konnte ich die Blicke der Umstehenden auf uns spüren, und nur wenige Momente später, als wir immer schneller wurden, spürte ich auch meinen Magen. Sehr deutlich. Viel zu deutlich. O nein. Mitten in einer Drehung riss ich mich von Tobi los, strauchelte kurz und rannte dann, wie von der Tarantel gestochen zur Tür. Auf dem Weg zu den Toiletten schubste ich mehrere Leute zur Seite, um schneller voranzukommen. Ich hörte empörte Rufe, doch es war mir egal. Als ich dann nach einer gefühlten Ewigkeit die Tür einer der Kabinen hinter mir zuzog, war die Übelkeit bereits verschwunden. Geblieben waren allerdings ein ziemlich starkes Schwindelgefühl und mein guter alter Kloß im Hals. »Danke, Bruder«, krächzte ich. »Du hast mir gerade erfolgreich den Abend versaut.« Als ich die Toilette wieder verließ, waren zwar nicht alle, aber leider doch ziemlich viele Blicke auf mich gerichtet. Ich sah, wie Leute die Köpfe zusammensteckten. Einige von ihnen zeigten auf mich und gaben sich keine Mühe, es zu verbergen. Ich lief feuerrot an und machte mich schnell auf die Suche nach meinen Freundinnen. Hektisch verabschiedete ich mich von ihnen, entschuldigte mich wortreich bei Tobi und machte mich dann schleunigst auf den Weg nach Hause.

WENN ALLE AUGEN AUF DICH GERICHTET SIND

Die Flucht zu ergreifen ist natürlich nicht immer die beste Möglichkeit, einer Situation zu entkommen, in der euch etwas Peinliches passiert ist oder in der ihr aus irgendeinem anderen Grund ungewollt Blicke auf euch gezogen habt. Es ist besser, auf solche Dinge mit einem Lachen zu reagieren und sie so zu entschärfen. Doch manchmal schämt man sich so sehr, dass man dazu einfach nicht in der Lage ist. Dann ist die Flucht zumindest einen Versuch wert. Vor allem, wenn während des »tollen« Ereignisses hauptsächlich fremde Leute anwesend waren. Dann könnt ihr darauf hoffen, dass ihr sie nie wieder seht oder sie das Ganze bis zur nächsten Begegnung wieder vergessen haben. Als ich die Tanzschule in der Woche nach meinem Wiener-Walzer-Desaster betrat, merkte ich schnell, dass ich gerade noch mal davongekommen war. Niemand sprach mich auf meine Flucht an, und Tobi beteuerte, dass das nicht daran lag, dass er die Leute darum gebeten hatte. Das zeigte mir ziemlich deutlich, dass ich selbst die Situation viel dramatischer wahrgenommen hatte, als sie tatsächlich gewesen war. Wenn ich näher darüber nachdachte, war das auch irgendwie logisch. Schließlich ging es mir ja nicht anders, wenn anderen Leuten in meiner Gegenwart etwas Unangenehmes passierte. Das vergaß ich total schnell wieder, und sobald die nächste peinliche Sache passiert, ist es ohnehin Schnee von gestern. An diese Situation erinnerte ich mich später häufiger zurück, wenn ich mal wieder das Gefühl hatte, dass alle Augen auf mich gerichtet waren und jeder auch den kleinsten meiner Fehler bemerkt hatte. Die Wahrheit ist, dass die meisten Leute sich so sehr auf sich selbst konzentrieren, dass ihnen viele der Dinge, die man selbst als schlimm oder peinlich empfindet, gar nicht auffallen. Das gilt manchmal selbst für die Situationen, in denen man panisch einen Ballsaal verlässt und wie eine Verrückte durch die Menge stürmt.

Ich kam, sah und rannte gegen die Tür

Auch wenn meine dramatische Flucht nach diesem Abend bald vergessen war, sollte sie nicht die einzige unangenehme Sache bleiben, die mir in der Tanzschule passierte. Bereits eine Woche später kam es zu einer weiteren kleinen Katastrophe. Im Kurs wurden die Paare, die sonst zusammen tanzten, voneinander getrennt, und wir bekamen per Zufallsprinzip jemand anderen zugeteilt. Dadurch sollten wir lernen, wie man spontan auf einen neuen Tanzpartner reagiert. Als Erstes stand ein Tango auf dem Programm. Na toll. Von allen Tänzen musste sich die Lehrerin natürlich genau den aussuchen, bei dem man förmlich aneinanderklebt. Dabei hatte ich mich echt schon auf ein wenig Abwechslung zu Klammer-Tobi gefreut. Mein neuer Tanzpartner schien ein sehr großer Tangofan zu sein, denn er schritt mit so leidenschaftlichem Blick auf mich zu, dass ich kurz davor war, ihm eine der Geranien, die in mehreren Kästen vor den Fenstern des Tanzsaals wuchsen, zwischen die Zähne zu klemmen. Leider blieb mir dazu keine Zeit, denn er nahm bereits meine Hand und wirbelte mich herum. Da mir das alles ein klein wenig zu schnell ging, riss ich in einer Drehung instinktiv meinen Arm nach oben. Sofort wurde mir klar, wie bescheuert das ausgesehen haben musste, daher senkte ich ihn schnell wieder. Oder zumindest wollte ich das tun, denn mein Tanzpartner schrie plötzlich auf, so dass ich auf dem halben Weg nach unten stoppte. Es dauerte einen Moment, bis ich verstand, was passiert war. Die Bluse, die ich trug, hatte ein paar große Knöpfe am Ärmel, von denen sich einer im Afro meines Tanzpartners verfangen hatte. Wie ich das in nur einer Bewegung geschafft hatte, war mir völlig schleierhaft. Wir mussten in einer ziemlich lange andauernden Entwirrungsaktion, bei der wir von allen Seiten angestarrt wurden, wieder voneinander getrennt werden.

Auch in der Schule ließen mich die peinlichen Situationen nicht los. Wenn ich in den Gängen unterwegs war, war ich oft so in Gespräche mit meinen Freundinnen versunken, dass ich die Glastüren im Korridor übersah und gegen sie lief. Auch bei Treppenstufen ging es mir gern so, und ich trug fast täglich dazu bei, die Sammlung blauer Flecken an meinen Schienbeinen durch ungewollte Begegnungen mit den Ecken irgendwelcher Möbelstücke zu erweitern. Anfangs war mir das ziemlich unangenehm. Vor allem dann, wenn ich sah, dass selbst die Fünftklässlerinnen grinsten, wenn sie mich dabei beobachteten. Aber mit der Zeit fand ich mich damit ab, dass ich wohl kein Gefühl dafür zu haben schien, wo genau mein Körper aufhörte, und kommentierte solche Situationen nur noch mit dem Satz, dass ich wohl irgendwann einmal eine Autobiographie mit dem Titel »Ich kam, sah und rannte gegen die Tür« schreiben müsste. Auch in peinlichen Versprechern war ich ganz groß. So kam es auch zu der unter meinen Freunden noch immer legendären Situation, in der ich einen ziemlich heißen Kerl mit den Worten »Halt den Penis steif« statt »Halt die Ohren steif« verabschiedete. Freud wäre stolz auf mich. Im Religionsunterricht, wo ich zusammen mit meiner Freundin Irina in der letzten Reihe saß und Stunde für Stunde ausführlich über Beziehungskrisen quatschte, wurde ich irgendwann von unserem Lehrer unterbrochen, der mir lautstark riet, doch einfach Nonne zu werden. Als ich meinen Mitschülerinnen im Sportunterricht einen Tanz beibringen sollte, vergaß ich dabei so oft die Choreographie, dass es irgendwann eher so aussah, als würden die anderen mich unterrichten. Aber all diese Situationen hatten eines gemeinsam: Es half, wenn ich lachte und den ein oder anderen selbstironischen Kommentar von mir gab. Egal, wie peinlich eine Situation war, mit diesen beiden Methoden schaffte ich es immer, sie viel harmloser wirken zu lassen und mich danach besser zu fühlen.

Kapitel 7

Ohne Alkohol keine Freunde?

TRINK, UND DU BIST COOL

Bei all den Klischees über den bayerischen Bierkonsum wundert es bestimmt niemanden, dass Alkohol unter meinen Freunden ein großes Thema war. Auch wenn bei den Partys in der Tanzschule ganz genau darauf geachtet wurde, dass niemand unter sechzehn irgendetwas anderes als Cola oder Mineralwasser ausgeschenkt bekam, tranken meine Freunde dort fast jedes Mal Bier oder Wodka-Mischgetränke. Das gelang ihnen, weil sie sehr kreativ wurden, wenn es darum ging, Alkohol auf die Partys zu schmuggeln. So kam es, dass ich mehr als nur einmal einen oder mehrere von ihnen nach Hause begleiten musste, weil ich befürchtete, dass sie sonst vom Fahrrad fallen könnten. Ich selbst trank zu dieser Zeit bereits seit zwei Jahren Alkohol. Mit dreizehn hatte mir ein älteres Mädchen aus meinem Freundeskreis während eines Volksfests meine erste Maß Bier in die Hand gedrückt. Auch wenn ich schon nach den ersten Schlucken gemerkt hatte, dass mir das Zeug überhaupt nicht schmeckte, trank ich das große Glas im Laufe des Abends leer, denn ich wollte vor meinen Freunden auf gar keinen Fall als peinlich oder uncool dastehen. Als wir das Fest verließen, war ich ganz schön angetrunken. Zu meinem großen Glück hatte ich ein paar Freundinnen bei mir. Sie waren ebenfalls alles andere als nüchtern, aber dennoch schafften wir es gemeinsam, heil zu Hause anzukommen. Als ich fünfzehn war, stellte sich heraus, dass der große Bruder meiner Freundin Saskia einen

Vorrat an verschiedenen Wodka-Sorten besaß. Mich freute das damals sehr, denn von Bier hatte ich immer Magenschmerzen bekommen. Da ich wusste, dass man von Wodka weniger trinken musste, um »cool« zu sein, konnte ich nun zwei Fliegen mit einer Klappe schlagen. Ich hatte auch hier Glück, dass mir nie etwas Schlimmeres passierte. Für meine erste und einzige wirklich unangenehme Alkoholerfahrung sorgte dann übrigens nicht der härtere Alkohol, sondern Glühwein. Ich war zusammen mit meinen Freunden bei einer sterbenslangweiligen Weihnachtsfeier, an der wir alle teilnehmen mussten. Es war dort unmöglich zu gehen, ohne dabei erwischt zu werden. Also vertrieben wir uns die Zeit damit, zu trinken. Sechzehn war ich noch lange nicht, was die Leute, die den Glühwein verkauften, jedoch nicht großartig zu interessieren schien. Sie schenkten mir, ohne mit der Wimper zu zucken, immer wieder nach. Anfangs ging es mir noch ziemlich gut. Der Glühwein schmeckte mir, und da ich sonst nicht viel zu tun hatte, trank ich eine Tasse nach der anderen. Irgendwann bemerkte ich dann, wie sich meine Wahrnehmung veränderte. Ich fühlte mich, als wäre ich gar nicht mehr wirklich im Raum, sondern als würde das Geschehen wie ein Film vor meinen Augen vorbeiziehen. Wenn meine Freunde sprachen, war es, als hätte jemand eine dicke Decke um meinen Kopf gewickelt. Ich nahm die Worte nur noch gedämpft wahr und konnte meinen Freunden nicht mehr richtig antworten. Wenn ich Sätze bilden wollte, kamen nur sinnlose Worte aus meinem Mund, und auch meine Arme und Beine ließen sich nicht mehr richtig kontrollieren. Während meine Freunde das ziemlich lustig fanden und meinten, dass ich »nur voll betrunken« sei, begann ich, panisch zu werden. Ich hasste dieses Gefühl, und ich wollte, dass es aufhörte. Doch das tat es nicht.

DER TAG DANACH

Erst am nächsten Morgen hatte ich wieder die volle Kontrolle über mich und meinen Körper, auch wenn ich mich fühlte, als wäre ein Nilpferd über mich getrampelt. Ich rollte mich aus dem Bett und blieb am Boden liegen. In meinen Ohren dröhnte es, als wäre ein Schwarm Bienen in meinen Schädel eingezogen. Ich fragte mich, ob es meinen Freunden wohl gerade auch so ging und warum zur Hölle Leute sich so gern mit Alkohol abschossen, wenn am nächsten Tag das auf sie wartete. Ich lachte kurz darüber, dass es mich tatsächlich überraschte, wie mies es mir ging. Mann, war ich naiv. Obwohl, in der Theorie hatte ich ja eigentlich genau gewusst, dass das passieren würde. Stöhnend lehnte ich mich gegen meinen Schrank. Mir war klar, dass ich mich nie wieder so fühlen wollte, und ich stellte fest, dass es für mich zwar völlig okay war, wenn andere tranken, ich mich künftig aber lieber von Alkohol fernhalten wollte. Ich war, was dieses Thema anging, zum ersten Mal wirklich ehrlich zu mir selbst. Alkohol war nicht mein Ding. Er schmeckte mir nicht, ich bekam Magenschmerzen oder das ätzende Kontrollverlustgefühl davon. Zudem war das Zeug trotz des zusätzlichen Taschengelds, das ich bei der Zeitung verdiente, auf Dauer einfach viel zu teuer. Kurz gesagt: Alkohol hatte für mich, außer der Anerkennung meiner Freunde, keinen einzigen Vorteil. Es einfach bleiben zu lassen war allerdings leichter gesagt als getan. Denn als ich auf der nächsten Party ohne Bier in der Hand herumlief, wurde ich so oft darauf angesprochen, dass ich irgendwann doch eine der Flaschen, die mir von allen Seiten entgegengehalten wurden, annahm. Dieses »Tarnungsbier« trug ich dann für den Rest des Abends mit mir herum, nippte dann und wann einmal daran und hob es hoch, wann immer ich gefragt wurde, ob ich denn noch genug zu trinken habe. Mit dieser Strategie mogelte ich mich auch durch einige weitere Partys, weil es einfacher zu sein schien, als jedem erklären zu müssen, warum ich nichts trinken wollte. Wenn man in einem Umfeld aufwächst, in dem Alkohol etwas so Normales ist, steht es oft erst gar nicht zur Debatte, das nicht zu tun. Ich wusste genau, dass es sehr anstrengend werden würde, wenn ich mich offen davon distanzierte. Irgendwann wurde mir allerdings die Entscheidung, ob ich etwas dazu sagen sollte oder nicht, abgenommen. Denn einer meiner Freunde hatte meine Taktik durchschaut und sprach mich lautstark darauf an. Den Rest des Abends verbrachte ich dann damit, ihm und den anderen Gästen zu erklären, dass man auf Partys nicht tot umfällt, nur weil man keinen Alkohol trinkt. Als sie das hörten, sahen sie mich an, als käme ich von einem fremden Planeten und hätte ihnen soeben verkündet, dass es dort völlig normal sei, aus dem

Zeigefinger zu pinkeln. Es dauerte eine Weile, bis alle verstanden hatten, dass ich diese Entscheidung wirklich ernst meinte. Bis dahin musste ich mir noch sehr oft Fragen anhören wie »Du willst nicht mal 'ne Halbe trinken? Oder ein Radler?«. Nein, wollte ich nicht. Basta. Die meisten meiner Freunde versuchten danach noch dann und wann, mich von der Flasche Wasser abzubringen, mit der ich fortan auf der Tanzfläche stand. Aber nach einiger Zeit behandelten sie mich, als wäre ich diese eine seltsame Freundin, die in Serien immer einen Kleiderschrank voller Katzenpullis besitzt, was alle anderen Charaktere ziemlich schräg finden, worüber sich aber auch keiner mehr beschwert, weil sich alle irgendwie daran gewöhnt haben.

DAS SEH' ICH ANDERS

Wenn es in einem Freundeskreis ein Thema gibt, zu dem die eigene Meinung das komplette Gegenteil zur Meinung der anderen darstellt, ist es meiner Erfahrung nach ganz gut, sich nicht direkt Hals über Kopf in einen hitzigen Streit zu werfen. Vor allem dann nicht, wenn einem die Freundschaften wirklich am Herzen liegen. In einem solchen Fall sollte man erst einmal tief durchatmen und sich in Ruhe ein Bild der Lage machen. Wie weit liegen die Ansichten auseinander? Geht es um ein Thema, das einem sehr am Herzen liegt, oder um etwas Belangloses, bei dem man gerade nur unbedingt recht haben möchte? Wenn man sich beispielsweise die Diskussion vorstellt, ob früher die Sendungen im ›KiKa‹ oder die auf ›SuperRTL‹ besser waren, dann würde man wohl kaum eine Freundschaft riskieren, nur um sich dabei durchzusetzen. Es ist natürlich völlig normal, dass man unterschiedliche Ansichten zu Dingen hat und sich vielleicht auch mal ein wenig darüber streitet. Solche kleineren Kabbeleien halten Freundschaften meist ganz gut aus. Anders ist es allerdings, wenn es um eine Überzeugung geht, die euch wirklich wichtig ist und bei der ihr unbedingt wollt, dass eure Freunde sie verstehen und akzeptieren. Da solltet ihr dann nicht einfach nachgeben, nur damit wieder Frieden herrscht, sondern zu eurer Position stehen. Von guten Freunden könnt ihr erwarten, dass sie eure Entscheidungen akzeptieren. Jedenfalls dann, wenn diese nur euch selbst betreffen. Um mal beim Thema Alkohol zu bleiben: **Es ist völlig okay, von euren Freunden zu erwarten, dass sie es akzeptieren, wenn ihr keinen Alkohol trinken wollt. Allerdings ist es nicht okay zu verlangen, dass sie dem Ganzen ebenfalls abschwören.** Natürlich kann es gut sein, dass die anderen selbst bei einer Sache, bei der es eigentlich nur um euch und gar nicht um sie geht, absolut nicht verstehen, warum ihr so denken oder handeln könnt. Wenn ihr euch deswegen ordentlich zofft, hilft es meist, sich gegenseitig ein wenig Zeit zu geben, damit sich die Gemüter beruhigen können. Vielleicht gelingt es der anderen Seite dadurch ja auch, einen klaren Kopf zu bekommen und sich mit dem Gedanken anzufreunden. Dann könnt ihr einen zweiten Versuch starten und euren Freunden noch einmal deutlich klarmachen, wie wichtig euch sowohl die Sache an sich als auch ihre Unterstützung ist.

WARUM STEHST DU NICHT HINTER MIR?

Es kann passieren, dass ihr euch zwar den Mund fusselig redet, eure Freunde euch aber trotzdem nicht verstehen oder unterstützen wollen. Dann ist es natürlich ganz leicht, sie als schlechte oder falsche Freunde abzustempeln. Aber meiner Erfahrung nach ist es besser, das nicht direkt zu tun, sondern sich genau anzuhören, welche Gründe sie für ihr Verhalten haben. Sind sie nur aus Prinzip gegen die Sache, von der ihr überzeugt seid? Oder machen sie sich vielleicht Sorgen um euch und wollen verhindern, dass ihr etwas tut, das ihr danach bereuen könntet? Lasst ihnen Zeit, euch ihre Sicht der Dinge zu erklären, denn auch wenn ihr euch bei einer Sache ganz sicher seid, kann es sein, dass sie gute Argumente dagegen haben, die ihr gar nicht bedacht habt. Meist wollen eure Freunde euch ja nichts Böses, sondern freuen sich, wenn ihr glücklich seid. Daher ist es hilfreich, beide Seiten zu betrachten, bevor man eine Entscheidung trifft. Auch ist es immer gut bei Unterhaltungen, in denen es um kritische Themen geht, einen freundlichen Ton anzuschlagen. Meine Freunde haben darauf meist deutlich besser reagiert als auf die Situationen, in denen ich ihnen einfach nur ein »Hey, ich habe diese Entscheidung getroffen. Akzeptiert das gefälligst« vor den Latz geknallt habe. Ich kann mir gut vorstellen, dass das bei euren Freunden auch so ist. Vor allem, wenn es um ein Thema geht, das mit etwas verbunden ist, das ihr in der Vergangenheit gemeinsam gemacht habt. Beim Alkohol könnte das beispielsweise folgende Situation sein: Wenn ihr euch vor dem Weggehen früher immer zum Vorglühen getroffen habt, fühlen sich eure Freunde vielleicht vor den Kopf gestoßen, wenn sie erfahren, dass Alkohol für euch künftig kein Thema mehr ist. Möglicherweise sehen sie eure Entscheidung auch gleichzeitig als einen Angriff auf sie selbst und reagieren mit Sätzen wie »Denkst du jetzt, du bist was Besseres als wir, weil du nicht mehr trinkst?«. Um dem zu entgehen, könnt ihr für das Gespräch beispielsweise eine Situation wählen, in der die Sache gerade keine Rolle spielt. Die erste Unterhaltung darüber, dass man keinen Alkohol mehr trinkt, würde ich nicht gerade in dem Moment auf einer Party beginnen, an dem gerade alle mit einem Bier in der Hand anstoßen. Bei mir hat sich übrigens gar nicht so viel geändert, als ich aufgehört habe, Alkohol zu trinken. Beim Vorglühen hatte ich statt einer Flasche Bier dann eben ein alkoholfreies Getränk in der Hand. Später, als einige meiner Freunde zu rauchen begannen, ich aber nicht mitmachen wollte, stellte ich mich nach einem kurzen Check, in welche Richtung der Rauch zog, auch ohne Zigarette mit in den Kreis und nahm so an den Unterhaltungen teil. Wenn ein Joint oder eine Shisha die Runde machten, gab ich sie einfach weiter, wenn sie zu mir kamen. Auch wenn vorher alle – mich eingeschlossen – ein Riesending aus dieser Entscheidung gemacht hatten, war es in der Praxis also eigentlich gar kein so großes Thema. Vielleicht stellt sich bei dem Thema, das in eurem Freundeskreis gerade für Diskussionen sorgt, ja heraus, dass es genauso ist.

BIN ICH VERKNALLT ODER MAG ICH IHN NUR?

Kurz nach meinem fünfzehnten Geburtstag stellte ich fest, dass es im Jugendzentrum jemanden gab, der sich für mich interessierte. Sein Name war Leon, und genau wie die meisten anderen Leute aus meinem Freundeskreis kannte ich auch ihn schon, seitdem ich denken konnte. Als Kind ging es mir mit Leon ähnlich wie mit David. Ich konnte ihn nicht leiden, und wenn man mir im Kindergarten sagte, ich solle ihn an der Hand nehmen, lief ich heulend weg, weil ich ihn so doof fand. Auch in den Jahren danach war ich ihm gegenüber immer ein wenig kritisch. Leon war ganz anders als David, viel lauter und hitzköpfiger. Aber sobald er sah, dass ich in der Nähe war, riss er sich zusammen und versuchte, ganz besonders nett zu sein. Irgendwie gefiel mir das. Irgendwann wurden wir Freunde, und als er mich eines Tages fragte, ob ich mit ihm zusammen sein wollte, nickte ich, ohne groß darüber nachzudenken. Meine Entscheidung war im Jugendzentrum nicht unumstritten, denn einige der anderen Jungs konnten Leon nicht leiden. Allen voran hielt David ihn für einen totalen Trottel und erzählte jedem, der es hören wollte, wie dumm ich war, weil ich tatsächlich etwas mit Leon anfing. Ich hätte mir selbst dafür in den Hintern beißen können, dass ich diese Reaktion nicht vorausgesehen hatte. Die Kommentare der anderen waren noch viel schlimmer als zu der Zeit, in der Anton mir einen Korb gegeben hatte. Eigentlich hätte ich aus dieser Erfahrung auch lernen können, dass es keine so grandiose Idee war, sich ausgerechnet in jemanden aus dem Freundeskreis zu verknallen, zu dem auch der eigene Exfreund gehörte. Wo wir übrigens bei einem kleinen Problem wären. Das Wort »verknallen«. Ich war mir nicht sicher, ob ich wirklich in Leon verknallt war. Es fühlte sich irgendwie anders an als bei David und mir. Aber ich mochte ihn auf jeden Fall, und da mich die Reaktionen der anderen nervten, blieb ich aus Prinzip mit Leon zusammen. Es stellte sich heraus, dass das gar keine so schlechte Idee war. Zwar hatten nun bestimmt einige Leute aus dem Jugendzentrum keine gute Meinung mehr von mir, doch immerhin lernte ich auch ein paar der Jungs näher kennen, mit denen ich zuvor nicht so viel zu tun gehabt hatte. Sie waren Leons Freunde, und es machte Spaß, Zeit mit ihnen zu verbringen. Vor allem an den Wochenenden saßen wir oft zusammen, um Playstation zu spielen. Meine Freundin Saskia war meist ebenfalls dabei, und auch wenn wir beide furchtbar schlecht in ›Call of Duty‹ waren und unsere Figuren ständig starben, fühlte ich mich dort doch sehr wohl. Wenn ich mit Leon allein war, ging es mir allerding anders, und je länger unsere Beziehung andauerte, desto sicherer war ich mir, dass er für mich eigentlich nur ein guter Freund war.

VERLIERE ICH IHN, VERLIERE ICH SIE?

Ich schob die Entscheidung, mit Leon Schluss zu machen, recht lang vor mir her. Der Grund dafür war einerseits, dass ich ihn wirklich mochte und ihm nicht weh tun wollte. Andererseits hatte ich aber auch Angst, mit dem Ende unserer Beziehung nicht nur ihn, sondern auch meine neu gewonnenen Freunde zu verlieren. Ich ignorierte also das Gefühl, dass Leon und ich eigentlich gar nicht zusammenpassten, und redete mir stattdessen ein, dass ich zumindest ein bisschen verknallt in ihn war. So plätscherte unsere Beziehung noch einige Monate lang dahin, bis ich mir irgendwann endlich einen Ruck gab und das Ganze beendete. Der Grund dafür hieß Charly. Was genau damals passierte, werde ich in den nächsten Kapiteln erzählen. Davor möchte ich euch allerdings noch etwas ganz Wichtiges mitgeben: Beziehungen wie die, die Leon und ich geführt haben, sind nicht fair. Spätestens an dem Punkt, an dem ich begriffen hatte, dass ich nicht die Gefühle für ihn hatte, die er für mich zu haben schien, hätte ich Schluss machen sollen. Manchmal ist es allerdings nicht ganz so einfach zu entscheiden, ob man wirklich in jemanden verliebt ist oder ob man die Person nur mag. Gerade wenn man noch ziemlich jung ist, kennt man sich mit seinen eigenen Gefühlen oft noch nicht so gut aus und es fällt einem schwer, das, was man empfindet, richtig einzuordnen. In so einem Fall habt ihr zwei Möglichkeiten: Entweder ihr lasst die Beziehung direkt bleiben, oder ihr entscheidet euch dafür, es zumindest einmal auszuprobieren. Dann könnt ihr in Ruhe feststellen, wie es sich anfühlt, mit der Person zusammen zu sein. Wenn ihr euch für die zweite Variante entscheidet, ist es wichtig, offen darüber zu sprechen, wie ihr euch fühlt. Dann hat auch die andere Person eine Chance zu entscheiden, ob sie es unter diesen Umständen mit einer Beziehung versuchen möchte. Falls ihr nach einer solchen Probephase feststellen solltet, dass ihr doch nicht auf die andere Person steht, ist es natürlich trotzdem unangenehm, das zu sagen. Aber immerhin verhaltet ihr euch deutlich fairer, als ich es damals getan habe, wenn ihr von Anfang an ehrlich über das Thema sprecht.

Kapitel 8

Ich schwöre feierlich, ich bin ein Tunichtgut!

CHARLY

Während einer Redaktionssitzung bei der Zeitung wurde ich eines Tages gefragt, ob ich nicht Lust hätte, einen Artikel über Graffiti zu schreiben. Genauer gesagt, sollte ich herausfinden, ob es in unserer Stadt Leute gab, die wirkliche Graffitikunst machten, statt einfach nur lieblos Schriftzüge auf Gebäude oder Züge zu sprayen. Da ich zu dieser Zeit ein großer Fan von Street Art war, freute ich mich über diesen Vorschlag. Ich hatte zuvor bereits mehrere Nachmittage und Wochenenden damit verbracht, in verschiedenen Teilen der Stadt besonders schöne und kreative Exemplare zu fotografieren, daher wusste ich, dass es die Graffitikunst auf jeden Fall gab. Um einen richtig spannenden Artikel zu schreiben, war es natürlich wichtig, dass ich auch mit einem der dazugehörigen Künstler sprach. Die Frage war nur, wie ich so jemanden finden sollte. Als ich im Internet recherchierte, stieß ich auf ein Gelände, auf dem mehrere Wohnhäuser und Lagerhallen standen, die bald abgerissen werden sollten und in denen niemand mehr wohnte. Dort sollten angeblich besonders schöne Graffiti zu finden sein. Kurz entschlossen schnappte ich mir mein Fahrrad und machte mich auf den Weg dorthin. Als ich auf den Zaun zufuhr, der das Gelände umschloss, sah ich sofort, dass dies ein wahrer Spielplatz für Künstler war. Einige der Wände waren unübersehbar mit überlebensgroßen Bildern bemalt. Ganz klar, hier war ich richtig. Ich suchte den Zaun nach einem Loch ab, wurde schnell fündig und kletterte hindurch. Während ich an den Gebäuden entlanglief, schoss ich in Gedanken bereits die ersten Fotos. Die Motive waren toll, und ich brannte darauf, mit den Künstlern zu sprechen. Doch auf den ersten Blick war niemand zu sehen, der mir ein Interview hätte geben können. Nach einer weiteren Viertelstunde, in der ich mich in mehreren der Gebäude umgesehen hatte, war ich kurz davor, wieder nach Hause zu fahren. Dann allerdings hörte ich Stimmen aus einer der Hallen und lief leise auf sie zu. Am Zaun hatte ich mehrere »*Zutritt verboten*«-Schilder gesehen, und ich hatte keine Lust, erwischt zu werden und mir Ärger einzuhandeln. Vorsichtig blickte ich durch eines der Fenster der Halle und erkannte, dass die Stimmen von einer Gruppe Jugendlicher kamen, die drinnen auf dem Boden saßen. Als ich neben ihnen eine Reihe ordentlich aufgestellter Spraydosen bemerkte, atmete ich erleichtert auf. Mein Ausflug war also doch nicht umsonst gewesen. Ich zögerte noch einen Moment, bevor ich mich aufrichtete und auf die Tür der Halle zuging. Bei dem Gedanken, dass ich gleich mit fremden Menschen reden musste, stieg Panik in mir hoch. Ich musste all meine Willenskraft aufbringen, um sie zurückzudrängen. Es war nur ein kurzes Gespräch. Ich würde das schaffen. Während ich mir gut zuredete, setzte ich einen Fuß vor den anderen und stand plötzlich mitten in der Halle. Als die Gruppe mich bemerkte und fragend ansah, sagte ich zunächst einmal gar nichts. Ich spürte, wie meine Wangen warm wurden, und das Gefühl in meinem Hals sagte mir, dass ich nur ein Krächzen von mir geben würde, wenn ich mich jetzt entschied zu sprechen. Zu meiner großen Überraschung wurde mir diese Aufgabe abgenommen. »Hey«, rief mir das einzige Mädchen in der Gruppe zu. »Komm doch her und setz dich zu uns!« Sie hatte lange, dunkelbraune Haare und trug ein weißes Top, das mit verschiedenen Farben beschmiert war. Auch wenn sie nur einen Satz gesagt hatte, wirkte sie auf mich wie ein wahnsinnig lebendiger und positiver Mensch. »Wow«, dachte ich mir, während ich auf sie zuging, »neben der bin ich die reinste Gewitterwolke.« Nachdem ich mich zu der Gruppe gesetzt hatte, räusperte ich mich erst einmal ausführlich und gab dann ein paar meiner besten Smalltalk-Kartoffelsätze von mir. Ich kam mir ein wenig wie ein Eindringling im Revier der Gruppe vor und fühlte mich deswegen ziemlich unsicher. Aber je mehr ich sprach, und je begeisterter das Mädchen bei meinen Sätzen nickte, desto ruhiger wurde ich. Als ich meine kurze »Hallo, ich bin Lisa und schreibe für die Zeitung«-Rede beendet hatte, trat erst einmal kurz Stille ein. Dann sprang das Mädchen so unvermittelt auf, dass ich kurz zusammenzuckte. »Ich beantworte deine Fragen!«, sagte sie mit einem breiten Lächeln. »Was möchtest du wissen?« Von ihrer euphorischen Reaktion ein wenig verwirrt, bat ich sie zunächst, mir vielleicht eines ihrer Bilder zu zeigen. Sie nickte und führte mich dann zu einer Wand, auf der eine Frau zu sehen war, deren lange, blaue Haare sich ein Stück unter ihrem Kopf in einen Fluss verwandelten. Ich war beeindruckt davon, wie realistisch das Ganze aussah. »Das hast du gesprayt?«, fragte ich. »Nicht mit Pinseln gemalt, oder so?« Das Mädchen lachte und erklärte mir, dass es zwar ganz schön viel Übung brauche, man so etwas Detailreiches und Filigranes aber auch mit Spraydosen hinbekommen könne. Während sie sprach, betrachtete ich ihr Gesicht näher. Sie hatte Sommersprossen auf der Nase, und ihre Augen hatten einen ungewöhnlichen Grünton. Kurz vergaß ich mitzuschreiben, was sie sagte, und musste sie bitten, ihren letzten Satz noch einmal zu wiederholen. Das Mädchen grinste. »Ich habe dich gefragt, ob du es auch einmal ausprobieren möchtest«, sagte sie, woraufhin ich sofort hektisch den Kopf zu schütteln begann. Das würde ich garantiert nicht tun. Im Kunstunterricht hatte ich schon mehrfach bewiesen, dass zeichnen nicht zu meinen Talenten gehörte, daher bezweifelte ich stark, dass ich mehr als ein paar wackelige Strichmännchen an die Wand bringen könnte. Die Blamage wollte ich mir gern ersparen. »Ach, irgendwann traust du dich doch. Wirst schon sehen«, meinte das Mädchen leichthin. »Irgendwann?«, fragte ich verwundert. »Ich glaube nicht, dass ich noch mal herkommen werde.« »O doch, das wirst du«, gab sie mit einem wissenden Lächeln zurück. »Nächsten Samstag, um genau zu sein. Um sechzehn Uhr.« Ich schüttelte energisch den Kopf. Das würde garantiert nicht passieren. Aber sie meinte es bestimmt nur nett, daher streckte ich lächelnd die Hand aus, um mich von ihr zu verabschieden. Das Mädchen legte den Kopf schief, schob meine Hand zur Seite und umarmte mich herzlich. Da ich damit überhaupt nicht gerechnet hatte, stand ich wie ein Brett in der Gegend herum. Bevor ich mir überlegen konnte, was ich am besten mit meinen Armen anfing, war der Moment auch schon wieder vorbei. Ich lächelte unsicher und ging dann auf den Zaun zu, um das Gelände zu verlassen. Kurz bevor ich dort ankam, fiel mir dann allerdings noch siedend heiß ein, dass ich etwas Wichtiges vergessen hatte. »Sag mal, wie heißt du eigentlich?«, rief ich dem Mädchen hinterher. Sie drehte sich um und grinste. »Charly.«

Moderne Kunst oder so

Am nächsten Samstag, um Punkt sechzehn Uhr, stand ich erneut in der Lagerhalle. Ich konnte mir nicht wirklich erklären, warum ich das tat. Aber irgendwas an dem Mädchen hatte mich so fasziniert, dass ich sie unbedingt noch mal sehen wollte. Charly hieß sie also, was bestimmt die Kurzform von Charlotte war. Ich musste zugeben, dass sie wirklich außergewöhnlich hübsch war. Ob sie diese Sommersprossen wohl nur im Gesicht hatte, oder auch an ihrem restlichen Körper? Ich war so in meine Gedanken vertieft, dass ich erschrocken zusammenfuhr, als ich plötzlich bemerkte, dass sich jemand neben mich gestellt hatte. Es war Charly. »Na, Lisa?«, fragte sie. »Bereit für dein erstes Kunstwerk?« »Ich bin mir nicht ganz sicher«, antwortete ich zögerlich, doch Charly lachte nur und warf mir eine Dose mit roter Farbe zu. »Einmal musst du es versuchen, sonst lasse ich dich nicht wieder nach Hause gehen.« Ihre Stimme duldete keinen Widerspruch. Ich seufzte und öffnete die Dose. Ich hatte keine

Ahnung, wie man die Dinger benutzte, also schüttelte ich sie einfach ein paar Mal und sprayte dann vorsichtig einen ersten Strich an die Wand. Als ich eine Stunde später mein »Kunstwerk« betrachtete, war mein erster Impuls, irgendwoher ein großes Tuch zu holen, das ich davorhängen konnte. Auch wenn ich mir echt Mühe gegeben hatte, weil ich mich nicht vor Charly blamieren wollte, sah das, was ich da fabriziert hatte, aus, als hätte es eine Vierjährige gemalt. In meinem Kopf tauchte eine Szene auf, in der meine Kindergärtnerin kritisch eines meiner Bilder betrachtete und sich dann zu mir herunterbeugte. »Na, Lischen, ist das da links auf dem Bild die Mama, oder ist das die Sonne?«, hat sie freundlich gefragt. Es war weder das eine noch das andere. Ich hatte eine Katze gemalt. Aber wahrscheinlich erkannte die Kindergärtnerin das nur nicht, weil ich eine sehr moderne Künstlerin war. Ja, genau so musste es gewesen sein … Jedenfalls war es mir wahnsinnig peinlich, als Charly das Durcheinander an der Wand betrachtete. Ich fühlte mich total unfähig, wurde mal wieder röter als die Farbe, die sie mir gegeben hatte, und setzte mich mit einem resignierten Seufzer auf den Boden. Doch Charly lachte nicht. Nach ein paar Minuten setzte sie sich neben mich und bot an, mir zu zeigen, wie man es richtig machte. Dabei strich sie kurz mit ihrer Hand über meine Schulter. Eine ganz normale, freundschaftliche Geste, die sich allerdings alles andere als normal anfühlte. Sondern eher so, als stünde ihre Hand unter Strom, der nun durch die Stelle jagte, die sie berührt hatte. Ich konnte dieses Gefühl überhaupt nicht einordnen und nickte daher nur wie betäubt. »Gut«, sagte Charly. »Wir treffen uns heute Nacht, um halb zwei.« Ich horchte auf. »In der Nacht? Warum das denn?« Charly zuckte mit den Schultern. »Da ist die Atmosphäre hier einfach viel besser. Aber wenn du dich nicht traust, musst du natürlich nicht mitkommen.«

»EINFACH« MAL ABHAUEN?

Ein paar Stunden später lag ich mit weit aufgerissenen Augen im Bett. Noch nie in meinem Leben hatte ich mich so hin- und hergerissen gefühlt. Ich wollte Charly unbedingt näher kennenlernen, doch allein bei dem Gedanken, nachts heimlich das Haus zu verlassen, bekam ich Panik. Ich erinnerte mich an all die Beruhigungsmethoden, die mir meine Therapeutin empfohlen hatte, doch wann immer ich mich ein wenig besser fühlte, kochte die nächste Attacke in mir hoch. Ich hustete und würgte bei dem Versuch, mich gegen den Kloß im Hals zu wehren. Kurz versuchte ich sogar, aufzustehen, doch die Panik riss mich förmlich von den Füßen. Ich konnte nichts tun, außer zitternd dazuliegen. Es machte mich wütend, wie schwach und ohnmächtig ich mich fühlte, obwohl es mir in den Monaten zuvor doch immer besser gegangen war. Der Wunsch, diese Chance nicht ungenutzt verstreichen zu lassen, wurde von Stunde zu Stunde stärker. Als die Zeiger dann langsam in Richtung halb zwei rückten, zwang ich mich, mit den Füßen den Boden zu berühren. Ich musste das einfach tun. Sonst würde ich Charly vielleicht nie wiedersehen. Langsam richtete ich mich auf und überlegte, was ich als Nächstes tun sollte. Von zu Hause abzuhauen war gar nicht so leicht, denn unsere Wohnungstür gab ein unüberhörbares Geräusch von sich, egal wie sanft man sie zuzog. Ich entschied mich also dafür, aus dem Fenster zu steigen. Sonderlich gefährlich war das nicht, da wir im Erdgeschoss wohnten. Doch auch der Rollladen machte einen Heidenlärm, und so musste ich ihn ganz langsam, Millimeter für Millimeter nach oben schieben. Als ich nach einer gefühlten Ewigkeit draußen stand, zog ich das Fenster hinter mir zu und ließ den Rollladen vorsichtig wieder herunter. Ich musste mich so sehr darauf konzentrieren, ja kein Geräusch zu machen, dass ich die Panik darüber völlig vergaß. Mir war klar, dass ich auf jeden Fall vor Sonnenaufgang zurück sein musste, denn meine Eltern waren Frühaufsteher und würden mein Fehlen bestimmt sofort bemerken. Möglichst leise lief ich zur Garage, um mein Fahrrad zu holen. Als ich durch meinen Stadtteil fuhr, fühlte er sich wie ausgestorben an. An den Ampeln blinkte nur das gelbe Licht, und auf dem ganzen Weg begegnete mir niemand. Als ich kurz darauf am Zaun ankam, war es dort stockdunkel. Ich fluchte leise. Vor lauter Aufregung hatte ich völlig vergessen, dass das Gelände nicht beleuchtet war, und hatte keine Taschenlampe mitgenommen. Mein Handydisplay leuchtete nur sehr schwach, daher stolperte ich mehrmals, als ich auf die Lagerhallen zuging. Charly war nirgendwo zu sehen. Ich begann, nervös zwischen den Gebäuden auf und ab zu laufen, und je länger ich das tat, desto unwohler fühlte ich mich.

Wer sich dort nachts wohl sonst noch so herumtrieb? Ich ballte meine Fäuste in einem ziemlich albernen Versuch, mir dadurch ein sichereres Gefühl zu geben, als sich plötzlich, völlig aus dem Nichts, zwei Hände auf meine Augen legten. Ich wurde nach hinten gerissen und schrie erschrocken auf. Mein Herzschlag dröhnte in meinen Ohren, und während ich um mich schlug, durchzuckte mich das Gefühl, eine verdammt dumme Entscheidung getroffen zu haben.

Rumtreiber und Tunichtgute

Ich traf mein Ziel nicht und holte gerade zu einem weiteren Schlag aus, als ich den Kopf der Person, die mir die Augen zuhielt, neben meinem Ohr spürte. »Ganz ruhig«, murmelte eine belustigt klingende Stimme. »Ich bin's doch nur.« Es war Charly. Natürlich. Ich Idiotin. Zum Glück war es so dunkel, dass sie nicht sehen konnte, wie unangenehm mir die ganze Situation war. Während wir auf eine der Hallen zuliefen, schimpfte ich mich in Gedanken dafür, dass ich mich schon wieder in Charlys Gegenwart blamiert hatte. Es war wie verhext. Vielleicht verhielt ich mich ja nur so, weil ich sie erst so kurz kannte. Ja, das musste es sein. Mit dem Stromgefühl in meiner Schulter, die sie gerade erneut berührte, hatten meine peinlichen Aktionen garantiert nichts zu tun. In dem Gebäude, das wir nun betraten, stand ein verbeulter alter Metallschrank an der Wand. Charly öffnete ihn und zog einen Karton hervor. »Da sind Kerzen drin.

Hilf mir mal, sie zu verteilen!« Ich gehorchte und hob eine der Kerzen an. Sie war ziemlich groß und ging mir locker bis zum Knie. Außerdem war sie viel schwerer, als ich gedacht hatte. Es dauerte einige Minuten, bis wir die Kerzen in einem Halbkreis aufgestellt hatten. Charly zog ein Feuerzeug hervor und zündete sie an. Ich erkannte nun, dass sie die einzige noch leere Wand des Gebäudes beleuchteten. Charly ging zu ihrem Rucksack, zog ein paar Spraydosen heraus und brachte sich vor der Wand in Position. Sie atmete tief ein und setzte dann zu einem langen Monolog über Tipps für Graffitianfänger an. Drei Stunden später war es ihr zumindest gelungen, mir die Grundlagen beizubringen. Als ich die vollgesprayte Wand betrachtete, war ich ein bisschen stolz auf mich. Natürlich kam mein »Kunstwerk« nicht einmal im Ansatz an Charlys Graffiti der Frau mit den blauen Haaren heran, die spöttisch vom anderen Ende der Halle zu uns herüberzublicken schien. Doch immerhin war es deutlich schöner als das, was ich bei meinem ersten Versuch fabriziert hatte. Erschöpft ließ ich mich zwischen den Kerzen auf den Boden sinken und stellte fest, dass sie inzwischen ein gutes Stück heruntergebrannt waren. Wo zuvor nur eine weiße Wand zu sehen gewesen war, konnte man nun das Schloss erkennen, in dem Harry Potter zur Schule ging. Auf die Idee waren wir gekommen, weil Charly mir erzählt hatte, dass sie sich nachts in den Lagerhallen immer so fühlte, als wäre sie heimlich in Hogwarts unterwegs. Unter dem Tarnumhang versteckt und mit der Karte des Rumtreibers in der Hand. Auch wenn unser Schloss ein wenig anders aussah als die Filmversion, konnte man das Gebäude doch deutlich erkennen. Auch Charly wirkte zufrieden und ließ sich mir gegenüber im Schneidersitz nieder. Ich grinste sie an. »Du hast recht. Es fühlt sich wirklich so an, als wären wir in Hogwarts«, sagte ich. Charly lachte und sah mich dann mit verschwörerischer Miene an. Als sie sich zu mir vorbeugte, fühlte ich wie der altbekannte Kloß in meinem Hals aufwachte und nervös auf der Stelle auf und ab zu hüpfen begann. »Rumtreiber und Tunichtgute«, murmelte Charly. Und dann küsste sie mich.

BIN ICH JETZT LESBISCH?

Genau wie schon bei Charlys Umarmung schaffte ich es nicht, auch nur einen Muskel zu bewegen. Ich saß einfach stocksteif da, und als sie langsam zurückwich, tat ich das Dümmste, was man in einer solchen Situation tun konnte. Ich sagte kein Wort, sondern sprang nur hektisch auf und rannte zum Zaun. Dort schnappte ich mir mein Fahrrad und fuhr, so schnell ich konnte, nach Hause. Als ich kurz darauf mit laut klopfendem Herzen in meinem Bett lag, wusste ich nicht, was ich fühlen sollte. Ich war wütend auf mich selbst, weil ich weggelaufen war, aber gleichzeitig auch unglaublich verwirrt, weil sich der Kuss so … richtig angefühlt hatte. Den Rest der Nacht verbrachte ich damit, mich unruhig von einer Seite auf die andere zu wälzen. Wenn ich über Charly nachdachte, fiel es mir schwer zu realisieren, dass sie wirklich existierte. Irgendwie fühlte es sich viel eher so an, als wäre sie einem Buch entsprungen und würde zu der Sorte von Charakteren gehören, für die ich immer heimlich geschwärmt hatte. Sie war kreativ, abenteuerlustig, und wenn sie zu reden begann, sprühte sie nur so vor Energie. Kurz gesagt: Sie war die Freundin, die ich mir immer gewünscht hatte und von der ich geglaubt hatte, dass es sie im echten Leben nicht gibt. Ich spann den Gedanken weiter und stellte fest, dass sich Charlys Kuss ganz anders angefühlt hatte als die Küsse, die ich zuvor von Leon oder David bekommen hatte. Da war nie ein Stromgefühl gewesen. Ich vergrub das Gesicht in meinen Händen und rieb mir mit den Daumen vorsichtig über meine pochenden Schläfen. Meine Gedanken waren so laut, dass ich von ihnen Kopfweh bekam. Selten hatte ich mich so verunsichert gefühlt. Bedeutete das, was ich bei Charlys Kuss empfunden hatte, etwa, dass ich eigentlich lesbisch war und mir das nur nie eingestanden hatte? Aber das konnte nicht sein. Meine Freundinnen und ich begrüßten und verabschiedeten uns doch schon seit Jahren mit einem kleinen Küsschen auf den Mund. Das Stromgefühl hatte ich bei ihnen nie gehabt, und auch in meinem Jahrgang in der Schule gab es kein Mädchen, das ich gern geküsst hätte. Je länger ich allerdings über das Thema nachdachte, desto mehr Erinnerungen kamen in meinen Kopf. An Begegnungen mit anderen Mädchen, die ich eindeutig attraktiv gefunden hatte. Sie waren mir über den Weg gelaufen, wenn ich in der Innenstadt unterwegs war, oder ich hatte sie in der Bahn, im Sportverein oder im Supermarkt gesehen. Mit keiner von ihnen hatte ich gesprochen. Mir war es immer so gegangen wie bei meiner ersten Begegnung mit Charly, und ich hatte still für mich festgestellt, dass sie wirklich hübsch waren oder ein sympathisches Lächeln hatten. Damals hatte ich immer gedacht, dass das allen anderen auch so ging. Natürlich fand man als Mädchen andere Mädchen hübsch oder sympathisch. Aber als ich ein wenig weiter darüber nachdachte, erinnerte ich mich daran, dass ich oft überlegt hatte, wie die Haare dieser Mädchen wohl rochen und ob sie so weich waren, wie sie aussahen. Andererseits, wenn es um Jungs ging, dachte ich doch auch über solche Dinge nach. Also, was war ich jetzt? Lesbisch oder hetero? Das war echt verwirrend.

VIELLEICHT EINFACH BI

Ich beschloss, diese Frage erst einmal aufzuschieben, denn es gab da noch eine viel dringendere Sache, um die ich mich kümmern musste: Leon. Nach viel zu langer Zeit gestand ich mir endlich ein, dass ich ihn zwar mochte, aber nicht in ihn verliebt war. Noch am selben Tag traf ich mich mit ihm und erklärte, wie ich mich fühlte. Charly erwähnte ich dabei nicht, denn ihr Kuss war nicht der Grund dafür, dass ich mich von Leon trennte. Er war eher der Tropfen, der das Fass zum Überlaufen brachte. Leon wirkte erstaunlich gefasst, als ich ihm erklärte, dass ich nur Freundschaft und keine Liebe für ihn empfand. Doch als er mein Zimmer verließ, sah ich, wie er wütend gegen die Wand schlug. Es machte mich traurig, ihn so zu sehen, denn er bedeutete mir immer noch sehr viel. Doch ich hatte das Gefühl, die richtige Entscheidung getroffen zu haben. Durch das Gespräch mit Leon war ich eine Weile lang abgelenkt. Aber es dauerte nicht lange, bis ich erneut über Charly nachzudenken begann. Ich überlegte, ob ich Leon gegenüber Schuldgefühle haben sollte. Doch ich hatte ja nicht vorhersehen können, dass Charly mich küssen würde. Absichtlich betrogen hatte ich ihn also nicht. Der Gedanke daran, dass ich von der Lagerhalle weggelaufen war, lag schwer in meinem Magen. Das war gemein von mir gewesen, und ich würde mich bei Charly entschuldigen müssen. Aber würde sie nach meiner blöden Reaktion überhaupt noch mit mir sprechen wollen? Und wie sollte ich mich überhaupt mit ihr verabreden? Unsere Handynummern hatten wir nicht ausgetauscht. Als mir das auffiel, fühlte ich mich furchtbar. Ich würde es auf gut Glück noch mal bei den Lagerhallen probieren müssen. Die Wahrscheinlichkeit, Charly dort anzutreffen, war verschwindend gering, denn sie hatte mir nicht verraten, an welchen Tagen sie sprayte. Doch ich musste es versuchen. Als ich am Abend die Lagerhalle betrat, an deren Wand sich unser Hogwarts-Gemälde befand, konnte ich schon von weitem sehen, dass es erweitert worden war. Zwei Gestalten in schwarzen Umhängen waren nun davor zu sehen. Es waren Mädchen. Eines davon hatte lange, braune, das andere Mädchen gelbe Haare. »Blond hatte ich leider nicht«, höre ich Charlys Stimme sagen. Ich zuckte zusammen, denn das Bild hatte mich so fasziniert, dass mir überhaupt nicht aufgefallen war, dass sie am anderen Ende der Halle stand. Langsam ging sie auf mich zu und trat in den Halbkreis der Kerzen, die inzwischen fast bis auf den Boden heruntergebrannt waren. »Ich dachte, ich gebe dir vierundzwanzig Stunden«, sagte Charly leise. »Um zurückzukommen, weißt du?« Einem Impuls folgend, ging ich auf sie zu und nahm sie in den Arm. Wir schwiegen einen Moment lang, dann lösten wir uns voneinander und setzten uns an den gleichen Platz, an dem wir auch in der Nacht zuvor gesessen hatten. Es dauerte eine Weile, bis ich den Kloß in meinem Hals so weit unter Kontrolle hatte, dass ich sprechen konnte. Dann entschuldigte ich mich bei ihr und versuchte, meine Verwirrung in Worte zu fassen. Charly hörte mir aufmerksam zu und unterbrach mich kein einziges Mal. »Irgendwie weiß ich jetzt nicht mehr, was ich bin«, endete ich lahm. »Hetero oder doch lesbisch? Das ist alles so seltsam.« Auf Charlys Gesicht tauchte wieder das breite Lächeln auf, das mir schon bei unserer ersten Begegnung so sehr gefallen hatte. »Vielleicht bist du keines von beidem«, sagte sie. »Sondern einfach bi. So wie ich.«

DU BIST HETERO, ODER DU BIST RAUS

Bi. Daran hatte ich überhaupt nicht gedacht, denn Bisexualität existierte in meinem damaligen Freundeskreis nur im Rahmen des unfassbar philosophischen Spruchs »Ein bisschen bi schadet nie, zu viel bi macht's Arschloch hi.« Homosexualität hingegen kam öfter vor. Meist in Form des Worts »schwul« als Beleidigung. Ich schäme mich, wenn ich daran zurückdenke, wie oft wir das Wort in dieser Form verwendeten. Nicht, weil wir etwas gegen Homosexuelle gehabt hätten und das dadurch zeigen wollten. Sondern weil es etwas war, das wir bei unseren älteren Geschwistern oder bei anderen Leuten aus dem Jugendzentrum aufgeschnappt hatten und einfach nachplapperten. Ich glaube kaum, dass sich irgendjemand von uns je auch nur eine Minute Zeit genommen hat, um darüber nachzudenken, was das, was wir da sagten, eigentlich bedeutete. Schließlich waren wir ja auch alle heterosexuell, und keiner von uns kannte jemanden, der schwul, lesbisch oder bi war. Mehr »Kategorien« gab es unseres Wissens nach auch nicht, und für uns war das Ganze lange ein sehr fremdartiges Thema. Das änderte sich ein wenig, als wir einige Monate vor meiner ersten Begegnung mit Charly erfuhren, dass ein älteres Mädchen aus dem Jugendzentrum lesbisch war. Man hatte uns das mitgeteilt, weil es der Grund dafür war, dass das Mädchen nicht länger Teil der Gemeinschaft sein durfte.

Der Priester hatte ihr verboten herzukommen, denn das Jugendzentrum gehörte zu einer katholischen Kirche, deren Vertreter Homosexualität nicht tolerierten. Mich machte das damals wahnsinnig wütend, denn auch wenn ich nie viel mit dem Mädchen zu tun gehabt hatte, wusste ich doch, dass sie ein wirklich netter Mensch war. Dass man ihr das antat, konnte ich einfach nicht fassen, und es war ein paar

Monate später auch einer der Gründe, warum ich Leon nichts von Charly erzählte. Ich befürchtete, dass ich auch nicht mehr ins Jugendzentrum gehen durfte, sollte sich das je herumsprechen. Ein weiterer Grund war, dass sich meine Freunde auch nach dem Rauswurf des Mädchens weiterhin gegenseitig als »schwul« bezeichneten, wenn sie sich beleidigen wollten. Außerdem fiel mir jetzt auf, dass sie generell nicht gerade offen gegenüber allem waren, das nicht dem entsprach, was sie von sich selbst kannten. Vielleicht lag es daran, dass ich nun auch »anders« war, doch zuvor war mir dieses Verhalten nie aufgefallen. Wenn ich jetzt mitbekam, wie sie sich über Leute lustig machten, die kein Fleisch aßen, einer anderen Religion angehörten oder ihre Weltanschauung nicht zu hundert Prozent teilten, fühlte es sich an wie ein Schlag in die Magengrube. Waren meine Freunde immer schon so intolerant gewesen? War ich etwa auch so?

SOLL ICH MICH OUTEN?

Aus Angst davor, meine Freunde zu verlieren, hielt ich also den Mund und erzählte keinem etwas von Charly. Es zerriss mich fast, aber ich konnte nicht anders. Diese Leute waren meine zweite Familie, und sie waren mir so wichtig, dass ich nicht wusste, ob ich es ohne sie aushalten würde. Auch meinen Eltern verschwieg ich, was passiert war. Nicht, weil ich von ihnen eine ähnliche Reaktion erwartete, sondern weil es sich einfach nicht wie ein Thema anfühlte, mit dem man zu seiner Mutter oder zu seinem Vater ging. Welches normale fünfzehnjährige Mädchen tat das denn schließlich? Andererseits fühlte ich mich alles andere als normal, und ich wollte unbedingt mit jemandem darüber sprechen. Zuerst überlegte ich, mit meinen Sorgen zu meiner Schulfreundin Irina zu gehen und sie um Rat zu bitten. Doch auch wenn ich ihr vertraute, war ich mir nicht sicher, ob unsere Freundschaft nicht doch irgendwann einmal zerbrechen würde. Bei Yvonne hatte ich ja auch gedacht, dass wir uns bis zum Abi mögen würden. Wenn in der Schule herauskam, dass ich ein Mädchen geküsst hatte, wäre bestimmt die Hölle los. Ich erinnerte mich an das Kreischen der älteren Mädchen aus dem Sportverein zurück, die gedacht hatten, ich sei ein Junge. Genauso stellte ich mir auch die Reaktionen meiner Mitschülerinnen vor, wenn sie von dem Kuss erfuhren. Ich würde dann bestimmt ständig unter Beobachtung stehen, und jede meiner Bewegungen würde genauestens analysiert werden. Ich konnte schon bildlich vor mir sehen, wie Yvonne den anderen zurief, dass sie lieber vorsichtig mit mir sein sollten. Schließlich könnte man ja nie genau wissen, ob ich nicht plötzlich eine von ihnen überfallen und küssen würde. Nein, es war besser, niemandem von Charly zu erzählen. Diese Entscheidung habe ich sehr lange beibehalten. Erst in meiner Unizeit habe ich mich in meinem aktuellen Freundeskreis geoutet, weil ich mitbekam, dass das Thema nun kein Problem mehr darstellte. Es tat wirklich gut, endlich darüber zu sprechen. Auch wenn ich mich in den Jahren zuvor daran gewöhnt hatte, es für mich zu behalten, war es doch ein Teil von mir, den ich nicht länger verstecken wollte.

Während meiner Schulzeit dachte ich, dass ich damit irgendwie allein klarkommen müsste. Ich möchte, dass ihr wisst, dass das nicht stimmt. Wenn euch das Thema auch betrifft, müsst ihr für euch selbst entscheiden, ob und, wenn ja, mit wem ihr darüber sprechen wollt. Keiner zwingt euch, mit einem T-Shirt durch die Gegend zu rennen, auf dem »Hi, ich bin nicht heterosexuell« steht. Ich weiß, wie es ist, sich nicht zu trauen, darüber zu sprechen, weil man mit Widerstand rechnet. Aber es ist wichtig, im Kopf zu behalten, dass ihr euch keine Erlaubnis für eure Sexualität einholen müsst.

Niemand kann euch vorschreiben, was ihr zu fühlen habt. Wenn ihr euch um die Reaktionen eurer Freunde oder eurer Familie sorgt oder nicht wisst, wie ihr das Thema am besten ansprechen sollt, kann ich euch auch hier empfehlen, euch an einen der Ansprechpartner zu wenden, die ihr hinten im Buch findet.

O Schande, was für ein Flittchen!

Nachdem ich mit Leon Schluss gemacht hatte, begann es in der Gerüchteküche zu brodeln. Um ehrlich zu sein, tat es das eigentlich schon seit dem Beginn unserer Beziehung. Als ein Mädchen, das mit fünfzehn bereits seinen zweiten Freund hatte, wurde ich in meinem damaligen, ziemlich konservativen Umfeld äußerst kritisch beäugt. Doch das war nichts gegen die Reaktionen auf das Gerücht, das Leon kurz nach unserer Trennung über mich verbreitete. Als ich sah, wie er gegen die Wand schlug, hoffte ich noch, dass seine Wut bald wieder verdampfen würde. Doch stattdessen hatte er jedem, der es hören wollte, erzählt, ich hätte ihm einen geblasen. Die Gerüchteküche explodierte förmlich vor Empörung, denn damit – da waren sich alle einig – war ich ganz klar ein mieses Flittchen. Eigentlich hätte ich direkt wie Olive aus dem Film ›Einfach zu haben‹ mit einem roten A auf der Brust durch die Straßen laufen können. Einen großen Unterschied hätte das jedenfalls nicht mehr gemacht. Dass dieses Gerücht existierte, erfuhr ich erst durch Saskia, da sie mich irgendwann verschämt fragte, ob das denn stimmen würde. Meine erste Reaktion darauf war ein lautes Lachen. Das Ganze erschien mir so abwegig, dass ich nicht glauben konnte, was sie mir da erzählte. Als ich ihr versicherte, dass das eine Lüge war, atmete sie erleichtert auf. Dann allerdings verdüsterte sich ihre Miene wieder. Die meisten anderen, da waren wir uns sicher, würden Leon glauben. Damit war mein Ruf dann wohl endgültig ruiniert. Ich kann mir gut vorstellen, dass es schwierig ist, diese Situation nachzuvollziehen, wenn man in einem weniger konservativen Umfeld aufgewachsen ist. Dann klingt das Ganze vermutlich ziemlich seltsam, und man fragt sich, warum das denn so dramatisch sein sollte. Immerhin war Leon mein fester Freund, daher hätte das, selbst wenn es die Wahrheit gewesen wäre, doch eigentlich kein Problem sein sollen. Die Leute, mit denen ich damals zu tun hatte, dachten da leider ein wenig anders. Für sie war das ein waschechter Skandal. Zum Glück ließ ich das ganze Theater nicht allzu nah an mich heran. Stattdessen hörte ich auf das, was Farin Urlaub mir jeden Morgen aus dem Radio heraus vorsang, und ließ die Leute reden. Ich ignorierte das Gerücht so lange, bis der nächste »dramatische« Skandal passierte. Was genau das damals war, weiß ich heute nicht mehr so genau. Wahrscheinlich wurde irgendwann eine Katze gesichtet, die sich in aller Öffentlichkeit zwischen den Beinen leckte – o Schande, was für ein Flittchen!

Die brodelnde Gerüchteküche

Die brodelnde Gerüchteküche ist eine ziemlich miese Sache. Wenn man Teil einer Lüge ist, die gerade verbreitet wird, würde man natürlich am liebsten zu jedem einzelnen Menschen gehen, um ihm die Wahrheit zu erzählen. Das Problem an der ganzen Sache ist, dass sich ein Thema umso länger hält, je intensiver man versucht, es aus der Welt zu schaffen. Wenn man also ständig darüber redet, zieht man die Lebensdauer eines Gerüchts ungewollt ordentlich in die Länge. Außerdem wird man vermutlich feststellen müssen, dass die meisten Leute lieber etwas glauben, das spannender klingt. Häufig ist das dann nicht die Wahrheit, sondern die erfundene Geschichte. Ich habe damals lediglich mit den Leuten gesprochen, bei denen ich wusste, dass sie mir glauben würden, und habe ihnen erzählt, dass das Ganze eine ziemlich plumpe Racheaktion von Leon war. Wenn ihr euch in einer ähnlichen Situation befindet, kann ich euch diese Art, mit dem Problem umzugehen, sehr ans Herz legen. Es tut einfach gut, nicht allein darauf warten zu müssen, dass das nächste Drama auftaucht. Wenn ein Gerücht über euch in der Schule herumgeht, könnt ihr euch damit auch an eure Lehrerinnen und Lehrer wenden. Allerdings würde ich euch davon abraten, die Sache in einem Klassenrat zu besprechen. Denn sobald die anderen mitbekommen, dass ihr einen Lehrer ins Vertrauen gezogen habt und dieser das Zimmer verlässt, wird die Situation äußerst schwierig für euch. Was Lehrer allerdings tun können, ist, euch weitere Tipps zu geben, wie ihr mit der Situation am besten umgeht. Gerade dann, wenn es in den Gerüchten um schwerwiegendere Vorwürfe geht. Sollte beispielsweise jemand über euch erzählen, ihr würdet regelmäßig im Laden neben der Schule klauen, hättet jemanden verprügelt oder Ähnliches, dann ist es wichtig, dass ihr nicht einfach nur auf das nächste Gerücht wartet, sondern etwas dagegen unternehmt. Lehrer oder andere Vertrauenspersonen können euch dabei helfen, die Lage richtig einzuschätzen, und anschließend könnt ihr gemeinsam planen, welches Vorgehen sinnvoll ist. Ich weiß, dass man meist nicht unbedingt Bock hat, mit Erwachsenen über diese Themen zu sprechen.

Für solche Fälle findet ihr am Ende des Buchs auch Informationen zu Sorgentelefonen und Chats, bei denen ihr anonym mit jemanden reden könnt. Ihr müsst also weder euren Namen sagen noch erzählen, aus welcher Stadt ihr kommt oder wie eure Schule heißt. Die Leute, die dort arbeiten, kennen sich mit diesen Themen ziemlich gut aus und können euch Tipps geben, die genau zu eurer jeweiligen Situation passen.

DREI MONATE

Charly und ich hatten nur drei Monate miteinander, bevor sie mit ihrer Familie wegziehen musste. Sie hatte mir von Anfang an gesagt, dass das passieren würde, denn ihre Mutter hatte kurz zuvor ein Jobangebot für eine andere Stadt bekommen. Wenn der Moment, in dem ich verstanden hatte, dass mein Freundeskreis ziemlich intolerant war und vielleicht gar nicht wirklich zu mir passte, wie ein Schlag in die Magengrube gewesen war, dann war das hier der finale Stich ins Herz. Da hatte ich endlich diese eine, besondere Freundin gefunden, nach der ich so lange gesucht hatte, und sollte sie schon so schnell wieder gehen lassen. Dieser Gedanke tat weh, doch als Charly mich fragte, ob ich trotz dieser blöden Bedingungen mit ihr zusammen sein wollte, antwortete ich mit einem klaren Ja. Wir gaben unser Bestes, die wenige gemeinsame Zeit, die wir hatten, so gut wie möglich zu nutzen. Ich verschwand nun auch unter der Woche regelmäßig nachts aus meinem Zimmer, um mich mit Charly zu treffen. Wir überlegten uns, wie wir uns auch tagsüber häufiger sehen konnten, und stellten schnell fest, dass sich das ganz schön schwierig gestalten würde. Wir gingen auf unterschiedliche Schulen und hatten beide so oft nachmittags Unterricht, dass es außerhalb der Wochenenden keinen einzigen Tag gab, an dem wir beide Zeit hatten. Wir mussten also ein wenig improvisieren. Gemeinsam stellten wir einen Plan auf, laut dem jede von uns eine gewisse Anzahl an Nachmittagen schwänzen würde. Wir wechselten uns dabei ab und achteten darauf, dass keine von uns auffällig oft fehlen würde. Da wir beide keine Fehlstunden auf unseren Zeugnissen stehen haben wollten, war es wichtig, dass wir immer eine gute Entschuldigung hatten. Ich stand in den folgenden Wochen daher regelmäßig im Sekretariat der Schule und bat darum, früher nach Hause gehen zu dürfen. Abwechselnd erzählte ich, ich hätte Bauchschmerzen, Kopfweh oder eine Erkältung. Charly entschied sich, den Sekretärinnen an ihrer Schule detailverliebt von einer angeblichen Magenschleimhautentzündung zu berichten, und ihre Strategie ging auf. Das Ganze klang so eklig, dass niemand näher nachfragte und sie direkt nach Hause gehen durfte. Es war für uns beide ziemlich leicht, so zu tun, als wären wir krank. Durch die vielen schlaflosen Nächte machten sich dunkle Ringe unter unseren Augen bemerkbar, daher mussten wir nur noch einen leidenden Gesichtsausdruck aufsetzen, und schon hatte sich die Sache. Die einzigen Stunden, die ich unentschuldigt schwänzte, waren die bei meinem

Erdkundelehrer. Auch wenn der mich eigentlich schon seit Jahren kannte, übersah er mich andauernd, und so fiel ihm nie auf, dass ich im Unterricht fehlte. An ihn dachte ich, als ich einen Satz des Graffitikünstlers Banksy an eine der Lagerhallen sprayte. »Die Leute vergessen, dass Unsichtbarkeit eine Superkraft ist.« Charly und ich wagten uns nun immer häufiger aus dem umzäunten Gelände heraus und unternahmen regelmäßig Touren durch die Innenstadt. Wir wurden sehr gut darin, schnell wegzurennen. Denn mehr als einmal wären wir fast erwischt worden, als wir kritische Fragen und Bilder an den Wänden öffentlicher Gebäude hinterließen. Da wir keinen Schaden anrichten, sondern lediglich andere Menschen zum Nachdenken anregen wollten, arbeiteten wir nicht mit Farbe, sondern mit Papier und Stickern, die sich leicht wieder ablösen ließen. Mit der Zeit wurden wir immer kreativer und verbrachten ganze Nachmittage damit, kleine Zettel in den Büchern der Stadtbibliothek zu verstecken oder Post-its in den Kabinen öffentlicher Toiletten zu hinterlassen. Manchmal klebten wir unsere Sticker auch auf die Jacken von Leuten, die mit gehetzten Blicken durch die Fußgängerzone hasteten. Dafür legten wir die Sticker in unsere Handfläche, lösten die Klebestreifen und berührten die jeweilige Person kurz an der Schulter. In der allgemeinen Hektik fiel das nicht auf, und die Leute liefen mit unseren Botschaften durch die Gegend. Manchmal waren es Zitate, an anderen Tagen kleine Zeichnungen oder Komplimente. Doch nicht nur hier tobten wir uns kreativ aus, sondern auch bei der Planung unserer Wochenenden.

Wir waren beide große Filmfans, und so versuchten wir, jedes Mal etwas zu unternehmen, das zu einer bestimmten Geschichte passte. So beobachteten wir etwa die Fontänen in einem Park, während wir »Clair de lune« hörten, tranken Milchshakes in einem alten Auto, das in einer der Lagerhallen stand, und veranstalteten eine Schnitzeljagd, während der wir unter jedem Fotoautomaten, den wir finden konnten, Bilder mit Hinweisen versteckten. Bei jedem Treffen versuchten wir, uns gegenseitig davon zu überzeugen, dass Geschichten wie unsere, die ein bittersüßes Ende hatten, die besten Geschichten waren. Nichtsdestoweniger tat jeder Blick auf den Kalender weh, der uns unbarmherzig zeigte, dass der Tag des Umzugs immer näher rückte.

WHERE IS MY MIND?

Charly bat mich, die Planung unseres letzten Treffens ihr zu überlassen, und auch wenn sich der Kloß in meinem Hals bei den Worten »letztes Treffen« aufplusterte wie ein nasser Spatz, war ich sehr neugierig auf das, was sie vorhatte. Als ich nachts aus dem Fenster stieg, um zu den Lagerhallen zu fahren, wartete Charly dort bereits auf mich. Sie führte mich zu unserem Bild von Hogwarts, vor dem sie erneut die großen, schweren Kerzen aufgestellt hatte. Wir ließen uns im Schneidersitz gegenüber voneinander nieder, und als Charly mich an unseren ersten Kuss erinnerte, musste ich lachen. Das ließ den Kloß in meinem Hals ein wenig kleiner werden. Krampfhaft suchten wir nach weiteren fröhlichen Themen, um uns davon abzulenken, dass Charly am nächsten Morgen in ein Flugzeug steigen würde, das sie nach Madrid brachte. Dort hatte ihre Mutter bereits einige Tage zuvor ihre neue Stelle angetreten. Je später es wurde, desto nervöser wurde ich. Es fühlte sich an, als würde neben uns eine Zeitbombe liegen, deren Countdown viel zu schnell herunterraste. Als es langsam hell wurde, bat Charly mich, draußen auf sie zu warten. »Mach dir keine Sorgen«, meinte sie auf meinen verwunderten Blick hin. »Ich laufe schon nicht weg, versprochen. Ich muss nur noch eine Kleinigkeit erledigen.« Ich nickte und verließ das Gebäude. Wenige Minuten später kam Charly zurück. In der Hand hielt sie ihr Handy und einen kleinen schwarzen Gegenstand. Ich erkannte dass es ein Adapter war, an den man zwei Kopfhörer anschließen und somit gleichzeitig Musik hören konnte. In den letzten Wochen hatten wir das regelmäßig getan. Charly räusperte sich umständlich, bevor sie zu sprechen begann. »Weißt du, ich finde, dass diese Halle hier nur uns gehören sollte«, sagte sie leise. Ich legte den Kopf schief und wartete darauf, dass sie mir erklärte, was genau sie damit meinte. Doch Charly reichte mir nur hastig meine Kopfhörer und bat mich, sie aufzusetzen. Als ich die ersten Töne eines Songs hörte, erkannte ich die Band sofort. Es waren die Pixies. Charly nahm meine Hand, und ich spürte, wie in mir eine Mischung aus Panik und Adrenalin zu brodeln begann, als ich plötzlich eine Vermutung hatte, was gleich passieren würde. »Hast du etwa …«, begann ich langsam, doch sie lächelte nur, legte ihre freie Hand in meinen Nacken und zog mich zu sich. Als sie mich küsste, spürte ich, dass sie genau so verzweifelt war wie ich. So fest ich konnte, drückte ich sie an mich, und Frank Black sang »Where is my mind?«, während die Lagerhalle vor uns krachend in sich zusammenstürzte.

Schlechtes Vorbild

In den letzten Kapiteln kamen einige Situationen vor, in denen ich mich nicht gerade wie ein gutes Vorbild benommen habe. Mir ist wichtig, euch diesen Teil der Geschichte zu erzählen, denn genau wie jeder andere Teenager habe auch ich einen ganzen Haufen Dinge gemacht, die vielleicht nicht ganz so klug waren. Außerdem ist es keine so gute Idee, nachts allein mit dem Fahrrad durch die Gegend zu fahren. Charly und ich hatten wahnsinniges Glück, dass uns nie etwas passiert ist und dass wir immer wieder heil zu Hause angekommen sind. Was das Schwänzen der Schule angeht, kann ich verstehen, dass es verlockend sein kann, den Unterricht einfach mal sausen zu lassen. Vor allem dann, wenn es mal wieder besonders langweilig ist, man die Lehrerin oder den Lehrer nicht leiden kann oder eigentlich etwas viel Besseres zu tun hätte. Aber im Endeffekt geht es um euren Abschluss, der entscheidend dafür sein kann, wie euer weiteres Leben abläuft. Ihr geht also nicht für eure Lehrer oder Eltern in die Schule, sondern für euch selbst.

Ich weiß, das klingt genauso ätzend wie der Satz »Du lernst nicht für die Schule, sondern fürs Leben«, aber leider stimmt das. Auch wenn ich in einigen Situationen Mist gebaut habe, bin ich dennoch sehr dankbar für diese Zeit, denn sie war wirklich wichtig für mich und hat mich in einigen Punkten vorangebracht.

CHARLYS UND LISAS KLEINE SONG- & FILMLISTE

- Claude Debussy – Clair de lune
- Pixies – Where is my mind?
- Ocean's Eleven
- Pulp Fiction
- Die fabelhafte Welt der Amélie
- Fight Club

KAPITEL 9

YouTube, Partys und was es bedeutet, seine Träume zu verwirklichen

MEINE RADIOSENDUNG

Nach Charlys Umzug tat ich alles, um mich abzulenken. Ich machte ein weiteres Praktikum an einem Filmset, bei dem ich dann auch tatsächlich als Regieassistentin mitarbeiten durfte. Danach hatte ich erst einmal genug vom Film und beschloss, mir die anderen Medien einmal näher anzusehen. Dank meines Nebenjobs kannte ich die Zeitung ja bereits ganz gut, daher versuchte ich mein Glück als Nächstes beim Radio. Ich fand einen Sender, dessen Team viel Kaffee trank und noch viel mehr rauchte. Obwohl ich beides nicht tat, wurde ich dort herzlich aufgenommen und durfte nach einer kurzen Eingewöhnungsphase, in der ich zur Meisterin der Kaffeemaschine ernannt wurde, meine ersten Beiträge produzieren. Die Moderatoren brachten mir geduldig bei, wie die Technik im Studio funktionierte, und irgendwann eröffneten sie mir, dass ich meine eigene Sendung bekommen könnte. Zu Beginn war ich mir nicht ganz sicher, ob das wirklich eine so gute Idee war. Schließlich hatte ich nie gelernt, wie man richtig moderierte, sondern immer nur beobachtet, was die anderen taten. Auch die Tatsache, dass da draußen eine Menge Leute zuhören würden, beunruhigte mich. Zwar schlug ich mich ganz gut, wenn mir bei Referaten in der Schule an die dreißig Leute zuhörten, aber das hier war noch mal etwas völlig anderes. In der Schule kannte ich die Leute, und ich konnte ihre Reaktionen auf das, was ich sagte, sehen. Hier war das nicht so, und man erfuhr außerdem auch erst nach der Sendung, wie viele Zuhörer man gehabt hatte. Das fühlte sich ganz schön unsicher an, und ich befürchtete, dass ich es nicht schaffen würde, auch nur einen vernünftigen Satz herauszubringen. Als ich den anderen Moderatoren von meinen Sorgen erzählte, waren sie sehr verständnisvoll. Doch sie ermunterten mich, dem Ganzen zumindest mal eine Chance zu geben. Einer von ihnen erzählte mir, dass es ihm am Anfang ganz ähnlich ergangen war. »Das klingt vielleicht verrückt, aber dass du nicht weißt, wie viele Zuhörer es sind und wie sie reagieren, ist eine gute Sache!«, erklärte er mir. »Du sitzt ganz allein im Studio, und es fühlt sich eher so an, als würdest du nur mit einer Freundin sprechen. Glaub mir, es ist überhaupt nicht so schlimm, wie du denkst.« Er lächelte mir aufmunternd zu, und durch seine Worte bestärkt, setzte ich mich mit einem nervösen Kribbeln im Bauch vor das Mikrophon. Meine ersten Worte klangen ziemlich zittrig, doch je länger ich sprach, desto sicherer wurde ich. Als die Sendung vorbei war, klopften mir die anderen auf die Schulter und verkündeten mir feierlich, dass ich das ab jetzt gern jede Woche machen dürfte. Ich war so stolz darauf, dass ich meine erste Sendung unbeschadet überstanden hatte, dass ich sofort zusagte.

Der Redaktionsleiter ließ mir die freie Wahl, über welche Themen ich quatschen wollte, und so entschied ich mich abwechselnd für Musik, Bücher, Filme, das aktuelle Weltgeschehen oder Internettrends, die ich spannend fand. Je mehr Sendungen ich moderierte, desto ruhiger wurde ich.

Mein Kollege hatte recht gehabt. Ich vergaß sehr schnell, wie viele Leute mir zuhörten, und sprach stattdessen einfach so, als säße ich gerade gemütlich mit einer Freundin im Café. Dass es überhaupt Zuhörer gab, erfuhr ich nur durch die Zahlen, die nach der Sendung bekanntgegeben wurden, oder durch E-Mails der Zuhörer. Hier schrieben sie mir, was sie an der Sendung mochten und welche Verbesserungsvorschläge sie hätten. Im Gegensatz zur ersten Lesernachricht, die ich bei der Zeitung bekommen hatte, waren sie dabei immer respektvoll und freundlich, was mir ebenfalls dabei half, entspannter zu werden. Als ich den Dreh raushatte, verschwand das nervöse Gefühl manchmal sogar komplett. Das geschah vor allem in den Sendungen, in denen ich über eines meiner Lieblingsthemen sprach: YouTube. Im Vergleich zu heute war die Plattform damals noch relativ klein, und die meisten Leute nutzten sie nur, um sich dort Musikvideos oder Filmtrailer anzusehen. Da ich regelmäßig auf der Seite unterwegs war, wusste ich, dass es dort noch viel mehr zu entdecken gab, daher schrieb ich jede Woche eine Liste der coolsten Videos, die ich gesehen hatte, und stellte sie den Hörern des Senders vor. Dabei fiel mir irgendwann auf, dass es auf YouTube Leute gab, die regelmäßig Videos mit selbstproduzierten Inhalten hochluden. Die erste, bei der ich das feststellte, war die YouTuberin ›Coldmirror‹, auf deren Neusynchronisationen der Harry-Potter-Filme ich durch Zufall gestoßen war. Nach und nach fand ich dann immer mehr Kanäle, die mir gefielen. Die meisten YouTuber, die dort Sketche oder Comedy-Videos produzierten, waren nicht viel älter als ich. Das Besondere daran war, dass keiner von ihnen ein großes Team oder besonders viel Geld zur Verfügung zu haben schien. Oft spielten die Szenen in den Schlafzimmern, Kellern oder Gärten der YouTuber. Das faszinierte mich sehr, und je mehr ich davon sah, desto mehr Lust bekam ich, das Ganze auch einmal auszuprobieren.

ItsColeslaw

Seit dem Tag, an dem ich mein erstes Praktikum an einem Filmset beendet hatte, wollte ich unbedingt auch eigene Kurzfilme drehen. Doch bevor ich YouTube entdeckte, war ich der Ansicht, dass das für eine fünfzehnjährige Schülerin leider nicht möglich sei und ich frühestens an der Uni dazu kommen würde. Das hatte sich nun als falsch herausgestellt, und da YouTube den Vorteil hatte, dass ich die Zuschauer nicht sehen konnte (genau wie bei meiner Radiosendung), war es die perfekte Plattform für mich. Ich machte mich also daran, die ersten Ideen zu entwickeln, musste aber schnell feststellen, dass ich keine von ihnen allein umsetzen konnte. Ich brauchte Schauspieler und Kameraleute, kannte aber niemanden, der genau so filmbegeistert war wie ich. Meine Praktika hatten immer in München stattgefunden, und ich bezweifelte, dass die Leute, die ich dort kennengelernt hatte, extra für die Produktion eines popeligen Schülerfilms in eine andere Stadt fahren würden. Da ich keine andere Wahl hatte, tat ich daher einfach das Erstbeste, was mir einfiel, und begann meine Freunde mit dem Thema zu nerven. Keiner von ihnen hatte so wirklich Lust auf das Ganze, doch nach einiger Zeit ließen sich drei von ihnen breitschlagen und versprachen mir, es zumindest einmal zu versuchen. Als wir uns abends zusammensetzten, um einen YouTube-Kanal zu erstellen, scheiterten wir schon fast an der ersten Hürde. Uns wollte einfach kein guter Name einfallen. Wir überlegten lange hin und her, denn es war gar nicht so einfach, etwas zu finden, das zu uns allen passte. Irgendwann erinnerte uns Saskia an eine kleine, ziemlich schräge Tradition, die wir hatten. Jeden Samstag, nach dem Tanzkurs, gingen wir in einen Fastfood-Laden, um dort Pommes und Coleslaw, also Krautsalat, zu essen. Daher könnten wir den Kanal ja theoretisch »Coleslaw« nennen. Eigentlich war das Ganze nur als Scherz gemeint, und wir lachten alle, weil die Idee so bescheuert war. Aber da uns bis zum Ende des Abends nichts Besseres einfiel, blieben wir irgendwie doch dabei. Als ich das Wort »Coleslaw« eintippte, zeigte mir YouTube dann leider an, dass der Name bereits vergeben war. Genervt rollte ich mit den Augen, und auch die anderen hatten keine Lust darauf, sich etwas komplett Neues auszudenken. Daher setzten wir einfach kurzerhand noch ein »Its« davor. Danach schenkten wir dem Thema keine weitere Beachtung. Keiner von uns dachte, dass die Kurzfilme, die wir auf YouTube hochladen wollten, jemals mehr als eine Handvoll Leute erreichen würden, und wahrscheinlich wären das dann ohnehin nur unsere Eltern, Geschwister und Freunde. Daher spiele es ja eigentlich keine Rolle, wie der Kanal hieß.

Der erste Sketch, den wir einige Tage später hochluden, war eine Antwort auf ein Video des damals größten deutschen Comedy-Kanals. Er bekam ganze 150 Aufrufe, was uns alle total von den Socken haute. Keiner von uns hatte damit gerechnet, und wir waren überzeugt davon, dass dies das Krasseste war, was wir jemals auf YouTube erreichen würden. Heute, sieben Jahre später, werde ich regelmäßig in Interviews nach der Geschichte hinter meinem Kanalnamen gefragt. Wenn ich mich dann an den Abend zurückerinnere, an dem »ItsColeslaw« entstand, muss ich immer grinsen, bevor ich gestehe, dass die Geschichte eigentlich total unspektakulär ist. Aus dieser Sache habe ich gelernt, dass man sich über seine Account-Namen im Internet lieber in Ruhe Gedanken machen sollte, statt gleich das Erstbeste zu nehmen. Das gilt nicht nur für YouTube, sondern auch für andere Social-Media-Seiten und für Mail-Adressen. Da ist es meiner Erfahrung nach ganz gut, nicht unbedingt etwas zu wählen, das man gerade cool findet, das einem bald aber schon wieder peinlich sein könnte. Zwei meiner Mitschülerinnen hatten früher beispielsweise Mail-Adressen, in denen die Worte »LiL Princess« und »Snoopy« vorkamen, was sie spätestens dann bereuten, als unsere Klassenlehrerin eines Tages eine Rundmail verschickte und jeder ihre Adressen sehen konnte. Noch Jahre später machte sich der Rest der Klasse über sie lustig, daher stimmen sie mir nun bestimmt zu, wenn ich euch rate, damit ein wenig vorsichtig zu sein.

ALS MEINE MATHELEHRERIN MEINE VIDEOS ENTDECKTE

In der Schule achtete ich darauf, dass niemand außer meiner Freundin Irina etwas von meinem YouTube-Kanal mitbekam. Ich wollte das Ganze lieber geheim halten, denn ich konnte mir gut vorstellen, wie Yvonne und ihre Freundinnen reagieren würden, wenn sie davon erfuhren. Irgendwann kam es dann aber, wie es kommen musste. Eine von ihnen fand die Videos, und ein neuer Skandal war geboren. Meine Mitschülerinnen taten daraufhin das, was sie am besten konnten, und verbreiteten das Thema rasend schnell weiter. Als ich am nächsten Tag das Schulgebäude betrat, war dort bereits die Hölle ausgebrochen. Ich bekam sehr unterschiedliche Meinungen zu meinen Videos zu hören. Zu den Leuten, die cool darauf reagierten, gehörte, zu meinem großen Erstaunen, auch meine Mathelehrerin. Sie hatte es zu der Zeit echt nicht gerade leicht mit mir, denn ihr Fach und ich hatten kein sonderlich gutes Verhältnis zueinander. Ich sah in meiner Schulzeit einfach nicht ein, was es nutzen sollte, mehr als die Grundrechenarten zu beherrschen. Ich konnte mir keine Lebenssituation vorstellen, in der ich den anderen Kram, der uns im Unterricht erzählt wurde, jemals gebrauchen würde. Einer meiner Lieblingssätze war daher: »Als ob ich dann später mal gemütlich in meinem Schaukelstuhl sitze und mir sage ›Jetzt 'ne Kurvendiskussion!‹« Stattdessen wollte ich lieber lernen, welche Versicherungen man später einmal brauchte, wie das mit der Steuererklärung funktionieren sollte, und meinetwegen sogar, wie man einen Kühlschrank abtaute. Das alles waren Dinge, von denen ich keinen blassen Schimmer hatte, bei denen ich mir aber sicher war, dass sie irgendwann einmal wichtig werden würden. Ganz im Gegensatz zur Ableitung von e-Funktionen. Doch egal, wie viel ich meckerte, der Lehrplan blieb der gleiche. Aus Protest dagegen passte ich im Unterricht nicht mehr auf und hob irgendwann sogar nicht einmal mehr den Kopf, wenn ich aufgerufen wurde. Es musste also ganz schön ätzend gewesen sein, mich zu unterrichten. Am Tag nach der großen Skandalmeldung schaffte es meine Mathelehrerin dann aber doch, dass ich etwas sagte. Denn sie fragte mich, ob mir schon schlecht sei oder ob ich mich noch gut fühlte. Sie grinste dabei, was mich ganz schön verwirrte, denn ernst schien sie diese Frage wohl nicht zu meinen. Es dauerte eine ganze Weile, bis ich verstand, was es damit auf sich hatte. In einem meiner Videos gab es eine Szene, in der ich ein Mathebuch in der Hand hielt, es ansah, die Augen verdrehte und dann sagte, dass ich gar nicht so viel essen könnte, wie ich kotzen wollte. Meine Mathelehrerin hatte das Video gesehen, und ihre Frage war eine Anspielung darauf. Kurz war ich mir nicht sicher, ob mir die ganze Situation peinlich sein sollte. Ich entschied mich dann aber dafür, stattdessen lieber meiner Mathelehrerin zu ihrem coolen Spruch zu gratulieren. Die meisten meiner Mitschülerinnen reagierten leider nicht ganz so entspannt. Stattdessen wurde ich von ihnen förmlich in der Luft zerrissen. Einige von ihnen lästerten sogar im Unterricht über die Videos. Dabei waren sie immer darauf bedacht, so laut zu sprechen, dass ich ja hören konnte, was sie sagten. Ich wehrte mich dagegen, indem ich auf die gleiche Art zurückschlug. Als eine von ihnen im Französischunterricht einen Text über den Sonnenkönig vorlesen sollte und ihn dabei mehrfach »Louis Vuitton« statt »Louis XIV.« nannte, ließ ich ein deutlich vernehmbares Schnauben hören. Vermutlich war das keine sonderlich kluge Entscheidung, denn so hielt ich den Lästerteufelskreis, den ich ja eigentlich beenden wollte, in Gang, und es dauerte nicht lange, bis ich den nächsten Schlag zurückbekam.

ICH HABE JEMANDEN GEMOBBT

In den acht Jahren, die ich am Gymnasium verbrachte, wurde ich oft zur Zielscheibe von Lästereien und Mobbing. Doch wie ich schon im letzten Kapitel erzählt habe, war auch ich definitiv kein Unschuldslamm. Meist wehrte ich mich mit sarkastischen Kommentaren gegen das, was meine Mitschülerinnen mir an den Kopf warfen. Doch es gab auch eine wirklich miese Aktion, bei der ich mich nicht zur Wehr setzte, sondern ganz eindeutig zu den Angreifern gehörte. Es gibt nicht viele Ereignisse aus meiner Schulzeit, für die ich mich bis heute wirklich schäme. Doch das, was ich damals mit einer Gruppe Freundinnen tat, steht für mich ganz oben auf der Liste. Zu dem Zeitpunkt, als es geschah, waren wir in der siebten Klasse. Wir verbündeten uns gegen eine unserer

Mitschülerinnen, wobei ich nicht mehr genau weiß, warum wir uns ausgerechnet sie als Opfer herausgesucht hatten. Mir zumindest hatte sie nie etwas getan. Wir erstellten damals auf einer Socia-Media-Seite ein Fake-Profil von ihr. Als Profilbild luden wir ein ziemlich unvorteilhaftes Foto von ihr hoch, traten in ihrem Namen dämlichen Gruppen bei und schrieben mit dem Profil gemeine Nachrichten auf die Pinnwand ihrer echten Seite. Damals fanden wir das wahnsinnig lustig, denn »Diss-Accounts« legten sich zu dieser Zeit viele zu, um andere zu verarschen. Wir bemerkten dabei nicht, dass wir damit zu weit gingen. Es war kein harmloser Spaß mehr, sondern Mobbing. Wenn ich mich heute frage, warum wir das getan haben, glaube ich, dass es zu einem großen Teil daran lag, dass wir von unseren eigenen Schwächen und Problemen ablenken wollten. Wenn jemand anderes das Ziel war, konnten wir selbst es nicht sein. Auch wenn das irgendwie logisch klingt, ist dieser Ansatz komplett falsch.

Falls ihr also irgendwann einmal in einer Situation sein solltet, in der ihr durch eine ähnliche Aktion die Aufmerksamkeit von euch selbst ablenken wollt, dann tut es nicht. Selbst wenn es dabei um eine Person geht, die euch in der Vergangenheit schlecht behandelt hat. Seid stärker als diese Person, steht über der ganzen Sache und schlagt nicht mit den gleichen Mitteln zurück.

Denn sonst entsteht der Teufelskreis, der mich über meine ganze Schulzeit hinweg begleitet hat. Ich möchte damit nicht sagen, dass ihr euch nicht gegen Mobbing zur Wehr setzen sollt. Ganz im Gegenteil, es ist sogar sehr wichtig, dass ihr das tut und nicht einfach akzeptiert, dass euch andere schlecht behandeln. Wenn ihr in einer Situation seid, in der ihr nicht weiterwisst, möchte ich euch auch hier noch mal empfehlen, mit einer Vertrauensperson zu sprechen, oder euch an die Ansprechpartner hinten im Buch zu wenden. Hört euch an, was sie euch in eurer jeweiligen Situation raten, und entscheidet gemeinsam, wie ihr vorgehen wollt. Es ist schwierig, bei diesem Thema allgemeine Tipps zu geben, da die richtige Strategie gegen Mobbing sehr stark davon abhängt, was genau passiert ist. Ich weiß, dass es einem nicht leichtfällt, zuzugeben, dass man gemobbt wird, und jemanden deswegen um Hilfe zu fragen. Aber wenn ihr alles nur in euch hineinfresst, dann wird die Situation nicht besser werden. **Daher traut euch und springt über euren Schatten!** Das Mädchen, das wir damals gemobbt haben, wurde später übrigens zu einer der coolsten Personen der gesamten Jahrgangsstufe. Sie zog komplett ihr eigenes Ding durch und ließ sich von niemandem davon abbringen, wovor ich auch heute noch wahnsinnigen Respekt habe. Am Ende unserer Schulzeit verstand ich mich gut mit ihr, und ich möchte dieses Kapitel gern auch dazu nutzen, mich noch mal bei ihr dafür zu entschuldigen, wie ich mich ihr gegenüber verhalten habe. Ich weiß nicht, ob ich es an ihrer Stelle geschafft hätte, meinen damaligen Freundinnen und mir den Mist zu verzeihen, den wir gebaut hatten, und ich rechne es ihr ganz hoch an, dass sie das getan hat.

Das erste Mal feiern gehen

Auch wenn meine Freunde nichts von Charly wussten, merkten sie in den Wochen nach ihrem Umzug, dass es mir nicht sonderlich gutging. Da ich inzwischen sechzehn geworden war, glaubten sie, das beste Mittel gegen meine Traurigkeit sei ein Abend im Club. Ich war zwar eigentlich eher ein Couch-und-Pizza-Mädchen, doch prinzipiell hatte ich gegen Partys nichts einzuwenden. Besonders dann nicht, wenn es Hauspartys bei Freunden waren. Da konnte man sich aussuchen, ob man gerade mehr Lust auf laute Musik und Tanzen im Wohnzimmer hatte oder darauf, sich doch lieber in Ruhe auf dem Balkon zu unterhalten. Außerdem kannte man den Großteil der Gäste, und es herrschte eine angenehme, entspannte Atmosphäre. Auch die Partys in der Tanzschule waren immer eher von der ruhigeren Sorte gewesen, und ich hatte die meisten Leute bereits aus den Kursen gekannt. In dem Club, den meine Freunde sich ausgesucht hatten, würde die Stimmung bestimmt ein wenig anders sein. Allein die Vorstellung von so vielen fremden Menschen auf einem Fleck sorgte dafür, dass der Kloß in meinem Hals nervös auf und ab zu wippen begann. Ich war kurz davor, abzusagen, doch meine Therapeutin ermunterte mich, es nicht zu tun. »Manchmal muss man einfach ins kalte Wasser springen«, meinte sie. »Nur dann kann man sich weiterentwickeln und lernen, mit solchen Situationen umzugehen.« Ich seufzte tief, versprach ihr aber, es wenigstens einmal zu versuchen. Als wir abends am Eingang des Clubs ankamen, warteten dort so viele Menschen, dass wir uns erst einmal fast eine Stunde lang anstellen mussten, bevor wir bei der Tür anlangten. Je länger wir in der Schlange standen, desto mehr entspannte ich mich, und ich dankte meiner Therapeutin in Gedanken für ihre motivierenden Worte. Wenn ich mit dieser Situation hier umgehen konnte, dann war ich ganz eindeutig auf einem guten Weg. Während wir warteten, kamen wir mit einer Gruppe von Leuten ins Gespräch, die wirklich nett waren. Es machte Spaß, mit ihnen zu quatschen, und es lenkte mich von all den nervigen Sorgen und »Was, wenn doch irgendetwas schiefgeht«-Fragen in meinem Kopf ab. Nachdem wir das Gebäude betreten hatten, standen wir erst mal – genau wie alle anderen – am Rand der Tanzfläche herum. Als die Musik dann aber lauter gestellt wurde, machte eine Gruppe Mädchen den ersten Schritt und begann zu tanzen. Wenige Minuten später folgten wir ihnen, und es fühlte sich nicht anders an als bei den Partys, bei denen ich zuvor gewesen war. Jedenfalls so lange, bis ich plötzlich spürte, wie jemand seine Hände an meine Hüfte legte. Die Person, zu der die Hände gehörten, konnte ich nicht sehen, da sie hinter mir stand. Ich drehte mich um und erkannte, dass es ein Typ war, den ich noch nie zuvor gesehen hatte. Für mich war klar, dass er mich mit einem Mädchen, das er kannte, verwechselt haben musste. Da mir so etwas selbst schon oft genug passiert war, wollte ich verhindern, dass ihm die Situation unangenehm war. Ich lächelte ihn also freundlich an und schüttelte den Kopf. Dann drehte ich mich wieder um und erwartete, dass er wegging. Wenige Sekunden später spürte ich die Hände erneut. Diesmal knapp unterhalb meiner Brüste. Total verwirrt von diesem Verhalten schüttelte ich ihn ab, schnappte mir die Hand meiner Freundin Saskia und zog sie in Richtung der Toiletten. Sie lachte mich erst einmal aus, als ich ihr erzählte, was passiert war, und erklärte mir dann, dass der Typ mich einfach nur angetanzt habe. Das sei in Clubs völlig normal, und es sei ziemlich süß, dass ich das nicht wisse. »Sei mal nicht so verklemmt!«, sagte sie, als sie meinen kritischen Blick sah und zog mich zurück auf die Tanzfläche. Ich schüttelte erneut den Kopf. Hatte ich da gerade richtig gehört? Ich sollte verklemmt sein, nur weil ich nicht wollte, dass mich ein wildfremder Mensch anfasste? In einer Situation, in der ich ihn nicht einmal sehen konnte und ohne vorher auch nur ein Wort miteinander gewechselt zu haben? Noch heute werde ich wütend, wenn ich mich an diese Situation zurückerinnere. Meiner Meinung nach ist jemand, der es nicht mag, angetanzt zu werden, keineswegs verklemmt. Aber genauso wenig ist jemand, für den das kein Problem darstellt, eine Schlampe. Oder die männliche Version davon, für die es irgendwie keine Bezeichnung zu geben scheint.

In einer solchen Situation ist es wichtig, sich auf das eigene Gefühl zu verlassen und sich nicht von anderen dazu überreden zu lassen, etwas zu tun, was man nicht will, nur weil es angeblich »völlig normal« ist. Euer Körper gehört euch, und es ist demnach auch eure Entscheidung, wer euch berühren darf und wer nicht.

Übrigens gilt das für alle Geschlechter. Erst vor kurzem habe ich mich mit einem Freund über dieses Thema unterhalten, und er hat mir erzählt, dass auch er schon ungewollt in Clubs angegrabscht wurde. Einmal hat ihm eine Frau sogar ohne Vorwarnung in die Hose gefasst. Auch wenn eure Freunde in einer solchen Situation vielleicht Dinge sagen wie »Hä, was hast du denn? Ist doch voll geil, wenn dich 'ne Frau einfach so anfasst!«, ist es euer gutes Recht, das nicht zu wollen. Scheiß auf all die blöden Geschlechterklischees.

WIE WEHRE ICH MICH?

Nachdem Saskia und ich von der Toilette zurückkehrten, war der Typ verschwunden. Der Rest des Abends verlief gut, und zwei weitere Leute, die versuchten, mich anzutanzen, akzeptierten es, als ich nein sagte. Später jedoch, als ich gerade vor der Garderobe darauf wartete, meine Jacke abzuholen, stellte sich jemand hinter mich, der bei dem Wort »Nein« seine Ohren wohl bewusst auf Durchzug stellte. Es war viel los, weswegen meine Freunde und ich voneinander getrennt wurden. Wir riefen uns nur noch schnell über die Köpfe der anderen Leute zu, dass wir uns draußen treffen würden, um gemeinsam nach Hause zu fahren. Ich stand also allein in der Schlange, als der Typ, der hinter mir stand, seinen Kopf zu meinem Ohr vorbeugte und mit beiden Händen über meinen Po zu streichen begann. »Sorry, sonst ma-

che ich so was nicht«, lallte er. »Aber du bist ja allein hier.«
Ich versuchte, seine Hand wegzuschlagen, aber er war viel
stärker als ich und grapschte einfach weiter. Auch als ich
mehrmals »Nein!« und »Lass los!« rief, ließ er sich nicht
aus der Ruhe bringen. Ich wurde panisch, tat das Erstbeste,
was mir einfiel, und rammte ihm meinen Ellenbogen in den
Magen. Das war ziemlich effektiv, denn er wich zurück und
erbrach sich neben mir auf den Boden. Ich würde euch jetzt
nicht unbedingt empfehlen, jedes Mal direkt die Ellenbogen
auszufahren, sobald euch jemand zu nahe kommt. Es war
auch wirklich keine so prickelnde Erfahrung, einem Schwall
Kotze ausweichen zu müssen. Aber es ist wichtig, dass ihr
euch in einem solchen Moment wehrt. Hätte ich nicht auf
meinen ersten Impuls gehört und einen Moment lang nachgedacht, hätte ich vermutlich eine der umstehenden Personen um Hilfe gebeten. Aber manchmal reagiert der Körper
eben schneller als der Verstand.

Ich habe dabei die Erfahrung gemacht, dass es in solchen
Situationen sehr hilfreich ist, einen der umstehenden Menschen direkt anzusprechen und etwas wie »Hey, du da im
blauen T-Shirt! Hilf mir!« zu rufen. Denn dadurch werden die
Leute im Zweifelsfall aus ihrer Schockstarre herausgerissen.
Vor allem aber verhindert man dadurch ein Phänomen, das
sich »Verantwortungsdiffusion« nennt. Das Problem in solchen Momenten ist nämlich häufig, dass sich keiner der Umstehenden verantwortlich fühlt, weil ja eine größere Menge
an Leuten das Ganze beobachtet, die ja theoretisch auch
alle eingreifen könnten. Außerdem wissen Beobachter einer

solchen Szene oft nicht genau, ob es jetzt angebracht ist, etwas zu tun oder nicht. Sie fürchten sich also davor, eine ablehnende Reaktion zu bekommen oder sich zu blamieren, wenn sie eingreifen, obwohl ihre Hilfe vielleicht gar nicht gefragt gewesen wäre. Für die Person, die sich gerade in einer blöden Lage befindet, ist das natürlich ziemlich mies. Wenn ihr in der Position der Umstehenden seid, dann springt in einer solchen Situation unbedingt über euren Schatten und handelt lieber einmal zu oft als einmal zu wenig.

DIE UNGESCHRIEBENEN REGELN DES CLUBS

Es muss nicht direkt zu einer Situation wie dieser kommen, damit man sich beim Feierngehen unwohl fühlt. Eine meiner größten Sorgen war es beispielsweise, dass ich nicht gut genug tanzen konnte. Mit Standardtänzen konnte man im Club ja wohl kaum ankommen. Ich weiß nicht, ob ich vorher zu viel ›Step Up‹ geschaut hatte und deswegen dachte, in Clubs würde es genauso ablaufen wie in den Filmen und alle würden in epischen Dance Battles gegeneinander antreten. Aber irgendwie war ich der Ansicht, dass ich total negativ auffallen würde und die Leute denken könnten, ich hätte Tanzunterricht bei einem dieser Wackeldackel genommen, die die Leute früher gern mal als Deko auf den Armaturenbrettern ihrer Autos stehen hatten. Denn mehr als hin und her wippen und dabei irgendwie mit den Armen, dem Kopf und dem Po wackeln konnte ich nicht.

Glücklicherweise stellte ich recht schnell fest, dass sich die meisten anderen Leute genauso bewegten. Außerdem war es so voll, dass ich in der Menge unterging und niemand darauf achtete, was genau ich da eigentlich tat. Noch besser wurde es, als ich bereits bei der ersten Party meinen neuen besten Freund kennenlernte: Stroboskoplicht. Das ist echt eine super praktische Erfindung, denn sobald das angeschaltet wird, nimmt dich jeder nur noch so abgehackt wahr, dass du auch den Ententanz machen könntest, ohne dass es irgendjemand merkt. Perfekt! Dass die anderen viel weniger auf einen achten, als man denkt, gilt auch, wenn es um das Thema Outfit geht. Vor meinem ersten Abend im Club habe ich mir darüber, was ich anziehen sollte, keine großen Gedanken gemacht. Ich trug einfach das, was mir gefiel: eine Jeans, ein T-Shirt und Sneakers. Als ich in der Schlange feststellte, dass der Großteil der anderen Mädels High Heels und Kleider trugen, hatte ich kurz das Gefühl, die ungeschriebenen Regeln des Clubs missachtet zu haben. »Shit«, dachte ich mir. »So lassen die mich bestimmt nicht rein.« Doch der Türsteher winkte mich durch, ohne mit der Wimper zu zucken. Niemand starrte mich an, und niemand lachte. Es war den Leuten völlig egal. Daher trug ich auch an den Abenden danach Klamotten, in denen ich mich wohl fühlte. Und das waren eben keine High Heels und Kleider. Denn wenn ich die trug, kam ich mir immer so vor, als hätte ich mich verkleidet, und war die ganze Zeit nur damit beschäftigt, mich zu fragen, ob ich beim Laufen wohl wie ein altersschwacher Pinguin aussah.

Meiner Meinung nach sollte man sich wegen des ganzen Outfit-Themas keinen allzu großen Stress machen. Klar, es kann passieren, dass man mal irgendwelchen Idioten begegnet, die dann dumme Kommentare abgeben. Aber da Kleidung eben Geschmackssache ist, ist es fast schon egal, was man trägt. Irgendjemanden wird es immer geben, der es nicht schön findet. Ich frage mich in solchen Situationen immer, ob mir die Meinung dieser Leute jetzt wirklich so wichtig ist, dass ich mich davon runterziehen lassen möchte. Und die Antwort darauf ist in den meisten Fällen ein klares Nein.

Als ich meine zweite Familie verlor

Wenige Wochen nach meinem ersten Abend im Club verkündeten mir Saskia und die beiden anderen Freunde, mit denen ich den YouTube-Kanal eröffnet hatte, dass ihnen unsere Videos peinlich waren. Sie wollten, dass ich sie löschte, und erklärten mir, dass sie künftig nichts mehr mit mir zusammen drehen wollten. Als ich die Videos offline nahm, fühlte ich mich wie betäubt, auch wenn ich irgendwie schon mit einer solchen Ansage gerechnet hatte. Nach unserer Unterhaltung im Club hatte ich plötzlich eine seltsame Distanz zwischen Saskia und mir gespürt, die nun auch immer häufiger in Erscheinung trat, wenn ich mit meinen anderen Freunden aus dem Jugendzentrum sprach. Ich hatte mich noch immer nicht getraut, ihnen von Charly zu erzählen, und irgendwie hatte ich auch die Lust verloren, diese für mich so wichtigen

Erlebnisse mit ihnen zu teilen. Neben ihren negativen Reaktionen auf alles, was anders war, befürchtete ich auf die gleiche Mauer aus Widerstand und Desinteresse zu stoßen, die jedes Mal zwischen uns auftauchte, wenn ich meine Nebenjobs bei der Zeitung oder beim Radio erwähnte. Mehr und mehr bekam ich das Gefühl, nicht mehr zu ihnen zu gehören, und nun realisierte ich endgültig, dass wir uns in unterschiedliche Richtungen entwickelt hatten. Unsere Ansichten lagen inzwischen meilenweit auseinander, was ich bisher erfolgreich ignoriert hatte. Doch je länger ich nun darüber nachdachte, desto mehr Situationen kamen mir in den Sinn, in denen mir für einen kurzen Moment schmerzhaft bewusst geworden war, wie sehr wir uns voneinander entfernt hatten. Ich hatte diese Gedanken stets in der hintersten Schublade meines Kopfes vergraben, weil ich einfach nicht wahrhaben wollte, dass das passierte. Aber die Leute, mit denen ich aufgewachsen war, waren nicht mehr meine zweite Familie. Sie zeigten mir deutlich, dass ich bei ihnen nicht mehr willkommen war, und so tauchte ich nach einigen Monaten, in denen unser Kontakt immer weniger geworden war, irgendwann nicht mehr im Jugendzentrum auf. Es gab keinen offenen Streit, kein dramatisches, filmreifes Ende unserer Freundschaft. Nur ein seltsames Ausblenden und einen ganzen Haufen Trauer und Enttäuschung.

Wenn es Zeit ist, zu gehen

Wenn man bereits viele Jahre mit einem Freundeskreis verbracht hat, kann es einem sehr schwerfallen zu begreifen, dass es an der Zeit ist, zu gehen. Selbst wenn man eigentlich weiß, dass man gar nicht mehr zu den Leuten passt oder dass sie einem nicht guttun, hat man oft Angst, sie zu verlassen und danach allein dazustehen. Mir ging es damals genauso, doch irgendwann fühlte ich mich so fehl am Platz, dass ich nicht anders konnte, als zu gehen. Ich habe damals einen radikalen Schlussstrich gezogen und zu den Leuten aus dem Jugendzentrum seither keinen Kontakt mehr. Wenn ich heute in meiner alten Heimatstadt unterwegs bin, frage ich mich manchmal, wie es wohl wäre, wenn wir uns zufällig begegnen würden. Würden wir uns begrüßen und uns kurz unterhalten? Oder aneinander vorbeilaufen und so tun, als würden wir uns nicht kennen? Ich weiß es nicht. Manchmal ist ein solches Ende einer Freundschaft die richtige Wahl. Es gibt aber auch Fälle, in denen man vielleicht noch eine andere Lösung finden kann. Im Kapitel »Wenn Freundschaften zerbrechen« habe ich ja bereits vorgeschlagen, sich in einer solchen Situation vielleicht nicht mehr mit allen Leuten aus dem Freundeskreis zu treffen, sondern nur noch den Kontakt zu den Menschen zu erhalten, mit denen man sich gut versteht. Übrigens hatte die ganze Situation nicht nur negative Seiten. Als ich feststellte, wie engstirnig einige der Ansichten meiner früheren Freunde waren, begann ich, vieles zu hinterfragen. Ich dachte darüber nach, welche Meinungen eigentlich meine eigenen waren und ob ich nicht vielleicht doch viele Dinge nur für richtig hielt, weil all meine Freunde das getan hatten. Das brachte mich einen großen Schritt weiter, und ich akzeptierte, dass man manchmal wohl Menschen verlieren musste, um sich weiterentwickeln zu können. Nur so konnte ich mehr und mehr zu der Person werden, die ich eigentlich sein wollte. Auch wenn es eine Weile dauerte, bis mir das gelang, blicke ich heute, einige Jahre später, vor allem auf die schönen Momente zurück, die ich mit meinen Freunden aus dem Jugendzentrum erlebt habe. An all die Theaterstücke und Musicals, die wir Jahr für Jahr aufgeführt haben. An die Zeltlager, Ausflüge und Partys. An die Mädelsabende mit meinen Freundinnen und das gegenseitige Trösten beim ersten großen Liebeskummer. An das Versprechen, für den Rest unseres Lebens befreundet zu bleiben und uns auch noch als Omas und Opas jede Woche zu Kaffee und Kuchen zu treffen. Auch wenn das vermutlich nicht passieren wird.

Immer vorwärts, niemals zurück

Nachdem ich mich von meinem Freundeskreis aus dem Jugendzentrum getrennt hatte, fühlte ich mich zunächst ziemlich einsam. Zuerst hatte ich Charly verloren und nun meine engsten Freunde. Es war, als hätte man mich auseinandergerissen und nur zur Hälfte wieder zusammengesetzt. Egal, was zwischen uns passiert war, ich vermisste die Leute, und eine Weile lang erlaubte ich es mir, um unsere Freundschaft trauern zu dürfen. Doch dann gab ich mir einen Ruck und versuchte, positiv zu denken. Ich war nicht allein. In der Schule hatte ich neben Irina noch ein paar andere Mädchen gefunden, mit denen ich mich gut verstand. Auch wenn wir uns außerhalb der Schule nur selten trafen, verbrachten wir doch einen Großteil unserer Zeit zusammen. Auch im Radiosender und bei der Zeitung gab es einige Leute, die ich wirklich gern mochte. Ich beschloss, darauf aufzubauen und jetzt, wo ich mich nicht mehr ständig dafür rechtfertigen musste, endlich all die Dinge zu tun, auf die ich immer schon Lust gehabt hatte. Ich dachte mir neue Video-Ideen für den YouTube-Kanal aus und sah es als eine spannende, neue Herausforderung, sie ab jetzt allein umzusetzen. In den Ferien begann ich ein weiteres Praktikum. Diesmal entschied ich mich fürs Fernsehen und musste dort zuallererst einmal etwas machen, das ich abgrundtief hasste: Straßenumfragen. Bei der Zeitung und beim Radio hatte ich mich immer davor gedrückt, weil ich nichts unangenehmer fand, als wildfremden Leuten mit blöden Fragen auf die Nerven zu gehen. Die Blockade in meinem Hals sah das genauso, als man mir ein Mikro in die Hand drückte und mich mit dem Satz »Der Kameramann wartet schon auf dich!« nach draußen schickte. Kurz war ich versucht, der Panik nachzugeben und einfach wegzulaufen. Doch dann atmete ich tief durch, trank einen Schluck Wasser und zwang mich, auf den Kameramann zuzugehen. Wegzulaufen würde ja doch nichts bringen. Ich wollte mich weiterentwickeln, und wenn es dafür nötig war, dass ich Straßenumfragen machte, dann würde ich mich zusammenreißen müssen. Immer vorwärts, niemals zurück. Der Kameramann, der natürlich nichts von meiner inneren Motivationsrede mitbekam, blickte mich ziemlich gelangweilt an und stieg dann ins Auto. Gemeinsam fuhren wir in die Innenstadt, um in der Fußgängerzone nach Leuten zu suchen, die uns ihre Meinung zum Thema Plastikschlitten erzählen sollten. Fanden sie die besser oder schlechter als klassische Holzschlitten? Eine Frage, die die Welt bewegte. Bevor wir das Auto verließen, sah ich noch schnell auf das kleine Thermometersymbol, das auf der Anzeige erschienen war. Minus zwanzig Grad. Na bravo. Wir brauchten geschlagene drei Stunden, um die nötige Anzahl an Menschen dazu zu bringen, ein paar Sätze in die Kamera zu sprechen. Ich spürte meine Zehen nicht mehr und begann langsam, daran zu zweifeln, ob Journalistin wirklich so ein toller Berufswunsch war. Noch schlimmer wurde es am Tag danach. Eigentlich hatte mir der Redaktionsleiter versprochen, dass ich diesmal drinbleiben durfte, daher hatte ich meine neuen Winterstiefel angezogen. Die hatten einen ziemlich hohen Absatz, doch ich mochte sie wirklich gern, und unter normalen Umständen konnte ich auch gut in ihnen laufen. Selbst auf dem Kopfsteinpflaster vor unserer Schule hatte ich mich in den Tagen davor kein einziges Mal langgelegt, worauf ich ziemlich stolz war. Was dann allerdings passierte, war der Untergang dieses guten Gefühls. Ich erfuhr, dass auf der Autobahn eine Massenkarambolage stattgefunden hatte. Es gab keine Verletzten, aber ganz viel Blechschaden, weswegen der Redaktionsleiter forderte, dass wir schleunigst dorthin fuhren, um davon zu berichten. Erneut drückte er mir ein Mikro in die Hand, ignorierte meine Proteste und schob mich in Richtung des Kameramanns, der bereits am Auto wartete. Statt den Tag entspannt im Schnitt zu verbringen, schlitterte ich also bereits eine Viertelstunde später in meinen hohen Schuhen über die Autobahn und musste dort Leuten, die vor ihren total zerbeulten Autos standen, Fragen stellen. Es fiel mir furchtbar schwer, und ich hätte nichts lieber getan, als ihnen zu helfen oder sie zumindest nicht noch zusätzlich zu stressen. Als ich abends nach Hause kam, war ich fix und fertig. Meine Knöchel taten weh, und ich hatte ein schlechtes Gewissen gegenüber den Leuten auf der Autobahn. Seufzend ließ ich mich auf meinem Bett nieder und zog endlich die Schuhe aus. Ich musste zugeben, dass ich mich wohl geirrt hatte. Es gab für schüchterne Journalistinnen wie mich wohl doch noch Schlimmeres als Straßenumfragen.

RAUS AUS DER STADT

Als das Praktikum vorbei war, hatte ich das Gefühl, viel Neues dazugelernt zu haben. Vor allem, wenn es darum ging, meine Panik in neuen Situationen in den Griff zu bekommen. Ich war ziemlich stolz darauf, dass ich mich nun sowohl im Job als auch unter Freunden, im Club und in der Schule wieder wie ein normal funktionierender Mensch fühlen konnte. Auch wenn ich nach den langen Kämpfen gegen den Kloß in meinem Hals, ehrlich gesagt, ganz gern an irgendeinen Urlaubsort gefahren wäre, an dem die größte Herausforderung in der Frage bestand, ob ich lieber im Pool oder im Meer schwimmen gehen wollte. Das Blöde daran, Praktika in den Ferien zu machen, war, dass keine Zeit mehr für Strand und Sonne blieb. Ich musste also wohl oder übel wieder in die Schule gehen. Als ich um acht Uhr morgens gähnend auf meinem Platz saß, hatte unsere Klassenlehrerin gerade begonnen, mit einem Stapel Flyer vor unseren Nasen herumzuwedeln. »Das sind Einladungen zu einem Seminar für Nachwuchsjournalisten«, erklärte sie uns. »Der Veranstaltungsort ist Paderborn, und das Ganze ist eine tolle Chance, die ihr unbedingt nutzen solltet, wenn ihr später mal in der Medienbranche arbeiten wollt.« Beim Wort »Nachwuchsjournalisten« hatte ich kurz den Kopf gehoben, wandte mich aber sofort wieder ab, als ich hörte, wo das Ganze stattfinden sollte. Paderborn lag mehrere Stunden von meiner Heimatstadt entfernt. Dort hinzufahren, zu einem Seminar, bei dem ich niemanden kannte, war für mich völlig unmöglich. Das würde die Panik niemals zulassen. Allerdings meldete sich eine vorwitzige kleine Stimme in meinem Unterbewusstsein, die mich daran erinnerte, wie gut ich mich in letzter Zeit geschlagen hatte und wie oft es mir gelungen war, den Kloß in meinem Hals und die Steine im Magen zum Schweigen zu bringen. Also vielleicht, nur ganz vielleicht, könnte ich es ja doch mal versuchen? Überzeugt war ich nicht gerade, steckte aber trotzdem einen der Flyer ein, als ich das Klassenzimmer verließ. Zu Hause las ich ihn mir in aller Ruhe durch und erfuhr, das man für die Bewerbung einen Lebenslauf und ein Motivationsschreiben einreichen musste. Darin sollte man erklären, warum man gern am Seminar teilnehmen wollte. Außerdem war sechzehn das Mindestalter, und es durften Leute bis fünfundzwanzig teilnehmen. Ich seufzte resigniert. Die anderen Bewerber konnten bestimmt schon seitenlange Lebensläufe vorweisen, die mit allem möglichen tollen Kram vollgepackt waren, den sie bereits gemacht hatten. Wie groß war da denn schon die Wahrscheinlichkeit, dass ausgerechnet ich zugelassen wurde? Ich war mir ziemlich sicher, dass ich keine Chance haben würde, und genau das war der springende Punkt, der mich dazu brachte, mich für das Seminar zu bewerben. Ich beschiss mich quasi selbst, als ich den Umschlag mit den Unterlagen zur Post brachte und mir sagte, dass ich mich meinen Ängsten stellte und mich etwas Neues traute. Denn im Hinterkopf glaubte ich ja zu wissen, dass es ohnehin nichts werden würde. Verrückterweise erhielt ich ein paar Wochen später eine Zusage für das Seminar. Das überforderte mich total, denn jetzt musste ich mich ja tatsächlich mit dem Ganzen auseinandersetzen. Einerseits freute ich mich über den Brief, andererseits war ich aber auch kurz davor, den Veranstaltern zu schreiben, dass ich leider doch nicht teilnehmen konnte. Ich erzählte meinen Eltern von meinem Dilemma und der Angst, in dieser neuen Situation völlig durchzudrehen. Daraufhin taten sie etwas absolut Großartiges, für das ich ihnen bis heute gar nicht genug danken kann. Sie nahmen sich frei, buchten ein Hotelzimmer in Paderborn und fuhren mit mir dorthin. Falls es mir schlechtgehen sollte, das versprachen sie mir, könnten wir jederzeit wieder nach Hause fahren. Diese Geste rührte mich so sehr, dass ich mir schwor, so lange wie möglich durchzuhalten. Ich wollte ihnen und mir selbst beweisen, dass ich das schaffen konnte. Je näher wir dem Gebäude kamen, in dem das Seminar stattfinden sollte, desto schlechter ging es mir. Ich hatte Magenkrämpfe und atmete flach, während ich mir im Kopf wieder und wieder sagte, dass ich nichts zu befürchten hatte. Ich hatte einen Fluchtweg, den ich im Notfall jederzeit nehmen konnte. Alles würde gut werden. Das Programm begann mit einem Begrüßungsessen, bei dem ich so nervös war, dass ich es zunächst nicht schaffte, mehr als nur ein paar Worte zu sagen. Geschweige denn, etwas zu essen. Es stellte sich heraus, dass ich tatsächlich die jüngste Teilnehmerin war, was mich noch zusätzlich verunsicherte. Doch die Leute, die neben mir saßen, lenkten mich von meinen Sorgen ab. Sie erzählten mir, warum sie sich für das Seminar beworben hatten, und ignorierten dabei höflich, dass ich vermutlich aussah, als würde ich gleich in Ohnmacht fallen. Es wurde ein netter Abend, bei dem ich mich jedoch nicht ganz entspannen konnte, weil ich genau wusste, dass die größte Herausforderung noch vor mir lag. Ich musste irgendwie die Nacht überleben.

WIND IM KOPF

Ich teilte mir ein Zimmer mit fünf anderen Mädchen. Während sie nach und nach einschliefen, lag ich wach und starrte an die Decke. Je müder ich wurde, desto leichter hatte es die Panik. Sie drang aus meinem Unterbewusstsein hervor und legte sich wie ein Felsbrocken auf meinen Brustkorb. Ich atmete immer flacher und klang irgendwann, als hätte ich gerade einen Marathonlauf beendet. Es wurde immer schlimmer, bis es sich irgendwann anfühlte, als würde etwas in meinem Kopf auf einen großen, roten Knopf mit der Aufschrift »Fluchtinstinkt« einhämmern. Meine Atemnot wurde unerträglich, und so sprang ich aus dem Bett und rannte keuchend nach draußen, den Gang entlang, die Treppe hinunter und hinaus auf die Straße. Ich musste zu meinen Eltern, ich musste nach Hause, ich musste … O nein. Vor lauter Panik hatte ich völlig vergessen, mein Handy mitzunehmen. Ich starrte nach unten und bemerkte, dass ich auch keine Schuhe trug. Meine Füße kribbelten. Verzweiflung kroch in mir hoch und erreichte meine Knie, die nachgaben und mich zu Boden stürzen ließen. Es war Ende Oktober, und der Wind, der meine Haare zerzauste und durch meine dünnen Schlafklamotten fuhr, war eiskalt. Ich zitterte unkontrolliert, doch die frische Luft war gut, denn sie blies meine wirren Gedanken zur Seite und ließ mich mit klarem Kopf auf den Treppenstufen liegend zurück. Es dauerte eine Weile, bis ich mich wieder bewegen konnte, doch als ich endlich aufrecht stand, dachte ich an die drei goldenen Regeln: Schultern runter, Kopf hoch und Mundwinkel hoch. Mit festen Schritten ging ich zurück ins Haus. Dabei sagte ich mir, dass es keinen logischen Grund für meine Panik gab. Mir fehlte nichts, und es gab nichts, worüber ich mir Sorgen machen müsste. Die anderen Teilnehmer waren nett und das Hotel, in dem meine Eltern schliefen, lag nur ein paar Straßen entfernt. Wenn ich wollte, könnte ich die beiden sofort anrufen, und sie würden es mir garantiert nicht übelnehmen, wenn ich es tat. Schließlich waren sie ja genau deswegen mitgekommen. In diesem Moment, als ich den letzten Satz zu Ende gedacht hatte, wurde ich endlich ruhiger. Ja, ich könnte sie bitten, mich hier abzuholen. Der Ausweg war da. Aber ich war so weit gekommen, dass ich nicht aufgeben wollte. Nein, es war verdammt nochmal an der Zeit, dass ich mein Leben zurückbekam.

HIER GEHÖRE ICH HIN

Ich ging zurück ins Bett und schlief erschöpft ein. Als ich am nächsten Tag durch einen lauten Gong geweckt wurde, fühlte ich mich total gerädert. Zu meiner großen Überraschung stellte sich heraus, dass das Seminar für mich zu einem vollen Erfolg wurde. Zwar schlief ich in der gesamten Woche nur sehr wenig, hatte dafür aber tagsüber ein spannendes Programm. Es war toll, mit Leuten aus ganz Deutschland reden zu können, die die gleiche Leidenschaft hatten wie ich. Ich wurde immer lockerer und schloss mich einer Gruppe an, mit der ich auch abends etwas unternahm. Wir gingen zusammen in Bars oder auf den Jahrmarkt, der zu der Zeit in Paderborn stattfand, wobei ich mich von der guten Stimmung der anderen mitreißen ließ. Ich gab mir Mühe, meinen Kopf so gut wie möglich auszuschalten, und es gelang mir erstaunlich gut. Hier kannte mich niemand, ich konnte mich also trauen, einfach mal ich selbst zu sein, und dabei testen, wie die anderen Teilnehmer darauf reagierten. Das fühlte sich phantastisch an, und die Gespräche, die ich mit ihnen führte, waren so spannend, dass ich mich manchmal bei dem Wunsch ertappte, das Seminar möge noch viel länger dauern. Ich hatte das Gefühl, dass mich die Leute hier schon nach ein paar Tagen so viel besser verstanden, als meine Freunde es je getan hatten. Als die Abreise näher rückte, war ich gleichzeitig traurig und überglücklich. Genau wie die Leute, mit denen ich mich angefreundet hatte, hielt ich einen Zettel in der Hand, auf den die anderen ihre Handynummern geschrieben hatten. Wir versprachen einander, in Kontakt zu bleiben, und als ich mich zu meinen Eltern ins Auto setzte, lächelte ich breit. »Wisst ihr was?«, fragte ich leise. »Ich glaube, hier gehöre ich hin.«

WAS TUN, WENN NIEMAND DEINE TRÄUME UNTERSTÜTZT?

Ich war meinen Eltern unglaublich dankbar dafür, dass sie mich begleitet hatten, denn ohne sie wäre ich niemals zu dem Seminar gefahren. Auch wenn meine Freunde wenig Verständnis für die Dinge hatten, für die ich mich interessierte, hatte ich immer das Glück, dass meine Familie mich unterstützte. Zwar waren sie nicht gerade begeistert davon, dass meine Vorliebe ausgerechnet einem so unsicheren Berufsfeld wie den Medien galt, doch auch wenn sie mir regelmäßig von ihren Sorgen erzählten, versuchten sie nie, mich von meinen Plänen abzubringen. Ich weiß, dass es vielen Leuten leider nicht so geht. Wenn man ein ungewöhnliches Hobby hat oder einen Berufswunsch, mit dem niemand im Freundeskreis oder in der Familie etwas anfangen kann, dann fühlt man sich oft alleingelassen. Wenn man eine Sache wirklich toll findet, würde man sich natürlich freuen, wenn einen die liebsten Menschen unterstützen. Doch manchmal funktioniert das eben nicht so ganz. Man könnte die Sache dann ganz einfach aufgeben und stattdessen die Dinge tun, die alle anderen auch mögen. Das ist echt angenehm und vor allem viel einfacher, als sich etwas Eigenes zu suchen. Doch ich kann euch nur von ganzem Herzen raten, euch auch mal zu trauen, gegen den Strom zu schwimmen. Erkundigt euch, ob es für die Sache, für die ihr euch interessiert, eine AG oder ein Förderprogramm gibt. Man kann für so ziemlich jedes Hobby etwas finden, egal ob es nun ein Kunstkurs, die Schülerzeitung oder ›Jugend forscht‹ ist. Wenn an eurer Schule nichts Passendes angeboten wird, dann schaut im Internet nach, ob es vielleicht Angebote in einem Jugendzentrum oder an der Volkshochschule gibt. Ihr könnt auch bei euren Lehrern nachfragen, ob sie vielleicht in letzter Zeit von Veranstaltungen oder Kursen gehört haben, die zu euch und euren Interessen passen könnten. Falls ihr euch Sorgen macht, für einen Streber gehalten zu werden, wenn ihr euch für zusätzliche Kurse eintragt oder einer AG beitretet, kann ich das gut verstehen. Die meisten meiner Mitschülerinnen fanden es auch ziemlich seltsam, dass ich freiwillig einen Teil meiner Freizeit opferte, um Roboter zu programmieren, beim Schultheater mitzuspielen, oder einen Kurs zu besuchen, bei dem man am Computer schnell mit zehn Fingern zu schreiben lernte. Natürlich war es mir ziemlich unangenehm, als sie mich darauf ansprachen und meinten, ich sei irgendwie schräg. Aber mich haben diese Dinge wirklich weitergebracht und vor allem habe ich durch sie die Freunde gefunden, die wirklich zu mir passen. Auch wenn eure Hobbys unter euren Mitschülern vielleicht als peinlich oder uncool gelten, behaltet einfach im Kopf, dass die Schulzeit irgendwann endet. Ich weiß, dass einem das manchmal unvorstellbar erscheint, wenn man noch mittendrin steckt. Aber die Meinung der anderen wird spätestens dann völlig unwichtig, wenn man sein Abschlusszeugnis in der Hand hält. Also nutzt alle Möglichkeiten, die ihr bekommt, um herauszufinden, welche Dinge euch wirklich begeistern und wo ihr euch vielleicht doch nur von anderen mitreißen lasst. Ich verspreche euch, dass sich das lohnt.

Kapitel 10

Der mysteriöse Freund aus dem Internet und wie ich den letzten Schritt wagte

Eine ganz normale Sechzehnjährige

Nach dem Seminar war ich so euphorisch, dass ich unbedingt gleich noch eines besuchen wollte. Ich ging also zu meiner Klassenlehrerin und fragte sie, ob sie von noch mehr Veranstaltungen wusste. Zu meiner großen Freude erfuhr ich, dass ein paar Monate später ein weiteres Seminar in Mainz stattfinden würde. Obwohl der Weg dorthin sogar ein wenig kürzer war als der nach Paderborn, reagierte mein Körper direkt mit einer ordentlichen Portion Nervosität. Doch ich ließ mich davon nicht einschüchtern. Die Zeiten waren vorbei. Breit grinsend füllte ich die Bewerbungsunterlagen aus, schickte sie ab und erhielt erneut eine Zusage. Diesmal reagierte ich vollkommen anders. Statt panisch zu werden, rannte ich jubelnd durch die Wohnung. Ich war so begeistert von meiner Reaktion, dass ich mir kurz sogar den Gedanken erlaubte, dass ich ja vielleicht, wirklich nur ganz vielleicht, wieder gesund war. Meine Eltern, die so viel positive Energie schon gar nicht mehr von mir gewohnt waren, versprachen mir dennoch erneut, mich zu begleiten, und so saßen wir bald wieder zusammen im Auto. Als wir in Mainz ankamen und ich das Veranstaltungsgelände betrat, sah ich, dass hier deutlich mehr Teilnehmer zugelassen worden waren als beim letzten Seminar. Irgendwie machte mich diese schiere Menge an neuen Gesichtern dann doch ein wenig nervös. Es waren mindestens hundert Leute, die da bereits warteten, und als ich erfuhr, dass wir alle in Einzelzimmern übernachten würden, erhielt meine Begeisterung einen Dämpfer. Klar, es war ganz schön, seine Ruhe zu haben und sich keine Sorgen darüber machen zu müssen, ob vielleicht wieder irgendjemand im Zimmer schnarchte und man deswegen die ganze Nacht kein Auge zubekommen würde. Aber Einzelzimmer würden es mir auch deutlich schwerer machen, mit den anderen Teilnehmern ins Gespräch zu kommen. Wenn man sich ein Zimmer teilte, würde man ja automatisch miteinander reden, und so gelang es auch Leuten wie mir, denen es schwerfiel, auf andere zuzugehen, schnell Teil einer Gruppe zu werden. Außerdem bekam man auch immer direkt mit, wenn die anderen abends etwas gemeinsam unternahmen, und konnte sich leicht anschließen. Im Laufe der Woche stellte sich zum Glück heraus, dass meine Sorgen völlig unbegründet waren. Die anderen Teilnehmer kannten sich untereinander ja ebenfalls nicht, und so waren sie alle sehr offen und gingen aufeinander zu. Meine erste Gelegenheit, neue Kontakte zu knüpfen, ergab sich beim Essen, als ich mich einem Mädchen aus Bayern anschloss. Sie diskutierte lautstark mit einer Gruppe norddeutscher Teilnehmer und versuchte, sie davon zu überzeugen, dass das Gebäck, das die Jungs »Berliner« nannten, in Wahrheit »Krapfen« hieß. Irgendwann änderte das Gespräch seine Richtung, und einer der Teilnehmer behauptete, er würde es schaffen, eines der Gebäckstücke – wie auch immer sie nun heißen mochten – essen zu können, ohne abzubeißen. Alle anderen wetteten gegen ihn, und das bayerische Mädchen ging mit der Ankündigung, ihm seinen Wettgegenstand zu bringen, in Richtung des Büffets. Aus dem Augenwinkel nahm ich wahr, wie sie dort mit einer großen gelben Flasche hantierte, beachtete sie jedoch nicht näher, da ich von den anderen in eine Unterhaltung über weitere Unterschiede zwischen unseren jeweiligen Bundesländern verwickelt wurde. Als der große Moment gekommen war, gelang es dem Jungen tatsächlich, sich das Gebäck auf einmal in den Mund zu stopfen. Allerdings begann er im nächsten Moment zu husten. Das bayerische Mädchen hob grinsend die gelbe Flasche, deren Inhalt sich als Senf herausstellte, und verkündete, sie hätte den Krapfen ein wenig verfeinert. Alle Umstehenden johlten vor Lachen und applaudierten dem Jungen, der das Gebäck trotzdem tapfer heruntergewürgt hatte und breit grinsend in die Runde blickte. Auch am Rest des Tages war die Stimmung ausgelassen, und ich begann, mich nach und nach sicherer zu fühlen. Als ich abends ins Bett ging, glich mein breites Grinsen dem des Krapfenjungen. Auch wenn ich vielleicht noch nicht ganz gesund war, hatte ich das Gefühl, inzwischen verdammt nah dran zu sein. Zum ersten Mal fühlte ich mich wie eine ganz normale Sechzehnjährige.

ZACK, VERKNALLT?

Unter den norddeutschen Jungs, mit denen ich mich am Abend zuvor unterhalten hatte, war mir einer besonders aufgefallen. Er war groß, hatte schwarze Haare und blaue

Augen. Eine seltene Kombination, die mir irgendwie gefiel, also sah ich mich am nächsten Tag im Seminarraum immer wieder unauffällig nach ihm um. Es war das erste Mal seit der Sache mit Charly, dass ich mich wieder für jemanden interessierte. Nach ihrem Umzug war ich das Gefühl nicht losgeworden, dass ich nie wieder jemanden finden würde, der so toll war wie sie. Doch jetzt war da dieser Kerl. Nicht dass ich sonderlich viel über ihn gewusst hätte oder irgendwie hätte abschätzen können, ob er auch nur im Ansatz an Charly herankam. Doch allein die Tatsache, dass ich ihn irgendwie spannend fand, freute mich. Charly und ich hatten uns geschworen, einander zwar nie zu vergessen, aber trotzdem nicht lange zu trauern, sondern unser Leben weiterzuleben. Das war leichter gesagt gewesen als getan. Aber das leichte Kribbeln, das ich empfand, als der schwarzhaarige Junge häufiger einmal zu mir sah, war definitiv ein Schritt in die richtige Richtung. In der Mittagspause saßen wir dann plötzlich durch Zufall nebeneinander. Oder hatte er sich etwa absichtlich neben mich gesetzt? Ich wusste es nicht. Auf jeden Fall war die Unterhaltung, die wir führten, wirklich interessant. Ich erfuhr, dass er Noah hieß, ein Jahr älter war als ich und aus Kiel kam. Wir sprachen über die Schule, unsere bisherigen Erlebnisse als Journalisten und darüber, für welche Sender oder Zeitungen wir später einmal gern arbeiten würden. Im Laufe der nächsten Tage begegneten wir uns immer wieder und schlossen uns am letzten Abend beide einer Gruppe an, die gemeinsam in eine Bar gehen wollte, um dort das Ende des Seminars gebührend zu feiern.

Die Stimmung war ähnlich ausgelassen wie an dem Abend, an dem der Senfkrapfen seinen großen Auftritt gehabt hatte, und so dauerte es nicht lange, bis wir alle auf der Tanzfläche landeten. Wir stellten uns in einen großen Kreis, legten einander die Arme auf die Schulten und sangen, so schräg wir konnten, die Chart-Songs mit, die der DJ auflegte. Ich spürte, wie Noahs Hand auf meiner Schulter landete und er mich zu sich zog. Als er mich angrinste, war der Kloß im Hals plötzlich wieder da. Mist. Ich wusste, dass ich dringend etwas brauchte, womit ich ihn wegspülen konnte, also löste ich mich von Noah und lief, so schnell ich konnte, zur Bar, um mir etwas zu trinken zu holen. Als ich zurückkehrte, sah Noah mich zwar ein wenig schräg an, sagte aber nichts, sondern prostete mir zu und fragte mich dann, ob ich vielleicht mit ihm tanzen wollte. Unsicher, ob ich einen vernünftigen Satz herausbringen würde, nickte ich einfach nur und lächelte ihn an. Wenig später standen wir einander gegenüber und versuchten beide, den jeweils anderen darin zu überbieten, den dämlichsten Tanz-Move zu finden. Es machte wirklich Spaß, also entspannte ich mich wieder und genoss das Gefühl, unter lauter sympathischen und tollen Leuten zu sein, mit denen ich mich in den Tagen zuvor mehr und mehr angefreundet hatte. Irgendwann bemerkte ich, dass der Abstand zwischen Noah und mir immer kleiner wurde, und ehe ich mich versah, war er mir so nah, dass ich den Geruch seines Haarwachses wahrnehmen konnte. Am Vortag hatte er mir einen langen und nur halb ernst gemeinten Vortrag darüber gehalten, dass das Zeug viel besser sei als

Haargel, und daran dachte ich kurz, bevor ich seine Lippen auf meinen spürte. Das andere bayerische Mädchen pfiff unüberhörbar, und auch ein paar der norddeutschen Jungs jubelten uns zu. Noah grinste, und ich spürte, wie ich rot wurde. »Komm, wir verschwinden«, rief er mir ins Ohr, und unter zahlreichen zweideutigen Bemerkungen, die uns die anderen lautstark hinterherriefen, verließen wir die Bar.

Eine peinliche erste Begegnung

Auf dem Weg zurück zur Bushaltestelle, von der aus wir zurück zu unserer Unterkunft fahren wollten, blieben Noah und ich immer wieder stehen. Während wir uns küssten, flogen in meinem Kopf die unterschiedlichsten Gedanken wild durcheinander. Da war die Frage, seit wann ich denn einfach so mit jemandem rumknutschte, den ich erst so kurz kannte und vermutlich nie wieder sehen würde. Aber gleichzeitig auch eine viel lautere Stimme, die der Kritik entgegenbrüllte, sie solle gefälligst die Klappe halten und mir meinen Spaß lassen. Ich beschloss, lieber darauf zu hören und alle Sorgen auf den nächsten Tag zu verschieben. Gerade fühlte ich mich so herrlich normal, und diesen Moment wollte ich auf gar keinen Fall kaputtmachen. Als wir nach einer gefühlten Ewigkeit endlich an der Haltestelle ankamen, mussten wir feststellen, dass der letzte Bus bereits abgefahren war. Ein Taxi konnten wir nicht rufen, denn wir besaßen zwar beide Handys, hatten aber keinen blassen Schimmer, welche Nummer wir wählen sollten. Mobiles Internet hatten zu der Zeit nur die wenigsten, und wir gehörten leider nicht dazu. Daher konnten wir auch nicht im Internet nachsehen. Zurück zur Unterkunft zu laufen war keine Option, da sie viel zu weit vom Stadtzentrum entfernt lag. Daher wählten ich schweren Herzens die einzige Lösung, die mir einfiel: Ich rief meine Eltern an. Als sie eine Viertelstunde später, um ein Uhr nachts, auf uns zufuhren, war ich einerseits sehr erleichtert, weil wir nicht auf einer Parkbank übernachten mussten, andererseits aber auch ganz schön nervös. Es war mir wirklich unangenehm, sie so spät noch aus dem Bett zu holen und dann auch noch einen Kerl bei mir zu haben, den die beiden nicht kannten. Was sollte ich ihnen jetzt nur sagen? »Mama, Papa, das ist Noah. Wir haben den letzten Bus verpasst, weil wir zu sehr damit beschäftigt waren, uns die Seele aus dem Leib zu knutschen« käme ja wohl kaum in Frage. Zum Glück reagierten die beiden sehr gefasst und fuhren uns zurück zur Unterkunft, ohne auch nur einen blöden Kommentar abzugeben. Trotzdem war mir die ganze Situation wahnsinnig peinlich, und mein Gesicht hatte vermutlich die ganze Autofahrt lang die Farbe einer überreifen Tomate. Noah hingegen schien das alles ein wenig entspannter zu sehen und bedankte sich überschwänglich bei meinen Eltern, als sie uns vor der Wohnanlage herausließen, in der wir übernachteten. Die Räume der Mädchen und die der Jungs lagen in zwei verschiedenen Teilen des Gebäudes, worauf uns der mies gelaunte Portier, der am Eingang saß, noch einmal deutlich hinwies. Genau wie auf die Tatsache, dass wir eigentlich schon um Mitternacht hätten zurück sein sollen. Mit Mienen, von denen wir hofften, dass sie möglichst zerknirscht wirkten, entschuldigten wir uns und gingen dann in entgegengesetzte Richtungen davon. Wenige Minuten nachdem ich in meinem Zimmer angekommen war, vibrierte mein Handy. Es war eine SMS von Noah. »Wenn das für dich okay ist, würde ich rüberkommen.« Ich stutzte. Wie wollte er das denn anstellen? Der Portier hatte nicht gerade so ausgesehen, als würde er mit sich reden lassen, wenn es darum ging, den jeweils anderen Teil des Gebäudes zu betreten. Noch bevor ich weiter darüber nachdenken konnte, hörte ich, wie es an der Tür klopfte. Es war Noah, der mir grinsend berichtete, dass er einen Durchgang im Keller gefunden hatte, der die beiden Gebäudeteile miteinander verband. Nachdem wir noch eine Weile lang über Gott und die Welt geredet hatten, verbrachten wir den Rest der Nacht damit, zu knutschen, als gäbe es kein Morgen. Was für uns beide ja irgendwie auch stimmte. Doch darüber wollte ich zu dem Zeitpunkt definitiv nicht nachdenken.

ABER ALLE ANDEREN TUN DAS DOCH AUCH!

Einfach jemanden zu küssen, den ich höchstwahrscheinlich nie wieder sehen würde, war eine ziemlich untypische Aktion für mich. Wenn meine Freundinnen im Club davor mit irgendwelchen Typen geknutscht hatten, hatte ich meist nur mit unbeteiligter Miene danebengestanden und hatte dankend abgelehnt. Für mich war das einfach nichts. Ich wollte eine andere Person nur dann küssen, wenn ich auch mit ihr zusammen war oder wir zumindest kurz davor waren, ein Paar zu werden. Wenn meine Freundinnen das anders sahen, war das für mich völlig okay. Jeder hatte eben seine eigene Liste an Dingen, mit denen er sich wohl fühlte, und vor Noah hätte ich nie geglaubt, dass auf meiner irgendwann einmal der Punkt »Jemanden küssen, der am anderen Ende des Landes lebt« stehen würde. Wenn es um dieses Thema geht, kann es schnell einmal passieren, dass man sich von dem mitreißen lässt, was andere tun. Sobald die erste Person im Freundeskreis ihren ersten Kuss hatte, beginnt das große Vergleichen, und alle behalten genau im Auge, wer wann wen küsst. Das Gleiche gilt auch für das Thema Beziehung. Wenn andere bereits einen festen Freund oder eine feste Freundin haben und einige bereits von ihrem ersten Mal erzählen, fühlt man sich vielleicht unter Druck gesetzt und fragt sich, warum man selbst das bis jetzt noch nicht auf die Reihe gekriegt hat.

Wenn euch das passieren sollte, behaltet im Kopf, dass jeder sein eigenes Tempo hat. Ihr solltet euch also auf gar keinen Fall stressen lassen und auf Teufel komm raus mit irgendjemandem etwas anfangen, nur damit ihr es hinter euch habt. Wenn ihr das nicht wollt, müsst ihr auch nicht auf Partys mit fremden Leuten rumknutschen, nur weil alle anderen das vielleicht tun. Schaut, wenn es um diese Dinge geht, nur auf euch selbst und auf das, was ihr wirklich wollt. Manchmal dauert es auch länger, bis man seine ersten Erfahrungen macht, weil einfach noch nicht die richtige Person aufgetaucht ist. Das ist völlig okay und absolut nichts Schlimmes.

Ein seltsamer Abschied

Meine Eltern und ich hatten beschlossen, dass ich ohne sie zurück nach Hause fahren würde. Zu meinen Seminarunterlagen hatte ein Zugticket gehört, und wir sahen es als eine neue Herausforderung für mich, den Rückweg allein zu schaffen. Ich war für diese Idee sehr dankbar, denn sie bedeutete, dass ich noch ein wenig mehr Zeit mit Noah hatte. Das Ticket war nur für die Strecke von Mainz zu meiner Heimatstadt ausgestellt, und ich konnte mir selbst aussuchen, wann ich fahren wollte. Da Noahs Zug erst später fuhr, entschied ich mich gegen die Verbindung, die meine Eltern und ich ursprünglich ausgewählt hatten. Wir wollten so viel Zeit miteinander verbringen, wie wir konnten. Doch irgendwann war es dann doch so weit, und wir mussten uns verabschieden. Es war ein sehr seltsamer Moment, und wir wussten beide nicht so wirklich, was wir sagen sollten. Wie sollte man sich denn bitte schön von jemandem verabschieden, mit dem man unter normalen Umständen vermutlich eine Beziehung begonnen hätte, der aber blöderweise 800 Kilometer entfernt wohnte? Mit einem »Danke für die coole Zeit, hab noch ein schönes Leben«? Der Gedanke, dass wir uns nie wiedersehen würden, tat weh. Daher war ich irgendwie ganz froh, als Noah mich bat, den großen Abschied einfach ausfallen zu lassen. Stattdessen sollten wir uns lieber so verhalten, als läge unser nächstes Treffen irgendwo in naher Zukunft. Die Vorstellung war schön, daher nickte ich, küsste ihn noch ein letztes Mal und sagte: »Bis bald!« »Bis bald«, antwortete Noah, stieg in den Zug und war wenige Minuten später bereits kilometerweit von mir entfernt. Ich seufzte tief. Irgendwie schien Amor es in letzter Zeit nicht gut mit mir zu meinen. Mit Charly hatte ich immerhin drei Monate gehabt. Mit Noah war es nur eine Woche gewesen. Dann sollte ich mich wohl besser mal darauf einstellen, dass ich für die nächste Person vermutlich nur fünf Minuten bekommen würde. Ein wenig musste ich über meine hochdramatischen Gedanken lachen, als ich in einen Zug stieg, der mich in Richtung Süden bringen sollte. Auch wenn Noah wirklich ein toller Kerl war, würde ich schon irgendwie über ihn hinwegkommen. Was dich nicht umbringt, macht dich stärker, oder so. Ich war so vertieft darin, mich zu fragen, wie es jetzt wohl weitergehen sollte, dass ich erst eineinhalb Stunden später realisierte, dass ich in den falschen Zug gestiegen war. Der, in dem ich saß, blieb nämlich am Frankfurter Hauptbahnhof stehen. Als der Schaffner verkündete, dass dies die letzte Haltestelle sei, wusste ich nicht, ob ich lachen oder weinen sollte. Ich hatte überhaupt keine Ahnung von Zügen und war einfach nur in den gestiegen, der am gleichen Gleis abgefahren war wie der Zug, den ich ursprünglich hätte nehmen sollen. Ich

Idiotin. Für jemanden, der sich nicht auskannte, war der Frankfurter Hauptbahnhof ganz schön groß, und so blieb mir erneut nichts anderes übrig, als meine Eltern anzurufen und ihnen zu beichten, dass ich es zum zweiten Mal innerhalb von nicht einmal vierundzwanzig Stunden geschafft hatte, an den Fahrplänen öffentlicher Verkehrsmittel zu scheitern. Mein Vater lachte nur, als ich ihm von meiner Misere erzählte. Er sah sich im Internet nach einer anderen Verbindung um und lotste mich dann zum richtigen Gleis. Als ich einige Stunden später endlich zu Hause ankam, war ich todmüde, aber erneut sehr dankbar dafür, dass ich Eltern hatte, die mich auch in den blödesten Situationen unterstützten. Das war wirklich nicht selbstverständlich.

Der mysteriöse Freund aus dem Internet

Auch wenn ich fast im Stehen einschlief, setzte ich mich vor dem Schlafengehen noch kurz an meinen Laptop. Noah und ich hatten unsere Skype-Namen ausgetauscht und versprochen, dass wir uns beim jeweils anderen melden würden, sobald wir zu Hause waren. Ich öffnete das Programm und bekam sofort in einer kleinen Meldung angezeigt, dass Noah mich als Kontakt hinzugefügt hatte. Ein Kribbeln machte sich in mir breit. Eine Mischung aus Nervosität und Freude darüber, dass er tatsächlich mit mir in Kontakt bleiben wollte. In den folgenden vier Monaten sahen wir uns regelmäßig. Zwar nur durch den Bildschirm, aber es war trotzdem schön. Noah zeigte mir sein Zimmer, und ich lernte seine Geschwister kennen, die uns dann und wann im Gespräch unterbrachen. Meine Familie kannte Noah ja bereits, aber auch er bekam eine kleine virtuelle Tour durch mein Zuhause und kommentierte dabei alles, von den Möbeln bis hin zur Farbe der Vorhänge, als wären wir in einer Folge von ›MTV Cribs‹. Meine Freundinnen aus der Schule waren sich nicht einig, ob sie uns süß oder seltsam finden sollten. Aber mir war ohnehin egal, was sie darüber dachten, denn ich verbrachte wahnsinnig gern Zeit mit dem »mysteriösen Freund aus dem Internet«, wie sie ihn nannten. Das Thema, ob wir uns jemals wieder im echten Leben treffen würden, sprachen Noah und ich nur selten an. Wir wussten beide, dass die Wahrscheinlichkeit nicht gerade hoch war, und versuchten daher, möglichst davon abzulenken. Doch dann, vier Monate nach dem Seminar in Mainz, erfuhren wir von einer Schülerakademie am Bodensee, bei der es auch einen Journalismuskurs geben würde. Ohne zu zögern, meldeten wir uns an, bekamen beide eine Zusage und zählten ab dann die Tage rückwärts, bis wir uns wiedersehen würden. Als es so weit war, tat ich mich mit dem bayerischen Mädchen, das ich in Mainz kennengelernt hatte, zusammen. Auch sie war bei der Schülerakademie angenommen worden, und so hatten wir beschlossen, dass wir gemeinsam mit dem Auto an den Bodensee fahren würden. Auf dem Weg hatten wir einen ganzen Haufen Pech, der dafür sorgte, dass wir eine Stunde nach der Abfahrt ein anderes Auto mieten mussten, weil unseres den Geist aufgegeben hatte. Als wir dann völlig entnervt an der Universität ankamen, die die Schülerakademie veranstaltete, hatte ich Noah schon fast wieder vergessen. Doch dann sah ich, wie er auf unser Auto zugelaufen kam. Urplötzlich, ohne irgendeine Vorwarnung, krampfte sich mein Magen zusammen, und eine Welle an Panik schwappte über mich. In einer schnellen Bewegung riss ich die Autotür auf, doch statt auf Noah zuzulaufen, rannte ich vor ihm weg. Ich hatte keine Ahnung, was ich da tat. Was sollte das? Klar, das Wiedersehen mit Noah war eindeutig ein Grund, um ein wenig nervös zu sein. Aber wir hatten uns doch in den letzten Monaten fast jeden Tag gesehen und so viel geredet, dass wir uns eigentlich schon total aneinander gewöhnt haben sollten. Die Panik schien das jedoch ein wenig anders zu sehen und ließ sich einige Minuten Zeit, bis sie wieder abebbte. Dann riss ich mich zusammen und lief zurück. Noah stand vor dem Auto und wartete auf mich. Er lächelte, und in seinem Blick lag weder ein Vorwurf noch die Frage, warum zur Hölle ich gerade abgehauen war. Stattdessen waren da nur Wärme und Zuneigung.

EIN ABSURDER PLAN

Die Tage am Bodensee gingen viel zu schnell vorbei. Wir hatten ein vollgepacktes Programm, und so konnten wir nur wenig Zeit zu zweit verbringen. Gegen Ende gab es dann aber doch einen Abend, an dem wir in Ruhe zusammen spazieren gehen konnten. Es schüttete wie aus Eimern, als wir am Ufer des Sees entlangliefen, und wir hatten nur einen Schirm dabei, unter dem wir uns dicht aneinanderdrängten, um nicht nass zu werden. In den Tagen zuvor hatten wir es vermieden, darüber zu sprechen, wie es nach der Schülerakademie mit uns weitergehen sollte. Doch nun hing das Thema zwischen uns in der Luft und fühlte sich schwerer an als all die Regenwolken, die den Himmel verdunkelten. Irgendwann konnten wir das Gespräch nicht länger hinauszögern. Wir gaben uns also einen Ruck und diskutierten ausführlich über die Punkte, die für und gegen eine Beziehung sprachen. Ganze oben auf der Contraliste standen natürlich die 800 Kilometer, die uns im Normalfall voneinander trennten. Wir gingen beide noch zur Schule, daher würden wir uns nur in den Ferien sehen können. Außerdem waren da noch unsere Familien, bei denen wir wohnten. Es würde garantiert nicht leicht werden, sie davon zu überzeugen, einfach so einen fremden Kerl beziehungsweise ein fremdes Mädchen bei sich aufzunehmen. Der letzte Punkt waren dann noch die Kosten. Langstrecken-Zugfahrten waren wirklich teuer, doch das würden wir garantiert irgendwie hinbekommen. Genau wie ich hatte Noah einen Nebenjob, und ein wenig sparen zu müssen wäre das kleinste unserer Probleme. Für die Beziehung sprach eigentlich nur ein großer Punkt: Dass wir es unbedingt wollten. Wir waren total verknallt ineinander, interessierten uns für die gleichen Dinge und hatten einen ähnlichen Humor. Es wäre einfach nicht fair gewesen, wenn nur die blöde Entfernung dafür gesorgt hätte, dass wir nicht zueinanderfanden. Also beschlossen wir, es wenigstens einmal zu versuchen. Inzwischen waren wir an einem Steg angelangt, von dem aus man bei gutem Wetter bestimmt einen tollen Blick auf den See hatte. Wir waren völlig vom Regen durchnässt, der sich von meinem Schirm nicht hatte aufhalten lassen. Doch es war uns egal. Wir küssten uns und lachten dabei, weil unser Plan so absurd klang. Ein Siebzehnjähriger aus Kiel und eine Sechzehnjährige aus Bayern, die sich in Mainz kennengelernt hatten, beschlossen am Bodensee, eine Fernbeziehung über 800 Kilometer zu beginnen. Es klang, wie der Anfang einer wirklich schrägen Geschichte, und ich wurde unweigerlich wieder an Charly erinnert. Für sie und mich war eine solche Fernbeziehung nie möglich gewesen. Spanien war dafür einfach zu weit entfernt. Daher wollte ich diese Chance jetzt unbedingt nutzen. In dem Moment war mir egal, wie unrealistisch es war, dass das Ganze funktionieren würde. Alles, was zählte, war, dass der mysteriöse Freund aus dem Internet nun wirklich mein echter, fester Freund war.

Fernbeziehung – Funktioniert das?

Eine Fernbeziehung ist eine ganz schön große Herausforderung. Bevor man sie eingeht, sollte man sich also gut überlegen, ob man wirklich bereit dafür ist, sich auch mit den schwierigeren Aspekten auseinanderzusetzen, die sie vermutlich mit sich bringen wird. Bei Noah und mir funktionierte die Fernbeziehung unter anderem, weil wir es nicht anders kannten. Ich kann mir gut vorstellen, dass es deutlich schwieriger ist, wenn man eine Zeitlang nah beieinander gewohnt hat und sich dann plötzlich auf eine größere Entfernung einstellen muss. Noah und ich wussten damals, dass es nicht anders ging, und versuchten daher, immer das Beste aus den Umständen zu machen. Neben unseren Telefonaten und Skype-Gesprächen schickten wir uns auch regelmäßig Briefe, Postkarten oder Päckchen. Als wir uns einmal besonders lang nicht sehen konnten, bekam ich auf diesem Weg sogar einen von Noahs Pullis, der so sehr nach ihm roch, dass ich fast zu weinen begann, so sauer war ich auf das Universum. Warum konnte es uns nicht näher beieinander leben lassen? Das war doch einfach nur unfair. Um die Zeit zwischen unseren Treffen zu überbrücken, dachten wir uns alle möglichen Dinge aus. Einige Wochen lang machten wir beispielsweise täglich Fotos von uns und versuchten, sie möglichst kreativ aussehen zu lassen. Noah versteckte auf jedem seiner Bilder einen Buchstaben, die ich nach und nach zu einer geheimen Nachricht zusammensetzen konnte. Es machte Spaß, sich immer wieder neue Möglichkeiten zu überlegen, wie wir die Zeit, die wir online miteinander verbrachten, am besten nutzen konnten. Auch wenn es oft nicht leicht war, Noah nicht bei mir zu haben, freute ich mich doch wahnsinnig, einen Freund zu haben, dem ich die ganze Mühe wert war. Genau das war es auch, was ich meinen Freundinnen erzählte, wenn sie mich fragten, warum ich mir diese Fernbeziehung antat. Ich verstand gut, dass es ihnen schwerfiel, das nachzuvollziehen. Doch Noah war ein so besonderer Mensch, dass ich für ihn bestimmt auch Berge versetzt hätte. Ein Punkt, der bei Fernbeziehungen sehr wichtig ist, ist gegenseitiges Vertrauen. Wenn man nicht in der gleichen Stadt lebt, unterschiedliche Schulen besucht und jeder einen anderen Freundeskreis hat, wäre es natürlich keine große Herausforderung, fremdzugehen. Bei Noah hatte ich diese Sorge nicht, doch ich hätte die Fernbeziehung mit ihm vermutlich nie begonnen, wenn ich mir nicht sicher gewesen wäre, dass er nicht noch parallel etwas mit einem anderen Mädchen anfing. Genau wissen kann man das natürlich nie, aber mir hat es damals ein sicheres Gefühl gegeben, offen über das Thema zu sprechen und gemeinsam mit Noah festzulegen, wie wir am besten damit umgehen wollten. Besonders stabil bleiben Fernbeziehungen, wenn man ein gutes Maß an Kontakt zueinander gefunden hat. Keiner sollte sich vom jeweils anderen erdrückt oder vernachlässigt fühlen. Auch hier ist es wichtig, vorher klar festzulegen, wie man das am besten handhaben möchte und den anderen auch darauf hinzuweisen, wenn sich die Beziehung im Laufe der Zeit in eine Richtung entwickelt, in der man sich nicht mehr wohl fühlt.

Wie sage ich es meinen Eltern?

Als meine Eltern von Noah und mir erfuhren, waren sie nicht gerade begeistert. Was natürlich verständlich war, schließlich hatten sie Noah nur einmal kurz gesehen und konnten ihn daher überhaupt nicht einschätzen. Meine Frage, ob mein neuer Freund mich in den Ferien besuchen durfte, verneinten sie daher zunächst einmal. Mich machte das damals ziemlich wütend, denn ich hatte mir nicht die Mühe gemacht, mich in ihre Lage hineinzuversetzen, sondern sah in ihrer Reaktion einfach nur ein sinnloses Verbot. Noah und ich waren total verliebt ineinander. Warum also wollten uns meine Eltern unbedingt Steine in den Weg legen? Nachdem wir eine Weile lang Pläne geschmiedet hatten und schließlich kurz davor waren, Noah in einer Jugendherberge einzuquartieren, hatten meine Eltern dann doch Erbarmen und ließen ihn bei uns schlafen. Im Gästezimmer, wohlgemerkt. Wenn euch solche Situationen bekannt vorkommen und ihr manchmal auch nicht verstehen könnt, warum eure Eltern eurem Freund oder eurer Freundin gegenüber so kritisch sind, dann versucht zumindest, ihnen nicht gleich das Schlechteste zu unterstellen. Vermutlich wollen euch eure Eltern mit ihren Warnungen oder Verboten nicht schaden, sondern euch einfach nur beschützen. Da ist dieser neue Mensch im Leben ihres Sohns oder ihrer Tochter, und sie wollen auf gar keinen Fall, dass er irgendwelchen Schaden anrichtet. Bei meinen Eltern half es in solchen Momenten immer, wenn ich ihnen zeigte, dass ich mir die Person, mit der ich zusammen war, ganz bewusst ausgesucht hatte. Ich wollte, dass sie wussten, dass ich ihre Sorgen ernst nahm, konnte ihnen aber gleichzeitig klarmachen, dass ich alt genug war, um zu wissen, was gut für mich war und was nicht. Auch wenn sie sich mit meinen Entscheidungen manchmal ein wenig schwertaten, reagierten meine Eltern in den meisten Fällen dann doch ziemlich gut und ließen zu, dass ich meine eigenen Erfahrungen sammelte. Diese Herangehensweise wählte ich übrigens auch, als ich zum ersten Mal nach Kiel zu Noah fahren wollte. Vielleicht kennt ihr die Diskussionen, die in solchen Situationen entstehen, Sie beschränken sich nicht nur auf Fernbeziehungen, sondern man führt sie häufig auch dann, wenn man mit Freunden zusammen zu einem Festival fahren, einen Kurztrip in eine andere Stadt machen oder Ähnliches unternehmen will. Die meisten Eltern machen sich sehr große Sorgen, wenn ihre Kinder zum ersten Mal für mehrere Tage weg sind und dabei nur von Gleichaltrigen begleitet werden. Schulausflüge oder Klassenfahrten gehen meist gerade noch so in Ordnung, weil sie da ja immerhin die Sicherheit haben, dass ihr von Erwachsenen begleitet werdet. Aber sobald das nicht gegeben ist, entstehen in den Köpfen von Eltern gern mal die schlimmsten Horrorszenarien.

Ihr könnt euren Eltern anbieten, regelmäßig bei ihnen anzurufen, damit sie wissen, dass es euch gutgeht. Weist sie außerdem auf Situationen hin, in denen ihr euch bereits verantwortungsbewusst verhalten habt. Damit könnt ihr verhindern, dass sie zu Hause wie auf heißen Kohlen sitzen, und ihnen gleichzeitig deutlich zeigen, dass ihr gut mit dieser neuen Herausforderung umgehen könnt.

Die ersten Zugfahrten zu Noah nach Kiel waren ganz schön aufregend. Ich musste erst lernen, wie man sich an Bahnhöfen zurechtfindet und was man tun kann, wenn nicht alles glattgeht. Ich erfuhr, dass es kein Drama ist, wenn man mal einen Anschlusszug nicht erreicht, und dass es an jedem Bahnhof Orte gibt, an denen man sich informieren kann. Bald fühlte ich mich wirklich sicher, wenn ich im Zug unterwegs war, und war ziemlich stolz auf mich, dass ich tatsächlich allein quer durchs Land fahren konnte, ohne dabei in Panik auszubrechen. Auch wenn das für andere Leute vielleicht völlig normal ist, war es für mich doch eine ganz schön große Leistung.

Die Neue

Einige Monate nach der dramatischen Regenszene am Bodensee zog Noah nach Köln, um dort zu studieren. Als ich ihn zum ersten Mal in seiner neuen Wohnung besuchte, erzählte er mir, dass einige Tage später ganz in der Nähe ein YouTuber-Treffen stattfinden würde. Ich freute mich, das zu hören, und beschloss hinzugehen. Ich wollte schon immer mal ein paar Leute kennenlernen, die dieses Hobby mit mir teilen. Im Internet hatte ich gelesen, dass es neben dem Treffen auch eine Reihe an Workshops geben würde. Vielleicht konnte ich dort also auch etwas von den erfahreneren YouTubern lernen. Als ich am Veranstaltungstag den Raum betrat, in dem das Ganze stattfinden sollte, fühlte ich mich so, als wäre ich die Neue in der Klasse. Die Leute, die bereits da waren, standen in Grüppchen zusammen und unterhielten sich. Sie schienen sich zu kennen, umarmten einander stürmisch und lachten, während ich überhaupt keine Ahnung hatte, wen genau ich da vor mir hatte. Als ich mich ein wenig näher umsah, fand ich dann doch ein paar Gesichter, die ich auf YouTube schon einmal gesehen hatte. Doch ich konnte zu diesen Leuten ja wohl kaum einfach hingehen und etwas sagen wie »Hi, ich kenne dich aus dem Internet. Du hast keine Ahnung, wer ich bin, aber darf ich mich trotzdem zu dir stellen?«. Schließlich hatten diese YouTuber total viele Zuschauer, während sich bisher nur 450 Leute dazu entschieden hatten, meinen Kanal zu abonnieren. Auf die war ich zwar auch stolz, aber es war so, als würde man als Fünftklässler auf dem Pausenhof versuchen, sich mit Leuten aus der Oberstufe anzufreunden. Da ich irgendwie nicht wusste, wie ich mich nun am besten verhalten sollte, zog ich mein Handy aus der Tasche und starrte auf den Bildschirm. Eigentlich war das total bescheuert, denn so sah ich natürlich so aus, als sei ich beschäftigt, und es würde garantiert niemand auf die Idee kommen, mich anzusprechen. Genau dafür war ich aber doch eigentlich da. Es war mir ziemlich peinlich, dass ich mich so fehl am Platz fühlte und es noch immer nicht gebacken bekam, in solchen Situationen einfach auf andere zuzugehen. Aber ich konnte nun mal nicht aus meiner Haut heraus. Zum Glück konnte ich dem Ganzen recht schnell entkommen, denn nach einer kurzen Wartezeit begann der erste Workshop. Nur wenige Minuten nachdem der YouTuber, der vorn auf einem Tisch saß, zu sprechen begonnen hatte, fühlte ich mich bereits viel weniger unwohl. Er hatte gefragt, wer im Raum zum ersten Mal da war und noch keinen der anderen Teilnehmer kannte. Erstaunlich viele Hände waren nach oben gegangen. Ich war also nicht die einzige Neue. Das war sehr beruhigend. Das Mädchen neben mir, das ebenfalls die Hand gehoben hatte, lächelte mich an und beugte sich zu mir herüber. »Gott sei Dank«, murmelte sie mir zu. »Ich dachte schon, ich sei die Einzige, die hier niemanden kennt.« Sobald der Workshop vorbei war, stellten wir uns einander vor, und auch zwei andere YouTuber, die in der Reihe vor uns gesessen hatten, erzählten uns, wer sie waren und dass sie vor allem Kurzfilme auf YouTube hochluden. Es war wirklich spannend zu erfahren, wie die anderen dazu gekommen waren, Videos zu drehen, und es freute mich sehr, als das Mädchen am Ende des Tages in die Runde fragte, ob wir in Kontakt bleiben wollten. Sie bekam ein vielstimmiges »Ja!« zur Antwort, und genau wie bei den Journalistenseminaren fühlte ich mich plötzlich so, als würde ich hierhingehören.

Internetfreunde zählen nicht?

Auf mein erstes YouTuber-Treffen folgten viele weitere, und ich freundete mich mit einigen der Leute an, die dort ebenfalls immer wieder auftauchten. Als ich siebzehn Jahre alt war, fuhr ich dann nicht mehr nur regelmäßig nach Köln, um Noah zu besuchen, sondern traf mich auch in Hamburg oder Berlin mit meinen neuen Freunden. Der Großteil des Geldes, das ich bei der Zeitung verdiente, floss nun also in Zugtickets, doch mir machte das nichts aus. Für das Gefühl, Freunde gefunden zu haben, die so tickten wie ich, verzichtete ich gern auf ein paar neue Klamotten, Kinotickets oder Bücher. Meine Welt, die davor jahrelang nur aus meiner Heimatstadt bestanden hatte, war nun um einiges größer geworden, und ich dankte dem Internet von ganzem Herzen dafür. Wenn man in der Schule keine wirklich guten Freunde findet, hat man unter anderem die Möglichkeit, über Hobbys neue Leute kennenzulernen. Sportvereine kommen dafür beispielsweise in Frage oder Jugendzentren, in denen es meist regelmäßig coole Workshops und Events gibt. Aber mein persönlicher Lieblingsort für neue Freunde ist und bleibt das Internet. Leider habe ich manchmal das Gefühl, dass viele Leute eine total seltsame Vorstellung von Internetfreundschaften haben. Man bekommt dann genau die gleichen schrägen Blicke zugeworfen, die auch auf den Satz »Ich habe meinen Partner im Internet kennengelernt« folgen. Dabei ist das heutzutage doch das Normalste der Welt. Internetfreunde sind genauso »real« wie Freunde, die man aus der Schule, dem Handballverein oder von einer Party kennt. Sie zählen also sehr wohl und sind nicht weniger wert, nur weil sie vielleicht nicht am gleichen Ort leben wie man selbst. Ich kann die kritischen Gedanken gegenüber dem ganzen Thema allerdings auch ein wenig verstehen, denn mir ging es zu Beginn recht ähnlich. Eine meiner Mitschülerinnen hatte schon lange vor mir begonnen, sich im Internet mit Leuten auszutauschen, die die gleichen Interessen hatten wie sie. Als sie zum ersten Mal in eine andere Stadt fuhr, um sich dort mit einer Internetfreundin zu treffen, fand ich das irgendwie seltsam, weil es neu für mich war und ich nur das klassische Konzept von Freundschaft kannte. Mit Brieffreunden, die man im Urlaub kennengelernt hat, konnte ich etwas anfangen, da ich früher selbst welche gehabt hatte. Aber irgendwelche Leute aus dem Internet, die man erst sehr selten oder vielleicht sogar noch nie »in echt« gesehen hat, als Freunde zu bezeichnen? Das hatte ich noch nie zuvor gehört. Erst als ich Noah und die anderen Seminarteilnehmer kennenlernte und zudem regelmäßiger mit YouTubern aus ganz Deutschland zu tun hatte, begann ich das Ganze zu verstehen. Wenn euer Umfeld auch ein wenig skeptisch auf das Thema Internetfreunde reagiert, dann würde ich euch raten, ein wenig Aufklärungsarbeit zu betreiben. Viele Eltern haben nicht allzu viel Ahnung von Social Media und können überhaupt nicht nachvollziehen, woher ihr auf einmal den Kontakt zu einem Mädchen habt, das in Magdeburg wohnt, obwohl ihr selbst doch in Stuttgart lebt. Da hilft es, ihnen genauer zu erklären, wie ihr euch kennengelernt habt. Vielleicht war es über Twitter, weil ihr die gleiche Musik hört und über einen Hashtag die Tweets der jeweils anderen gefunden habt. Oder ihr habt ein gemeinsames Hobby und habt euch darüber in einer Facebook-Gruppe kennengelernt. Damit eure Eltern eure Internetfreunde ein bisschen besser kennenlernen können, zeigt ihnen zum

Beispiel Fotos, auf denen diese zu sehen sind. Wenn euch das nicht zu unangenehm ist, gibt es auch die Möglichkeit, eure Eltern mal für ein paar Minuten zum Skype-Gespräch mit euren Freunden dazuzuholen. Das kann auf jeden Fall dazu beitragen, dass sie sich sicherer fühlen und sich weniger Sorgen um euch machen. Auch meine Eltern waren zu Beginn sehr skeptisch und wussten nicht so recht, was sie mit meinen neuen Freunden anfangen sollten. Viele von ihnen kennen sie auch bis heute nur durch Fotos oder Videos. Aber dadurch, dass ich sie immer wieder daran teilhaben ließ, mit wem ich so meine Zeit verbrachte, vertrauten sie mir in dieser Hinsicht und machten auch nie blöde Bemerkungen zu dem Thema. Bei Freunden aus dem »realen Leben« kann eine ablehnende Haltung gegenüber Internetfreundschaften daher kommen, dass sie Angst haben, euch zu verlieren. Wenn ihr beispielsweise ganz begeistert erzählt, dass ihr eine neue Freundin im Internet kennengelernt habt, die total cool drauf ist und mit der ihr jeden Abend stundenlang zockt und im Teamspeak quatscht, oder einen tollen neuen Freund, der auf Instagram auch regelmäßig über veganes Essen bloggt, dann wirkt es auf sie vielleicht so, als wolltet ihr sie ersetzen. Als ich damals ein paar Freundinnen aus der Schule von meinen ersten Internetfreunden erzählt habe, sagte eine von ihnen nur: »Na super. Dann brauchst du uns jetzt ja nicht mehr.« Sie meinte das nicht böse, sondern war eher ein wenig geknickt, weil sie sich Sorgen um unsere Freundschaft machte.

Wenn ihr bemerkt, dass eure Freunde ähnlich abgeneigt reagieren, dann versichert ihnen, dass alles so bleiben wird wie zuvor und ihr garantiert nicht vorhabt, sie einfach so links liegenzulassen. Wenn sie danach immer noch blöde Kommentare abgeben, erklärt ihnen, wie wichtig euch die Internetfreundschaft ist und dass ihr möchtet, dass sie das respektieren.

ICH BIN EIN DICKER BÄRTIGER MANN UND SITZE NACKT VOR DEM RECHNER?

Bevor es Facebook gab, waren meine Freunde und ich allesamt auf einer Seite namens ›SchülerVZ‹ angemeldet. Dort konnte man Gruppen beitreten, die meist irgendwelche Sprüche als Namen trugen, wie beispielsweise »Mein Name ist Hans. Das L steht für Gefahr«, »Ich bin ja kein Stalker, aber du hast keine Milch mehr« oder »Ab 250 km/h zieht mein Bobby Car etwas nach rechts«. Eine weitere sehr beliebte Gruppe hieß »Ich bin ein dicker, bärtiger Mann und sitze nackt vorm Rechner«. Sie passt ganz gut zu der Angst vieler Eltern, dass ihre Kinder sich im Internet mit Leuten anfreunden könnten, die ihnen nichts Gutes wollen. Vielleicht haben eure Eltern auch schon mal Sätze gesagt wie: »Pass auf! Du weißt doch gar nicht, wer sich wirklich hinter diesem Profilbild versteckt!« Solche Warnungen schießt man ja gern mal in den Wind, weil man sich ganz sicher ist, dass einem so etwas garantiert nicht passieren wird und dass

die vierzehnjährige Anna, mit der man sich gerade angefreundet hat, ganz sicher nicht der vierzigjährige Thorsten
ist. In den meisten Fällen stimmt das auch, und ich bin wirklich kein Fan von Panikmache, was »böse Leute aus dem
Internet« angeht. Trotzdem möchte ich euch gern ans Herz
legen, ein bisschen vorsichtig zu sein. Nicht nur, wenn ihr mit
jemandem schreibt, sondern vor allem dann, wenn ihr euch
mit Freunden aus dem Internet im »richtigen Leben« treffen
wollt. Gerade wenn ihr die andere Person bis jetzt nur auf
Fotos gesehen habt, ist das sehr wichtig. Trefft euch vielleicht
zuerst einmal im Rahmen einer Veranstaltung oder an einem
öffentlichen Platz, an dem auch viele andere Menschen unterwegs sind. Vielleicht nehmt ihr zum ersten Treffen auch
einen Freund oder eine Freundin mit oder fragt eure Eltern,
ob sie euch hinbringen können. Ich kann gut verstehen,
wenn euch der Gedanke, eure Eltern zu einem solchen Treffen mitzuschleppen, ziemlich peinlich ist. Schließlich seid
ihr ja nicht mehr fünf Jahre alt und müsst Mama und Papa
fragen, bevor ihr euch mit jemandem zum Spielen trefft.
Aber wenn sie euch beispielsweise mit dem Auto zum Treffpunkt fahren, müssen sie ja nicht mit aussteigen, sondern
können einfach in Sichtweite parken. Dort können sie dann
noch ein paar Minuten warten und die Situation beobachten. So habt ihr die Sicherheit, dass jemand auf euch auf-
passt und im Notfall schnell reagieren kann, verhindert aber
gleichzeitig, dass eure Eltern euren neuen Freunden irgendwelche peinlichen Dinge erzählen.

Die letzte grosse Herausforderung

Als meine Panikattacken immer seltener wurden und ich so das Gefühl bekam, mein Leben endlich wieder selbst bestimmen zu können, fühlte ich mich wirklich gut. Doch ich war noch immer ein wenig kritisch und traute dem Braten nicht so ganz. Was, wenn es doch irgendwann wieder zu einer Situation kommen würde, in der die Panik ganz unerwartet über mich hereinbrach? Vermutlich würde ich nie ganz sichergehen können, dass das nicht passierte. Doch ich glaubte, dass es mir ein gewisses Sicherheitsgefühl geben würde, wenn ich mich einer Art letzter großer Herausforderung stellte. Ich wollte mir selbst beweisen, dass ich die Panikattacken endgültig hinter mir gelassen hatte. Die Möglichkeit bot sich mir, als mein Englischlehrer eines Tages am Ende seiner Stunde verkündete, dass es an unserer Schule bald ein neues Austauschprogramm geben würde. Auch wenn wir alle neugierig zuhörten, wirkte zunächst keiner sonderlich beeindruckt. Schließlich hatte es zuvor bereits Austauschprogramme nach Frankreich und Spanien gegeben, an denen viele von uns teilgenommen hatten. Das ganze Thema war also nicht komplett neu, und da an unserer Schule noch Englisch und Italienisch als Fremdsprachen angeboten wurden, erwarteten wir, dass nun vielleicht eine Partnerschule in Großbritannien oder Italien mit dazugekommen war. Als wir dann allerdings erfuhren, wohin es wirklich gehen sollte, drehte sich die Stimmung, und alle waren plötzlich Feuer und Flamme. Die neue Partnerschule lag nicht in Europa, sondern im Osten von Indien. Mir war sofort klar, dass das die Herausforderung war, nach der ich gesucht hatte. Als ich meinen Freunden und meiner Familie davon erzählte, dass ich gern am Schüleraustausch teilnehmen würde, waren sie ziemlich verwundert. Schließlich war ich noch wenige Monate zuvor schon allein bei der Vorstellung, für ein Seminar in eine andere deutsche Stadt zu fahren, total panisch geworden. Doch als sie merkten, dass ich es wirklich ernst meinte, teilten sie mir nur in Ruhe mit, welche Probleme diese Reise ihrer Meinung nach mit sich bringen könnte. Keiner von ihnen versuchte, mir das Ganze auszureden, wofür ich sehr dankbar war. Denn natürlich dachte auch ich ununterbrochen darüber nach, wie viele Dinge schiefgehen konnten, und war mir alles andere als sicher, ob es eine gute Idee war, nach Indien zu fliegen.

INDIEN

Als ich einige Wochen später im startenden Flugzeug saß, meine schwitzenden Hände verkrampft um die Armlehnen geschlossen, bereute ich meine Entscheidung zutiefst. Wie hatte ich nur glauben können, dass ich eine solche Reise tatsächlich heil überstehen konnte? Ich verzweifelte ja bereits an den blöden Luftlöchern, die ein so unangenehmes Gefühl in meinem Bauch erzeugten, dass ich das Flugzeug am liebsten sofort wieder verlassen hätte. Doch anders als in der Schule, auf Partys oder während der Journalismusseminare hatte ich hier keine Fluchtmöglichkeit. Ich befand mich Tausende Meter über der Erde, und egal, wie panisch ich werden würde, ich würde hier drinbleiben müssen. Dieser Gedanke half mir dabei, mich zusammenzureißen und ruhig zu bleiben. Genau deswegen hatte ich mich doch hierfür entschieden: Weil ich keine Möglichkeit hatte, einfach abzuhauen. Keine Sicherheitsleine, auf die ich mich im Zweifelsfall verlassen konnte. Da waren nur die Panik und ich. Wir würden also irgendwie miteinander klarkommen müssen. Nach ein paar Stunden hatte ich das Gefühl, die erste Hürde genommen zu haben. Ich hatte mich inzwischen beruhigt und mich ans Fliegen gewöhnt. Nun hatte ich Zeit, nach draußen zu sehen, die Wolken von oben zu betrachten und mir innerlich ein wenig dafür auf die Schulter zu klopfen, dass ich mich gar nicht mal so schlecht schlug. Als wir in Indien landeten, war ich dann so müde, dass die ganzen neuen Eindrücke an mir vorbeiflogen, ohne dass ich mir große Gedanken über sie machte. Während ich durch den Flughafen lief, schnappte ich alle möglichen Gesprächsfetzen auf. Die Leute unterhielten sich auf Englisch oder Tamil. Meine Austauschschülerin, die zuvor schon für zwei Wochen bei meiner Familie und mir in Deutschland zu Gast gewesen war, begrüßte mich stürmisch. Ein Chauffeur hielt mir die Tür eines Autos auf, und wir stiegen ein. Als wir eine breite Straße entlangfuhren, lächelten mir von allen Seiten überlebensgroße Gesichter von Reklametafeln entgegen. Es war heiß und schwül, die Klimaanlage im Auto war viel zu weit aufgedreht, und meine Austauschschüle-rin redete in einem solchen Tempo auf mich ein, dass ich all meine Konzentration aufbringen musste, um ihr folgen zu können. Alles fühlte sich so surreal an. Als wäre ich gar nicht wirklich in Indien, sondern nur an einem gigantischen Filmset für einen Bollywoodfilm. Ich brauchte dringend Schlaf, das war klar. Doch jetzt war ich erst einmal wahnsinnig dankbar dafür, heil angekommen zu sein, und schob alle weiteren Sorgen und Gedanken zur Seite. Für die war morgen noch genug Zeit. Als ich am nächsten Tag die Augen öffnete, war das Erste, was ich sah, eine riesige Echse. Sie krabbelte an der Wand neben meinem Bett entlang, und ich war so perplex, dass ich völlig vergaß, Angst vor ihr zu haben oder zu kreischen. Stattdessen starrte ich sie einfach nur an, während sich mein Kopf langsam klärte und ich endlich begriff, dass ich wirklich in Indien angekommen war. Die nächsten zwei Wochen waren eine Achterbahnfahrt der Gefühle. Ich lernte die Schule meiner Austauschpartnerin kennen, war auf einer indischen Hochzeit zu Gast, machte Ausflüge aufs Land und lief durch kunterbunte Märkte und Sarigeschäfte. Dabei prasselten so viele neue Eindrücke auf mich ein, dass ich das Gefühl bekam, die Panik hätte vor lauter Überforderung einfach beschlossen, zu kapitulieren. Ich war wirklich überrascht, wie ruhig ich selbst in Situationen blieb, in denen es zu unvorhergesehenen Zwischenfällen kam. Als sich meine Moskitostiche, von denen ich fast fünfzig Stück angesammelt hatte, eines Tages dunkelrot färbten, blieb ich total entspannt. Okay, vielleicht lag das auch an der Tablette, die meine indische Gastmutter mir mit den Worten »Damit wird es besser« in die Hand gedrückt hatte. Kurz nachdem ich sie genommen hatte, schlief ich tief und fest ein. Nach einiger Zeit stellte ich fest, dass meine Gastmutter die Tabletten in jeder Problemlage aus der Tasche zog. Sie schien die Dinger für ein Allheilmittel in allen Lebenslagen zu halten. Es dauerte eine Weile, bis ich verstand, dass es Schlaftabletten waren. Laut meiner Gastmutter war es egal, was einem passiert war. Wenn man nur mit Hilfe der Tabletten lange genug schlief, würde es besser werden. Man hat sich wegen der Klimaanlage im Auto erkältet? Schlaftabletten. Man hat sich den Zeh am Bettpfosten angestoßen? Schlaftabletten. Liebeskummer? Schlaftabletten. Die Moskitostiche sahen nach dem Aufwachen tatsächlich ein wenig besser aus. Woran genau das lag, wusste ich nicht, aber da ich ganze fünfzehn Stunden geschlafen hatte, beschloss ich, die Tabletten das nächste Mal vielleicht lieber nicht zu nehmen. Um nicht unhöflich zu sein, ging ich dazu über, sie stattdessen unauffällig in meinem Koffer verschwinden zu lassen, und dankte meiner Gastmutter aber jedes Mal für ihre Hilfe. Auch wenn es nicht die Tabletten waren, sorgte zumindest das Wissen, dass jemand sich um mich kümmerte, dafür, dass es mir direkt ein wenig besser ging.

Ab ins Ausland – traue ich mich das?

Ein Schüleraustausch ist eine total spannende Erfahrung und ich kann euch auf jeden Fall ans Herz legen, die Möglichkeit zu nutzen, wenn sie sich euch bietet. Natürlich bringt eine solche Reise ins Ausland ganz schön viele Unsicherheiten mit sich. Man weiß im Voraus nie so genau, ob die Familie, bei der man unterkommt, nett ist und ob man sich gut mit dem Austauschpartner oder der Austauschpartnerin verstehen wird. Dann kann man auch Glück und Pech haben, was die Unterbringung angeht. In der siebten Klasse habe ich beispielsweise während meines Schüleraustauschs in Frankreich auf einer Luftmatratze in einem Zimmer geschlafen, in dem neben mir auch noch zehn Mäuse hausten. Zwar lebten sie in einem Käfig, doch der kleine Bruder meines Austauschschülers hatte gleich am ersten Abend den grandiosen Einfall, sie in einer dramatischen Rettungsaktion in die Freiheit zu entlassen. Da es der Familie nicht gelang, alle Mäuse wieder einzufangen, spürte ich in den Nächten danach immer wieder, wie einige von ihnen über meine Bettdecke liefen. Selbst wenn man das Glück hat, in einer mausfreien Familie zu landen, muss man sich vielleicht während der Reise auch mit ein wenig Heimweh herumschlagen. Wenn euch das passieren sollte, ist es sehr hilfreich, wenn ihr mit euren Freunden oder eurer Familie telefoniert und sie euch bestätigen können, dass die Reise doch eine gute Idee war. Manchmal ist man in einem neuen Land so überfordert und durcheinander, dass man einfach jemanden braucht, der einen wieder auf den Boden zurückbringt. Wenn sich eine Gastfamilie als total katastrophal herausstellen sollte, dann ist es sehr wichtig, dass ihr euch unbedingt mit euren Mitschülern und Lehrern darüber austauscht. Ihr könnt dann gemeinsam nach einer Lösung suchen und euch beispielsweise einer neuen Familie zuteilen lassen. Schließlich kann euch während eines Austauschprogramms keiner dazu zwingen, bei Leuten zu wohnen, in deren Gegenwart ihr euch absolut nicht wohl fühlt. Dann gibt es da natürlich immer noch das Sprachproblem, das für einige Schwierigkeiten sorgen kann. Ich habe in Frankreich alle unangenehmen Situationen, die dadurch entstanden sind, mühevoll mit einem Wörterbuch bekämpft. In Indien ging das zum Glück schon ein wenig schneller, und ich hatte eine Übersetzungs-App auf meinem Handy. Während der Austauschprogramme, an denen ich teilgenommen habe, habe ich gelernt, dass man sich bei diesem Thema keinen allzu großen Druck machen muss. Es ist kein Weltuntergang, wenn man keine komplett grammatikalisch korrekten Sätze bilden kann, denn in den meisten Fällen freuen sich die Austauschschüler und Gasteltern schon so sehr über den Versuch, ihre Sprache zu sprechen, dass das gar keine so große Rolle mehr spielt. Also keine Scheu vor Kauderwelsch! Wenn gar nichts mehr hilft, kann man sich meist auch irgendwie mit Händen und Füßen verständigen oder einen Block und einen Stift mit sich herumtragen, um im Zweifelsfall mit einer kleinen Zeichnung nachhelfen zu können. Vielleicht ist das Ergebnis nicht so superelegant, aber die Hauptsache ist doch, dass die andere Person einigermaßen verstehen kann, was man ihr mitteilen möchte. Auch wenn ihr erst einmal viele Hürden überwinden müsst, lohnt es sich auf jeden Fall Zeit im Ausland zu verbringen.

Ich persönlich habe die Erfahrung gemacht, dass ein Schüleraustausch eine ganz besondere Art ist, ein neues Land kennenzulernen. Man sieht nicht nur die typischen Touristenecken, sondern erfährt viel über den Alltag in der jeweiligen Stadt und über die besonderen Eigenheiten, die es dort so gibt. Ich finde, dass das echt eine gute Sache ist, und kann euch daher nur raten, euch zu trauen und es auch einmal zu probieren.

Endlich wieder gesund

Als ich nach zwei Wochen in Indien wieder deutschen Boden betrat, fühlte ich mich so gut wie schon lange nicht mehr. Ich hatte es geschafft und auch die letzte große Hürde genommen. Als ich kurz darauf bei meiner Psychologin saß, drückte sie mir ein Schreiben in die Hand, auf dem ganz offiziell stand, dass ich wieder gesund war. Mit der Reise war auch meine Therapie beendet. Das zu lesen machte mich unglaublich glücklich, und ich freute mich, nun einen neuen Abschnitt in meinem Leben beginnen zu dürfen, in dem die Panik hoffentlich keine Rolle mehr spielen würde. Im Laufe der vier Jahre, die seit meiner ersten Panikattacke vergangen waren, hatte ich nach und nach begriffen, dass sich mein Körper mit dieser extremen Reaktion gegen meinen inneren Drang wehrte, in allen Situationen perfekt sein und alles richtig machen zu wollen. Vor lauter Angst, in peinliche Situationen zu geraten, mich zu blamieren oder Schwächen zu zeigen, hatte sich in mir ein Druck aufgebaut, der so groß war, dass ich ihm irgendwann einfach nicht mehr hatte standhalten können. Zu begreifen, was die Gründe für die Panikattacken waren, war auf jeden Fall schon einmal ein großer Schritt in die richtige Richtung. Die Therapie hatte mir ermöglicht, herauszufinden, wo mein Problem lag und wie ich am besten damit umgehen konnte. Zusammen mit der Psychologin hatte ich die Gewohnheiten enttarnt, die mit meiner Denkweise einhergingen und für die Panikattacken sorgten. Wir hatten hart daran gearbeitet, Methoden zu finden, mit deren Hilfe ich davon loskommen konnte, und dabei so große Erfolge erzielt, dass ich wieder ein normales Leben führen konnte. Die ersten Schritte in diese Richtung hatte ich unbewusst ja bereits selbst gemacht, als ich versucht hatte, mir weniger Druck mit meinen Schulnoten zu machen. Da die Konsequenzen daraus den Stress nicht gerade gemindert hatten, war es im Rahmen der Therapie eine meiner Aufgaben gewesen, einen Weg zu finden, mit den triumphierenden Kommentaren meiner Mitschülerinnen und der Enttäuschung meiner Eltern und Lehrer umzugehen. Ich musste ein Noten-Level finden, mit dem ich selbst zufrieden war. Das war gar nicht so leicht, denn ich hatte immer das Ziel, nach der Schule zu studieren. Zwar wusste ich damals noch nicht, welche Studienfächer es sein sollten, aber mir war klar, dass mein Abiturdurchschnitt über meine Zukunft entscheiden würde. Wenn er nicht gut genug war, konnte es sein, dass mir Berufe, für die ich mich interessierte, verschlossen bleiben würden. Es war schwer, hierbei einen guten Mittelweg zu finden, doch ich hatte es noch vor dem Eintritt in die Oberstufe geschafft. Ab diesem Zeitpunkt würden meine Noten für den Abschluss zählen. Ein weiterer Punkt, bei dem ich viel entspannter geworden war, waren Dinge, die »normale« Jugendliche in meinem Alter taten. Ich hatte gemerkt, dass es nicht schlimm war, dass ich keinen so großen Spaß daran hatte, ständig auf Partys zu gehen. Menschen waren eben unterschiedlich, und nur weil meine Freunde gern weggingen, hieß das nicht, dass ich es auch tun musste. Das Gleiche galt für andere Gruppenzwangthemen wie Klamotten, Alkohol und so weiter. Wenn ich etwas nicht tun wollte, dann tat ich es nicht. Auch wenn das zuerst natürlich nicht so einfach war, wie es klang, stellte ich nach und nach fest, dass ich dadurch viel glücklicher war und zudem auch die Leute fand, denen es genau so ging und die zu mir passten. Ich lernte, dass dies die Freunde waren, die ich wirklich haben wollte, und dass es auch völlig okay war, von ihnen nur einige wenige und nicht eine riesige Gruppe zu haben.

Kapitel 11

Am Ende wird alles gut, oder?

Meinen achtzehnten Geburtstag verbrachte ich bei Noah. Wir waren inzwischen seit über einem Jahr zusammen, und da meine Schulzeit dem Ende entgegenging, überlegte ich bereits, danach ebenfalls für mein Studium nach Köln zu ziehen. Noah fand die Idee gut, und eine Zeitlang schmiedeten wir eifrig Pläne, wie es wohl sein würde, wenn wir endlich in derselben Stadt lebten. Dann allerdings geschah etwas, womit ich nie gerechnet hätte. Eines Abends, kurz vor dem Einschlafen, sagte Noah einen Satz zu mir, der so weh tat, dass ich zuerst dachte, ich hätte mich verhört. »Weißt du Lisa«, begann er. »Wenn ich dich auf einer Skala von eins bis zehn bewerten sollte, dann bist du für mich eine Sieben. Obwohl nein, warte. Eine ›6/10‹.«Dann drehte er sich zur Seite und sagte nichts mehr. Diese Aussage kam völlig aus dem Nichts und ich wusste überhaupt nicht, wie ich mit ihr umgehen sollte. Da Noah sich am nächsten Tag wieder vollkommen normal verhielt, dachte ich, er hätte vielleicht nur einen komischen Moment gehabt. Er war ein sehr intelligenter Mensch und war es gewohnt, in allem der Beste zu sein – genau wie ich früher. Im Rahmen der zahlreichen Seminare und Förderprogramme wurde immer wieder betont, wie klug und toll wir waren, weil wir es geschafft hatten, dort aufgenommen zu werden. Es war nicht schwer, dadurch ein wenig den Bezug zur Realität zu verlieren. Während ich meine Ohren meist auf Durchzug stellte,

wenn uns mal wieder irgendein wichtig aussehender Anzug-
mensch verkündete, wir seien die erfolgreichsten Schüler
Deutschlands, schien Noah sich diese Worte sehr zu Herzen
zu nehmen. Es war also gut möglich, dass ihm das Ganze
zu Kopf gestiegen war und er nun glaubte, er selbst sei eine
»10/10«. Ich war es gewohnt, dass Noah sich viel auf seine
Intelligenz einbildete, doch er hatte dieses Argument noch
nie genutzt, um mich herunterzustufen. Stattdessen hatte
er es immer eher als ein »Wir beide gegen den Rest der
Welt«-Ding verwendet. Mir war diese Angeberei von Anfang an unangenehm gewesen, doch da ich Noah liebte und
nicht sehen wollte, wie sehr er sich seit dem Beginn unserer
Beziehung verändert hatte, blendete ich die Situationen, in
denen er sich so verhielt, einfach aus. Genau das Gleiche tat
ich auch nach dem Abend, an dem er mich als »6/10« bezeichnete. Ich wollte einfach nicht das Bild des rücksichts-
vollen, netten Kerls verlieren, als den ich ihn kennengelernt
hatte. Da Noah sich in den Wochen danach wieder so verhielt, als sei er genau dieser Mensch, maß ich dem Ganzen
irgendwann keine große Bedeutung mehr bei. Wir planten,
uns bald wieder zu sehen. Silvester stand kurz bevor, und
das verbrachten wir bei unseren jeweiligen Freunden. Ich in
Hamburg, er in Kiel. Danach wollten wir gemeinsam nach
Köln fahren, um dort den Rest meiner Weihnachtsferien zu
verbringen. Als Noah am Hamburger Hauptbahnhof auf
mich zukam, sah ich sofort, dass irgendetwas nicht stimmte.
Er nahm mich am Arm und bat mich, ein wenig spazieren
zu gehen. Schweigend liefen wir nebeneinanderher, und da

es regnete, blieben wir nicht lange draußen, sondern gingen in ein Einkaufszentrum. Dort setzten wir uns auf eine Bank und beobachteten die Menschen, die sich an uns vorbeischoben. Schon seit seiner Ankunft war mir klar, dass Noah Schluss machen wollte, doch als er es endlich aussprach, konnte ich die Tränen trotzdem nicht zurückhalten. Ich saß also in einem Einkaufszentrum und heulte wie ein Schlosshund, während Noah mit unbeteiligter Miene neben mir saß. Von allen Seiten starrten mich fremde Menschen an, und ich fühlte mich einfach nur furchtbar. Ich bat Noah, mir noch eine Chance zu geben, und versprach ihm, dass ich mich für ihn ändern könnte. Falls ich irgendwas falsch gemacht hätte, würde ich es bestimmt besser hinkriegen, wenn ich es nur noch einmal versuchen durfte. An diesem Tag war es bereits zu spät, um nach Köln zu fahren, und da ich total durcheinander war, nahm ich Noahs Angebot, stattdessen in Kiel zu übernachten, an. Wir nahmen den nächsten Zug dorthin, und als wir das Haus seiner Familie betraten, stellte ich fest, dass außer uns niemand da war. Noahs Zimmer hatte seine Mutter inzwischen für Gäste hergerichtet, und so befand sich darin nur noch ein Bett für eine Person. Noah ließ mich darin schlafen, und mit dem Versprechen, dass wir es noch mal miteinander versuchen würden, legte er sich in einem Schlafsack auf den Fußboden. Am nächsten Morgen wurde ich von einem Piepsen geweckt. Es dauerte eine Weile, bis ich begriff, dass es von Noahs Tablet kam, das ein paar Meter von mir entfernt auf einem Stuhl lag. Er selbst war nicht mehr da. Als ich das Tablet in die Hand nahm, sah ich, dass Noah einen Wecker gestellt hatte, der mit einer Notiz versehen war. »Bitte geh«, stand dort. Sonst nichts. Wie betäubt stand ich auf, packte meine Sachen zusammen, lief die Treppe hinunter und verließ das Haus. Irgendwie schaffte ich es zum Bahnhof und saß dann acht Stunden lang im Zug nach Bayern. Ich wurde nicht panisch, sondern starrte einfach nur in die Ferne, unfähig zu begreifen, was da gerade geschehen war.

Wann es Zeit ist, Schluss zu machen

Wenn euch jemand so einen Mist erzählt, wie »Du bist für mich nur eine ›6/10‹«, dann schmeißt diesen Menschen hochkant aus eurem Leben. Glaubt mir, ich weiß sehr gut, wie schwer das ist, denn wie ihr ja gerade lesen konntet, habe ich damals genau das nicht getan. Ich habe immer gehofft, dass Noah sich doch noch anders entscheiden würde, dass das nur eine seltsame Phase von ihm war und dass bald alles wieder gut werden würde. In einem solchen Fall ist das jedoch genau die falsche Denkweise.

Wenn euch jemand mies behandelt, dann bleibt nicht bei dieser Person und hofft auf bessere Zeiten. Vor allem dann nicht, wenn ihr merkt, dass ihr euch total verbiegen würdet, nur um weiterhin ihr Freund oder ihre Freundin zu bleiben. Selbst wenn die Beziehung dann bestehen bleiben sollte, werdet ihr damit auf Dauer nicht glücklich werden.

Ich habe damals den Fehler gemacht, mich selbst hintenanzustellen und für Noah zu jemandem zu werden, der ich eigentlich gar nicht war. Stattdessen hätte ich zu mir selbst stehen müssen und ihm ganz klar sagen sollen, dass ich mich so von ihm nicht behandeln lasse. Auch wenn ich wahnsinnig verliebt in ihn war, wäre es besser für mich gewesen, nach seiner »6/10-Aussage« mit ihm Schluss zu machen, statt das Ganze noch länger hinauszuzögern und am Ende nur noch mehr verletzt zu werden. Manchmal ist es vielleicht nicht so einfach, einzuschätzen, ob die Situation gerade tatsächlich so schlimm ist, dass man die Beziehung besser beenden sollte, oder ob man vielleicht überreagiert und an der Sache arbeiten kann. Wenn ihr euch da unsicher fühlt, dann fragt eure Freunde um Rat. Sie haben meist einen neutralen Blick auf die ganze Situation und können euch daher dabei helfen, eine Entscheidung zu treffen. Wenn ihr ein gutes Verhältnis zu euren Eltern oder anderen Erwachsenen habt, könnt ihr auch mit ihnen darüber reden. Sie haben in den meisten Fällen mehr Lebenserfahrung als Leute in eurem Alter und haben solche Situationen daher vielleicht auch schon häufiger durchlebt.

Egal was passiert, es ist mir ganz wichtig, dass ihr Folgendes wisst: Eine Person, die euch heruntermacht oder euch einreden möchte, ihr wärt nichts wert, hat eure Zuneigung nicht verdient.

Mit Liebeskummer umgehen

Der Liebeskummer nach dem Ende meiner Beziehung mit Noah war viel schlimmer als der nach Antons Korb oder Charlys Umzug. Vielleicht lag es daran, dass wir viel mehr Zeit zusammen verbracht hatten und ich somit eine engere Bindung zu ihm aufgebaut hatte. Auf jeden Fall war ich in den nächsten Wochen zu nicht viel zu gebrauchen. Nach einiger Zeit bekam ich dann ein Päckchen von Noah geschickt, in dem meine Zahnbürste lag. Am liebsten hätte ich ihm mit dem Ding die Augen ausgestochen, so wütend war ich darüber, dass er dieses Päckchen tatsächlich für einen angemessenen letzten Schritt hielt, nachdem er mich einfach rausgeworfen und sich seitdem nicht mehr gemeldet hatte. Irgendwie war ich aber auch froh, dass ich nach der Trauer und dem Taubheitsgefühl zur Wut übergegangen war. Das war ein Fortschritt. Ich gab mir Mühe, mir Noahs Ablehnung nicht so sehr zu Herzen zu nehmen, dass mein Selbstbewusstsein darunter litt. Doch es war verdammt schwer, und ich brauchte einige Monate, bis mir klarwurde, dass ich froh sein konnte, dass er nicht mehr Teil meines Lebens war. Nun würde ich mich auf die Leute konzentrieren können, die mich wirklich gern hatten und schätzten. Ich lernte, dass es mir bei Liebeskummer half, viel Zeit mit Freunden und meiner Familie zu verbringen. Wir redeten so lange, bis mein Kopf leer war und ich das ganze Thema nicht mehr hören konnte. Dann lenkte ich mich mit anderen Dingen ab.

Ich drehte eine Reihe neuer YouTube-Videos und ging mit Freunden ins Kino, wo wir uns ganz bewusst nur Filme ansahen, in denen kein bisschen Romantik vorkam. Außerdem aß ich einen Haufen Schokolade und hörte dabei lautstark Musik, in der wütende Menschen über ihre Exfreunde und -freundinnen herzogen. Auch wenn es mir zu Beginn so schlechtgegangen war, dass ich fast damit gerechnet hätte, mich nie von dieser Zurückweisung zu erholen, stellte ich bald fest, dass das nicht stimmte. Nun, da Noah weg war, konnte ich mich endlich vollends auf mich selbst konzentrieren. Im Internet sah ich mich nach allen möglichen Studiengängen um, und es war ein verdammt gutes Gefühl, dabei nicht ständig die Frage im Hinterkopf zu haben, ob Noah wohl mit meinen Plänen einverstanden wäre.

Raus aus der Schule

Vielleicht erinnert ihr euch noch daran, dass ich im Kapitel »Das schwangere Mammut« davon erzählt habe, dass meine Sportlehrerin in der zwölften Klasse eines Tages die Frage stellte, ob ich in diesem Jahr überhaupt schon einmal da gewesen sei. Das lag daran, dass ich am Ende meiner Schulzeit so oft unterwegs war, dass ich es tatsächlich schaffte, im letzten Halbjahr nur zwei Mal beim Sportunterricht aufzutauchen. Der Grund dafür waren die vielen Seminare und Veranstaltungen, an denen ich auch weiterhin teilnahm. Allerdings fehlte ich nie unentschuldigt, da mir der Rektor meiner Schule jedes Mal frei gab, wenn ein solcher Termin anstand. Dafür war ich ihm wirklich dankbar, auch wenn die ganzen Reisen bedeuteten, dass ich an einem ziemlich furchtbaren Nachmittag allein eine Matheklausur nachschreiben musste und danach, ebenfalls allein, in der Sporthalle stand, um dort noch Noten für meinen völlig katastrophalen Volleyball-Aufschlag zu bekommen. Meine Sportlehrerin, die mir bereits damit gedroht hatte, mich nicht zum Abi zuzulassen, sollte ich nicht pünktlich auftauchen, trug mir ganze zwei Punkte, also eine glatte Fünf, ins Zeugnis ein. Glücklicherweise zählte Sport nicht zur Abiturnote. Am Ende erreichte ich trotz allem einen Durchschnitt, der gut genug war, um mir Zutritt zu den Studiengängen zu verschaffen, für die ich mich entschieden hatte. Als die Zulassung für die Fächer Psychologie und Politikwissenschaften an meiner Wunschuniversität bei mir eintrudelte, war ich überglücklich. Ich würde nach Nordrhein-Westfalen ziehen. Nicht wegen Noah, sondern weil ich selbst dorthin wollte. Dank YouTube hatte ich bereits ein paar Freunde, die ebenfalls dort lebten, und ich würde nun endlich mehr Zeit mit ihnen verbringen können. Auch wenn mein Abiturzeugnis nicht perfekt war, war ich sehr zufrieden, denn ich hatte die Dinge erreicht, die mir wirklich am Herzen lagen. Einige Monate später bekam ich dann sogar ein Stipendium, mit dem ich mir mein Studium finanzieren konnte, und das, obwohl ich im Gegensatz zu den anderen Bewerbern nicht ausschließlich Spitzennoten vorweisen konnte. Ich will euch damit nicht sagen, dass die Schule oder eure Noten total egal sind. Aber falls ihr euch ähnlich unter Druck setzt, wie ich das getan habe, dann solltet ihr wissen, dass es immer einen anderen Weg gibt, an eure Ziele zu kommen. Einen Weg, der nicht beinhaltet, dass ihr euch und eurem Körper schadet. In der Schule fiel es mir lange Zeit sehr schwer, das Maß an Druck zu finden, mit dem ich selbst gut zurechtkam. Zuerst lernte ich, dass mich übertriebener Perfektionismus und Konkurrenzdenken nicht weiterbrachten. Einige Jahre später begriff ich dann, dass es genauso wenig der richtige Weg war, den Unterricht zu boykottieren und meinen Lehrern durch bissige Kommentare und Arbeitsverweigerung das Leben schwerzumachen. Ich musste einen gesunden Mittelweg finden, und der lag bei mir darin, zwar nicht immer sehr gute, aber immer noch gute Noten zu schreiben. In der Oberstufe reichte die Skala meiner Klausurergebnisse von null bis fünfzehn Punkten. Ich schrieb also alles von der Sechs bis zur Eins plus. Ein bisschen möchte ich das auch sagen, um all die Eltern zu beruhigen, die sich gleich Sorgen machen, wenn ihr Kind das ein oder andere Mal eine schlechtere Note bekommt. Das ist nicht das Ende der Welt, und selbst wenn man mal eine Phase hat, in der es nicht so gut läuft, gibt es viele Möglichkeiten, das wieder auszugleichen. Ein weiterer Punkt, mit dem ich es in meiner Schulzeit gern einmal übertrieben habe, waren die »außerschulischen Aktivitäten«. Wie bereits gesagt, ist es absolut nicht nötig, dass ihr euch in einen Haufen Praktika, Nebenjobs und Seminare stürzt. Ich habe das damals getan, weil es mir Spaß machte, ich darüber Leute fand, die mich verstanden und ich diese Abwechslung zu meinem Alltag einfach brauchte. Aber das war eben nur der Weg, der für mich persönlich richtig war. Eurer kann völlig anders aussehen. Ich möchte euch mit diesem Buch gern dazu motivieren, nach einem Weg zu suchen, der wirklich zu euch passt und von dem ihr euch nicht durch Schwierigkeiten oder peinliche Situationen abbringen lasst. Ich hoffe sehr, dass ich euch dazu vielleicht einen kleinen Anstoß geben konnte.

Anhang

TL;DR

Für den Fall, dass euch die Abkürzung nichts sagt: tl;dr steht für »too long, didn't read«. Das hier ist also die Kurzzusammenfassung der Dinge, die ich euch gern mitgeben möchte.

- Niemand ist perfekt, also müsst ihr es auch nicht sein.
- Es ist okay, mal ordentlich auf die Schnauze zu fallen. Das passiert jedem einmal, und es ist gar nicht so tragisch oder peinlich, wie wir uns das vielleicht vorstellen.
- Das Wort »peinlich« wird außerdem total überstrapaziert. Viele Dinge, die wir mit diesem Wort bezeichnen, passieren eigentlich sehr vielen Leuten, und es gibt überhaupt keinen Grund, sich für sie zu schämen.
- Wenn ihr euch ein Bein gebrochen habt, geht ihr zum Arzt. Daher sprecht bitte auch mit einer Psychologin oder einem Psychologen, wenn es eurer Seele nicht gutgeht. Wenn ihr nicht direkt jemanden findet, mit dem ihr euch gut versteht, sucht weiter. Auch wenn es anstrengend ist und ihr vielleicht manchmal kurz davor seid, die Hoffnung zu verlieren. Oft braucht man einfach mehrere Versuche, um die richtigen Leute zu finden.
- Das gilt auch für Freunde und Beziehungen. Wenn ihr unglücklich seid, dann tut euch selbst den Gefallen und riskiert es lieber, euch vielleicht ein wenig einsam zu fühlen, als bei Menschen zu bleiben, die euch nicht guttun.
- Ihr seid nicht »seltsam«, nur weil ihr nicht zu den Leuten

passt, mit denen ihr durch Zufall in eine Klasse gesteckt wurdet.

- Auch wenn es verdammt schwer ist, versucht, euch gegen Gruppenzwang zu wehren und euer eigenes Ding durchzuziehen. Denn wenn ihr nur das macht, was anderen gefällt, werdet ihr auf Dauer nicht glücklich werden.
- Achtet darauf, welche Leute euch lieben und euch unterstützen, und stoßt sie in Situationen, in denen sie euch helfen wollen, nicht einfach weg. Selbst dann nicht, wenn ihr das Gefühl habt, dass sie nicht hundertprozentig verstehen können, was in euch vorgeht.

EPILOG

Kurz vor meinem Abitur lernte ich meine heutige beste Freundin Saadet kennen. Auch sie ist YouTuberin, und wir trafen uns zum ersten Mal bei einem Event. Dort verstanden wir uns so gut, dass wir danach regelmäßig telefonierten. Eines Abends beschlossen wir, uns ein besonderes Sommerbahnticket für Schüler zu kaufen, mit dem man vier Wochen lang für nur hundert Euro durch ganz Deutschland fahren konnte. Unsere Freundschaft entwickelte sich ziemlich schnell, was für mich komplett neu war, da ich alle anderen YouTuber davor immer nur langsam, nach und nach kennengelernt hatte. Nie wäre ich auf die Idee gekommen, mit einem von ihnen schon so schnell eine gemeinsame Reise zu planen. Doch wenn wir schon nicht »normal« waren, dann auch richtig. Wir liefen also beide zum Bahnhof – ich in Bayern, sie in Nordrhein-Westfalen – und kauften uns die Tickets. In den nächsten Wochen reisten wir nach München, Stuttgart, Köln, Essen, Bremen, Hamburg, Berlin und an die Ostsee. Manche der Städte besuchten wir sogar mehrere Male, und wir erlebten alle möglichen verrückten Dinge. Es war der coolste Sommer, den ich je erlebt hatte, und es war ein wahnsinnig befreiendes Gefühl, einfach jeden Tag aufs Neue spontan bestimmen zu können, wohin wir wollten. Manchmal begleiteten uns noch einige andere YouTuber auf unserer Reise, und am Ende hatte ich ein paar richtig gute neue Freunde gewonnen. Heute, vier Jahre nach der Reise, leben wir alle ein wenig näher beieinander. Dennoch ist unser Freundeskreis noch immer alles andere als »normal«. Wenn wir uns treffen wollen, lautet die erste Frage etwa nie »Um wie viel Uhr?« oder »Was wollen wir unternehmen?«, sondern immer »In welcher Stadt?«. Doch es funktioniert erstaunlich gut, und wir sehen uns regelmäßig. Wenn alles so läuft, wie ich es geplant habe, werde ich bald mein Studium abschließen. Meinen YouTube-Kanal haben inzwischen über 230 000 Menschen abonniert, und ich bin wahnsinnig dankbar für den spannenden Austausch, den mir dieses Projekt ermöglicht, das von meinem Umfeld so lange nur als »peinlich« bezeichnet worden ist. Auch als Journalistin und Moderatorin arbeite ich noch immer. Es macht mir unglaublich viel Spaß, denn ich lerne dadurch immer wieder spannende neue Menschen kennen, die mir die Welt aus vielen verschiedenen Blickwinkeln zeigen. Der Tag, an dem ich mein Leben fast beendet hätte, weil meine Panikattacken so schlimm geworden waren, ist inzwischen sieben Jahre her, und jeden Morgen, wenn ich aufwache, bin ich aufs Neue dankbar für die zweite Chance, die ich damals bekommen habe. Ich habe keine Ahnung, was die Zukunft bringen wird, aber im Moment bin ich einfach nur verdammt glücklich.

DANKE

Ich möchte mich an dieser Stelle ganz herzlich bei den lieben Menschen bedanken, die mich bei diesem Buch unterstützt haben. Allen voran bei meiner Mutter, die alle wichtigen Dinge, die in meinem Leben passiert sind, in ein Notizbuch geschrieben hat und meinem Gedächtnis so einige Male auf die Sprünge helfen konnte. Im selben Atemzug geht ein Dankeschön an meinen Vater, der mich auch dann noch freundlich begrüßt hat, wenn ich an einem Tag schon zum fünften Mal angerufen habe, um ihn mit Fragen zu löchern. Ich bin wahnsinnig froh, euch beide zu haben und zu wissen, dass ich in jeder noch so chaotischen Lebenssituation auf euch zählen kann. Als Nächstes möchte ich mich bei Tino bedanken. Er hört sich jetzt schon seit mehreren Jahren an, dass ich ein Buch schreiben möchte, hat deswegen aber noch kein einziges Mal genervt die Augen verdreht, sondern mich immer wieder dazu gebracht, weiterzumachen und das Ganze endlich durchzuziehen. Meine beste Freundin Saadet darf hier natürlich auch nicht fehlen. Ich weiß, du hättest dich gefreut, wenn ich noch mehr unserer Geschichten erzählt hätte, aber leider haben wir uns ja erst kurz vor dem Ende meiner Schulzeit kennengelernt. Danke für deine Geduld, wenn ich mal wieder mit »Kann nicht antworten, schreibe gerade« auf deine Sprachnachrichten geantwortet habe. Danke an Marspet und AJ, die mir vor allem bei den schwierigeren Themen zur Seite standen. Ohne euch würden hier garantiert einige Kapitel fehlen. Danke an Felix und Clement, die mehrere Zugfahrten damit verbracht haben, mit mir über das Buch zu reden, und an Aron, der mit mir durch die Wohnung getanzt ist, als er davon erfahren hat. Dann geht noch ein großes Dankeschön an Max, Janna, Marek, Ekaterina, Fabian, Mona, Hannah, Yannick, Jacko und alle anderen, die einen schier endlosen Vorrat motivierender Worte für mich hatten. Ihr seid toll, und ich bin froh, euch zu kennen! Last but not least möchte ich mich dann auch noch bei Katharina vom Fischer Kinder- und Jugendbuch Verlag bedanken, die sehr viel Geduld mit mir und meinen tausend Änderungswünschen hatte.

Hey,

dieser Brief richtet sich an meine YouTube-Zuschauer. Zuerst einmal möchte ich mich ganz herzlich dafür bedanken, dass ihr mein Buch gekauft habt. Es ist ein Projekt, das ich schon sehr lange umsetzen wollte und in das sehr viel Herzblut geflossen ist. Ich hoffe, dass es euch gefällt und ihr vielleicht etwas daraus mitnehmen könnt.

In den letzten Jahren habt ihr mir viele Kommentare und Nachrichten geschickt, in in denen ihr mir erzählt habt, welche Themen euch bewegen und womit ihr in eurem Alltag zu kämpfen habt. Es freut und ehrt mich, dass ihr mir hierbei so viel Offenheit und Vertrauen entgegen bringt.

Auch wenn ich es nicht schaffe, jedem von euch zu antworten, möchte ich gern, dass ihr wisst, dass ich alles lese, was ihr mir schickt. Ich habe mich bemüht, im Buch möglichst viele eurer Themen aufzugreifen.

Falls euch dabei etwas Wichtiges gefehlt hat, dann schreibt es mir gern. Ich würde mich auch freuen, wenn ihr mir erzählt, was ihr über das Buch denkt (Das gilt übrigens auch für alle anderen Leserinnen und Leser.)

Da es hier ja keine Kommentar-Funktion gibt, findet ihr meine Social-Media-Seiten nochmal am Ende des Buchs. Ich freue mich, von euch zu hören.

Alles Liebe, eure Lisa

WO ICH ZU FINDEN BIN:

Wenn ihr das Buch fertig gelesen habt und mir erzählen möchtet, ob es euch gefallen hat oder ob euch ein Thema gefehlt hat, dann schreibt mir gern! Ihr findet mich hier:

YouTube	*https://www.youtube.com/ItsColeslaw*
Instagram	*@itscoleslaw*
Twitter	*@ItsColeslaw*
Facebook	*https://www.facebook.com/ItsColeslaw*

WO IHR HILFE FINDET

Allgemeine Unterstützung

- **TelefonSeelsorge**
  http://www.telefonseelsorge.de
  Die TelefonSeelsorge ist eine bundesweite Organisation. Hier könnt ihr rund um die Uhr, 365 Tage im Jahr, anonym und kostenlos unter 0800/111 0 111 oder 0800/111 0 222 anrufen, oder ihr lasst euch online per E-Mail oder Chat beraten.
- **NummergegenKummer**
  https://www.nummergegenkummer.de
  Nummer gegen Kummer e.V. (NgK) ist der Dachverband des größten kostenfreien, telefonischen Beratungs-

angebots für Kinder, Jugendliche und Eltern in ganz Deutschland. Das Kinder- und Jugendtelefon könnt ihr unter 116 111 montags bis samstags von 14 bis 20 Uhr anonym und kostenlos anrufen. Außerdem gibt es auch eine E-Mail-Beratung. Das Elterntelefon könnt ihr montags bis freitags von 9 bis 11 Uhr und dienstags und donnerstags von 17 bis 19 Uhr unter 0800/111 0 550 anonym und kostenlos anrufen.

- Gemeinsam mehr erreichen e.V.
  https://www.sorgenmail.de
  Hier habt ihr rund um die Uhr die Möglichkeit, eine Sorgen-Mail zu schreiben. Nach einer Registrierung werdet ihr anonym einem Berater zugeteilt. Dieser sucht gemeinsam mit euch nach Lösungen, gibt Hilfestellungen oder stellt den Kontakt zu Hilfeorganisationen in eurer Nähe her.

Mobbing-Hilfe

- Schüler-Mobbing-Portal
  http://schueler-mobbing.de
  Diese Website bietet viel Info-Material zum Thema Mobbing und zeigt euch, wo ihr Hilfe bekommt.
- Mobbing Help Desk
  http://www.mobbing-help-desk.de
  Hier können Schüler montags bis freitags von 18 bis 20 Uhr kostenlos unter 07123/38 16 13 anrufen.
- Cybermobbing-Hilfe
  http://www.cybermobbing-hilfe.de

Auf dieser Website findet ihr alle Infos zu Cyber-mobbing, unter anderem auch eine nützliche Auflistung zur Rechtslage in Deutschland.

Hilfe bei Drogen- und Alkoholproblemen

- Keine Macht den Drogen

  http://www.kmdd.de/jugendliche.htm
  Eine Website mit allgemeinen Informationen zu Sucht, Drogen und Abhängigkeit und zu professionellen Beratungsstellen in Deutschland.

Unterstützung bei Gewaltsituationen

- Frauen helfen Frauen in der Not e.V.

  http://www.gewaltgegenfrauen.de
  Eine Website, die konkrete Unterstützung und Hilfe für Frauen und Mädchen anbietet, die von körperlicher, see-lischer und/oder sexualisierter Gewalt betroffen sind.

- Das Hilfetelefon – Beratung und Hilfe für Frauen

  http://www.hilfetelefon.de
  Ein bundesweites Beratungsangebot für Frauen, die Gewalt erlebt haben oder noch erleben. Hier könnt ihr rund um die Uhr, 365 Tage im Jahr, unter 08000/116 016 kostenlos und anonym anrufen.

- Gewalt gegen Männer

  http://www.gewalt-gegen-maenner.de
  Eine Website mit vielen Informationen und einer Auf-listung an Beratungsstellen.

Unterstützung bei der sexuellen Orientierung

- Verband für lesbische, schwule, bisexuelle, trans*, intersexuelle und queere Menschen in der Psychologie
http://www.vlsp.de
Neben allgemeinen Informationen findet ihr hier auch eine Liste an Beratungsstellen in Deutschland, Österreich und der Schweiz.

Dies ist lange keine vollständige Liste, sondern nur eine Auswahl an Websites und Hotlines, bei denen ihr Hilfe finden könnt. Haltet auch nach Beratungsstellen und Jugendgruppen in eurer näheren Umgebung Ausschau.